Lorenz Hübner

Beschreibung des Erzstiftes und Reichsfürstenthums Salzburg

in Hinsicht auf Topographie und Statistik

Lorenz Hübner

Beschreibung des Erzstiftes und Reichsfürstenthums Salzburg
in Hinsicht auf Topographie und Statistik

ISBN/EAN: 9783743453661

Hergestellt in Europa, USA, Kanada, Australien, Japan

Cover: Foto ©ninafisch / pixelio.de

Manufactured and distributed by brebook publishing software (www.brebook.com)

Lorenz Hübner

Beschreibung des Erzstiftes und Reichsfürstenthums Salzburg

Beschreibung

des

Erzstiftes und Reichsfürstenthums

Salzburg

in Hinsicht auf

Topographie und Statistik.

Dritter Band.

Die übrigen Gebirgsortschaften, und die ausländischen
Herrschaften des Erzstiftes nebst dessen Beschreibung
im Allgemeinen.

Von

L. Hübner.

Salzburg 1796.
Im Verlage des Verfassers.
Gedruckt bey F. X. Oberer.

I. Das Pfleg = und Landgericht Windischmatrey.

Ebenfalls eine Seitengegend des Gebirglandes zwischen Pinzgau und Tyrol. Man kommt aus dem Pinzgau von Mittersill nur allein über den hohen Felber=Tauern in dieses Thal, nachdem man zwischen und über Gletschern eine beträchtliche Strecke von mehreren Stunden (eine eben so fürchterliche, als beschwerliche Rei=se) zurückgelegt hat. Das Pfleggericht selbst gränzet gegen Osten, Süden und Westen an Tyrol, nämlich gegen Osten an das Kalser Thal, gegen Westen an Virgen, und gegen Süden an das Lienzer Thal; gegen Norden aber an das Pinzgau, und mißt in gera=der Länge von Westen gegen Osten ungefähr 9 Stun=den; in der größten Breite aber nur eine Stunde. Ei=nen Bestandtheil davon macht das Thal Tesserecken aus, welches aber an zwey Orten von Tyrolischen Ort=schaften unterbrochen ist; folglich nicht ganz in einer Li=nie mit Windischmatrey zusammen hängt.

Dieses Thal hatte einst seine eigenen Besitzer, die Grafen von Lechsgemunde und Matrey. Erzbischof Con=rad I. kam aber mit Grafen Heinrich übereins, daß er alle seine Besitzungen in diesem Thale dem Erzstifte, doch ge=gen lebenslänglichen Genuß derselben, und noch einiger an=deren hierzu verliehenen Lehen, überließ. Sogar diesen lebenslänglichen Genuß lösete Conrads Nachfolger Eber=hard II. mit barem Gelde ab; und so blieb das Erzstift von jener Zeit an immer im Besitze dieses Bezirkes. Als das Domstift zu Salzburg entmönchet wurde, machte sich im nämlichen Jahre 1514 Erzbischof Matthäus verbind=

lich,

dem Dompropste jährlich 1000 fl. von den erzbischöflichen
Tafelgeldern zu überlassen. Anstatt des baren Geldes
räumte er dem Domkapitel in einer schriftlichen Urkunde
von 1524 das Schloß und Amt zu Windischmatrey „ent«
halb der Tauren in die Landschaft und fürstl. Obrigkeit
des Erzstifts gehörig sammt den Landgericht, allen Obrig«
keiten, hoch und niederen Gerichten, Herrlichkeiten, Leu«
ten, Gütern, Zehenten, Zinnsen, Gülten, Diensten,
Vogteyen, Robbaten, Wildbann, Fischwayd, Hölzern,
Wun- und Waid Pönen, Straffen, Bussen, Grund und
Boden, besucht und unbesucht“ ein; behielt sich aber vor
„alle fürstliche Obrigkeiten und Regalien der obersten Ge«
richts Bann und Acht, sammt den hoch und schwarzwäl«
dern, und allen ihren rechtlichen Zugehörden, Rotwild
und Gambsgejaid, geistlichen und weltlichen Lehen, geleit,
Weyhsteuer, Land und Reiß-Steuer, aufbot, Musterung
und andere Nachfolg, die Appellation, und was ausser
obbesagten der fürstlichen Obrigkeit von Rechts oder Ge«
wohnheit wegen anhängt, wie auch das Schloß Kuenburg,
mit allem, was dazu gehört.“ - Uebrigens sollte das
Kapitel befugt seyn, einen Pfleger und einen Amtmann
aufzustellen und abzusetzen; doch sollen sie dem Erzbi«
schofe in dessen Geschäfften mit Pflicht und Gehorsam
verbunden seyn. Ueber alles dieses behielt sich der Erz«
bischof die Wiedereinlösung für andere, 1000 fl. eintra«
gende Güter nach 24 Jahren vor. Es geschah keine
Wiedereinlösung, und das Domcapitel verpflichtete je«
den neuen Erzbischof in der Wahlcapitulation, auf alle
Wiedereinlösung Verzicht zu thun. So blieb es bis auf Erzb.
Paris. Eine Art von Aufstand unter den Unterthanen brach
plötzlich gegen die Beamten aus; der Erzbischof schickte
eine Untersuchungs-Commission dahin, und traff die Ver«

änderung

änderung damit, daß er die Herrschaft Windischmatrey, so viel davon dem Dompropste zugehört, als Stiftgeld, Küchendienst, Anleit, Mauth, Strafen, Zehenden ꝛc. seiner Kammer in Pacht übergab, und dafür demselben jähr= lich 4300 fl. bezahlte. Dieser Vertrag wurde Anfangs alle 3 Jahre von Neuem bestätiget; endlich verglich man sich dahin, daß eine halbjährige Auffündung des Bestandes je= dem Theile zu statten kommen, hingegen der Dompropst jährlich nur 4000 fl. erhalten sollte. Als sich im J. 1746 der Dompropst mit dieser Summe nicht mehr begnügen wollte, ließ sich Erzb. Jakob Ernst, nachdem einige Ge= genäußerungen, und selbst Aufgebothe geschehen waren, darauf ein, dieselbe mit 500 Gulden zu vermehren, doch ohne seine Nachfolger zu verbinden, welche ohnedieß nach aufgehobenen Wahlcapitulationen nicht mehr dazu verbun= den werden; sondern die ganze Herrschaft ohne weitere Anfrage unmittelbar an sich ziehen können.

Das ganze Pfleggericht ist in Rotten eingetheilet; wovon die Windischmatrey 22, und Tesserecken 12 ent= hält; nach folgender Benennung:

Windischmatrey 1) Pichl, 2) Weyer, 3) Gänz, 4) Zedlach, 5) Hintereck, 6) Berg, 7) Gruben, 8) Räneburg, 9) Proßeck, 10) Stein, 11) Kalten= haus, 12) Hinterburg, 13) Glanz, 14) Klaunz, 15) Schweinach, 16) Seblaß, 17) Klausen, 18) Mät= tersberg, 19) Huben, 20) Moos, 21) Döllach, 22) Rat= zell, Ober= und Unter= Pätergassen und Markt.

Tesserecken, das jenseits des Gebirges gegen Mittag liegt, öfter von Tyrol durchschnitten ist, und von Osten gegen Westen 7 Stunden in die Länge mißt: 1) Hopfgarten, 2) Ranach, 3) Hof, 4) Plan, 5) Kerch, 6) Moos und Bergl, 7) Gsaritzen, 8) Gri=

ken,

ßen, 9) Sternberg, 10) Gassen, 11) Brucken, Feld, und Raut, 12) die große Rotte.

Alle Rotten zusammen enthalten einige und 80 ganze Höfe, und gegen 40 Söldner=Häuschen, wovon der größte Theil in die Windischmatrey gehört.

Beamte sind hier: 1) der Pfleger, (ißt Hr. Wolfgang Adam Ignaz Lasser von Zollheim, *) 2) ein hochfürstl. Gerichtsschreiber, 3) ein Pflegamts=schreiber, welchen der Pfleger selbst anzustellen und zu besolden hat, und 4) ein Forstbeamter, in der Person des k. k., auch hochfürstl. Salzburgischen Bergrichters und Waldmeisters, (alle 4 wohnen im Markte Ma=trey.)

Geistliche sind

1 — 3. der Pfarrer zum h. Alban zu Windisch=matrey nebst einem Cooperator und Coadjutor.

4 — 5. der Vikar zu st. Veit in Tefferecken nebst einem Coadjutor.

6. der Vikar zum h. Joh. von Nepomuk zu Hopfgarten in Tefferecken.

(Alle sind dem Archidiakonate Gmundt untergeordnet; stehen aber, was den Salzb. Antheil betrifft, un=mittelbar unter dem erzbischöfl. Consistorium. Pa=tron ist der Dompropst.)

Schullehrer sind 1) der Organist im Markte Hopfgarten, 2) 1½ Stunde vom Markte unter dem Klauß=

*) Dieser Hr. Pfleger behauptet das Recht einer Erbpfle=ge zu besitzen, wovon man im übrigen Erzstifte seit den längst verflossenen Zeiten der Ministerialen kein Bey=spiel mehr hat. Er wohnt im Markte Matrey in einem von seinen Vorältern erbauten Hause.

Klaußwalde einer; aber nur zur Winterszeit, 3) der Meßner zu st. Veit.

Ortschaften sind hier eigentlich nur drey

1) Der Markt Windischmatrey.

Er kommt erst im J. 1551 in der Landtafel vor; gleicht aber auch wirklich mehr einem Dorfe, als Markte.

Das Wappen dieses Marktes enthält den heiligen Athanasius mit dem Kopfe im rechten Arme, auf goldenem Felde. Der Magistrat besteht aus 4 Personen, nämlich dem Marktrichter, und 3 Ausschüssen. Man zählt 34 Bürger=, und 42 Söllhäuser; und in Allen, ohne Kinder, gegen 500 Bürger und Einwohner.

2) Die Dörfer St. Veit, und Hopfgarten in Tesserecken.

Merkwürdige Gebäude befinden sich hier keine.

Kirchen und Kapellen sind a) in Matrey 1) die ganz neu erbaute Pfarrkirche im Markte, 2) die Filial= kirche zum h. Niklas, eine halbe Stunde vom Markte, 3) die Kapelle zum h. Lorenz im Schloße Weißenstein, 4) die Kapelle zum h. Florian am Bache, 5) die Ma= ria=Hilf=Kapelle am Klaunz, 6) die h. Dreyfaltigkeits= Kapelle zu Zedlach, 7) die Kapelle auf der unteren Trat= ten: b) in Tesserecken, 8) die Vikariatskirche zum h. Veit, 9) die Vikariatskirche zum h. Johann von Nepo= muk zu Hopfgarten.

Eine kleine halbe Stunde hinter dem Markte steht auf einem Felsen das alte feste Schloß Weißenstein *),

welches

*) Wer dessen Erbauer war, hiervon hat man keine Nach= richt.

welches in den Zeiten der Faustkriege gute Dienste geleistet haben mag. Die Mauern sind noch in gutem Stande, und das Ganze ist so ziemlich wohl erhalten. Man bewahret hier noch ein metallenes Feldstück, einige Doppelhacken, uralte Schießgewehre, steinerne Schleuderkugeln, Lunten, einige Stücke Soldaten-Bettgewande u. dgl. Es wird gegenwärtig von einem armen Einwohner bewohnt *).

Die **Volkszahl** in der Pfarre, und im Thale Windischmatren beläuft sich auf 2500, und im Thale Tesserecken auf 2245 Seelen.

Im ganzen Pfleggerichte sind folgende Gewerbführer: 7 Weinwirthe, 7 Fragner, 2 Bierbrauer, 3 Bäcker, 2 Bader, (eine dieser Realgerechtigkeiten wird ist nicht betrieben) 16 Schneidermeister, 10 Schuhmacher, 16 Webermeister, 1 Rothgerber, 4 Tischler, 5 Zimmermeister, 7 Schmiede, 2 Schlosser, 1 Kupferschmied, 1 Glaserer, 1 Huterer, 1 Kirschner, 1 Sattler, und 1 Fleischhacker.

Mit **Waldungen** sind beyde Thäler sehr reichlich besetzt, welche größten Theils aus Fichten und Lerchen bestehen. Matrey hat besonders viele Eschbäume, und Fruchtbäume in Menge. Windischmatrey sowohl als Tesserecken haben untermischte Salzburgische und Tyrolische Gehölze, über welche ein Gesammt-Waldmeister von und erzstiftischer Seite zugleich aufgestellt ist.

Die

***

*) Nahe an der Tyrolischen Gränze gegen Lienz stand einst das Schloß Kienburg, wovon man aber ist nichts mehr als einige bemoste Mauerstücke sieht. Das Meyerhaus ist aber noch in gutem Stande, und bewohnt.

Die Alpen im Thale Matrey befinden sich beynahe auf ebenem Lande, und zu den Alpenhütten gelangt man ohne einige Mühe; sie sind sehr fruchtbar, und für das Melkvieh vorzüglich gedeihlich; sie erstrecken sich weit über den Windisch = Tauern, auf dessen Anhöhe, so wie auf jener des Felber = Tauerns gegen Mittersill nur 2 Tauernhäuser, das ist Tafernen für die Wanderer stehen, wovon aber die gegen Pinzgau eine im Matreyer Gerichte an Reinlich= keit, und guter Bedienung weit hinter sich läßt. Auch Tefferecken hat viele, und gute Alpen, welche aber auf den Bergen sich befinden, und von vermengten inlän= dischen und ausländischen Besitzern benützet werden.

Von Gewässern hat man hier nur Wildbäche; und unter diesen vorzüglich die Ache, welche auf der Alpe Innerschöß aus einem Käse (Gletscher) entspringt, verschiedene kleine Bäche aufnimmt, am Markte vorbey= fließt, und daselbst einen Bach, die Ißl, der in Tyrol ent= springt, aufnimmt, und sich dann unter diesem Nahmen bis in die Drau in Kärnthen fortwälzt. Auf der Råneburger Alpe befindet sich in einem von hohen Gebirgen gestalteten Kessel ein tiefer See, und noch andere kleinere zwischen den verschiedenen Gebirgen, womit beyde Thäler eingeschlos= sen sind.

Es befindet sich hier nur eine einzige gute fahrbare Strasse, die gegen Lienz in Tyrol; jene vom Markte über den Tauern nach Mittersill ist nicht mit Wägen zu befahren: man muß sich der Saumpferde, oder seiner eige= nen Füsse bedienen. Die Wegmauth wird von dem Ge= richtschreiber in dessen Hause eingenommen; die Einnahme ist aber von sehr geringem Betrage.

Sitte,

Sitte, Kleidung, Kost, und Sprechart unterscheiden sich ganz von jenen der Pinzgauer ·jenseits des Felber-Tauerns, von denen sie unglaublich verschieden sind. Sie nähern sich ganz dem angränzenden Tyrol; leben, spre-chen, und handeln eben so rauh und roh, wie jene. Doch unterscheiden sich hiervon zu ihrem Vortheile sehr merklich die Tefferecker, welche mit Teppichen, die sie zu Nördlingen in Schwaben, oder zu Wellsberg in Tyrol kau-fen, und dann in verschiedene, auch ferne Gegenden zum Verkaufe tragen, auch mit anderen Waaren einen guten Handel treiben. Jährlich ziehen davon 80 — 90 auf diese Handelschaft aus, und bringen dann bey ihrer Zurückkunft nebst einigem Gelde auch eine reinere Aussprache, und feinere Sitten aus dem Auslande mit. Sie bringen mei-stens nur den Winter in ihrer Heimath zu, und beginnen mit Anfange des Frühjahres ihre Wanderung wieder.

Belustigungen sieht man hier allenthalben wenig: denn der Bauer ist dürftig, und ernährt sich kümmerlich. Außer Hochzeiten und Kirchweihfesten wird an keinen Tanz gedacht. Die sonst üblichen Spiele sind Scheibenschießen, Kegelschieben, und Kartenspiele. Gewisse alberne Gebräuche, die man sonst unter gesitteten Gemeinden noch geduldet, hat man hier ganz verbothen, weil sie gar leicht in Unordnun-gen ausarteten, z. B. das Klausenmachen bey Hochzei-ten, das Scheibenschlagen bey Sonnewendfeuern, die Platzmeister oder Vortänzer bey Hochzeiten, u. dgl.

Bergbau ist hier keiner; der Ackerbau ist aber auf flachen Gründen sehr gesegnet; selbst auf den Berganhöhen gut: man bauet Weitzen, Roggen, Gerste, Haber, Boh-nen, Erbsen, Rüben, und Heidekorn. Doch kann der hiesige Landbauer nichts davon entbehren. In schlechten
Jah-

Jahren muß er das Getreide sogar aus Kärnthen, Tyrol und anderen Orten mit großen Kosten herbeyschaffen. Die Viehzucht ist ebenfalls nicht unbeträchtlich. Die letzte Viehbeschreibung geschah hier im J. 1765: man fand damahls in den beyden Thälern Matrey und Tefferecken 124 Ochsen, 521 Terzen, 31 Stiere, 2005 Kühe, 169 junge Stiere, 441 Kälber, 1052 Spinner, 3697 Schafe, 259 Böcke, 1032 Geisen, 53 Schweine, 24 Pferde von 3 bis 6 Jahren, 10 Pferde von 2 Jahren, 16 Pferde von 7 — 10 Jahren, 12 von 11 Jahren, tragende Stuten 47, alte Stuten und Hengste 44 — in allen 153 Pferde. Der gegenwärtige Viehstand, die Böcke und Geisen ausgenommen, welche sich seit jener Zeit sehr vermindert haben, wird beynahe jener älteren gleich kommen.

In beyden Thälern sind in allen 26 Grundherrschaften vorhanden.

II. Das Pfleggericht, und die freye Herrschaft Lengberg.

Dieses Gericht *) liegt zwischen Oberkärnthen und Tyrol im Dräu- oder Draathale, von welchen beyden es nach allen Seiten eingeschlossen ist, nämlich von Kärnthen nach Osten, Süden und Norden, und von Tyrol gegen Westen. Ungeachtet es von dem Erzstifte ganz getrennt ist, so steht es dennoch ohne alle Ausnahme und Beschränkung unter erzstiftischer Landeshoheit. Die ihm zunächst gelegenen Salzb. Gränzen sind der Gasteiner, Rauriser, und Fuscher Tauern, wohin man aber nur durch eine gute Strecke des k. k. Gebiethes kommen kann.

Leng-

*) Dieser Bezirk ist in der Homannischen Karte von Salzburg ganz falsch gezeichnet, und colorirt.

Lengberg (Lengenberch in alten Urkunden) gehörte einst den Grafen von **Lechsgemunde** und **Matrey.** Graf Heinrich dieses Geschlechts trat aber alle seine Besitzungen an Erzb. Konrad I. ab, und behielt sich Lengberg, das Schloß, und dessen Zugehörde ꝛc. zum lebenslänglichen Genuße. Nach seinem Tode kam es ganz an das Erzstift, welches sich schon in Mitte des XIIIten Jahrhunderts in dessen Besitze befand.

Der ganze Bezirk ist in 7 Rotten, und diese sind wieder in Huben abgetheilet, wie folgt:

1) Die Lengberger Rotte mit 1 Doppelhube, 1 Fünfviertelhube, 2 Dreyviertelhuben, 2 halben Huben, 1 Viertelhube, und 3 Geuschen, wovon 8 auf 1 Hube gerechnet werden.

2) Die Trattenberger Rotte mit 1 ganzer, 3 Dreyviertel=, 2 halben, 1 Viertelhube und 1 Geusche.

3) Die Lindsberger Rotte mit 1 ganzer, 1 Dreyviertel=, und 2 Halbhuben.

4) Die Michelsberger Rotte mit 2 ganzen, 1 Dreyviertel=, und 2 Halbhuben.

5) Die Planer und Dämmerer Rotte mit 1 ganzer, 1 Dreyviertel=, 6 halben, und 2 Viertelhuben.

6) Die Nörsacher Rotte, mit 4 ganzen, 1 Dreyviertel=, 1 Zweydrittel=, 3 halben=, 1 Drittel=, 1 Viertelhube und 5 Geuschen.

7) Die Nickelsdorfer Rotte mit 3 ganzen, 1 Dreyviertel=, 10 halben=, 7 Viertelhuben, und 19 Geuschen.

Sum=

Summe aller dieser Huben:

1 Doppelhube, 1¼ Hube, 12 ganze, 9¾ Huben, 27 halbe, 1⅔ Hube, 1⅓ Hube, 12 Viertelhuben und 28 Geuschen — in Allen 92 Feuerstätten, deren eine jede mit einer besonderen Familie besetzt ist, wovon sich der Seelenstand auf

Communicirende	688
Nichtcommunicirende	107
	795 Menschen

beläuft.

Gewerbe führen folgende: 1 Krämmer, der mit Tuch-schnitt und kurzen Waaren zugleich handelt, 2 Huf-und Waffenschmiede, 2 Wagner oder Rademeister, 3 Schnei-der, 3 Schuhmacher, 3 Loden-und Leinweber, 1 Drechs-ler, 1 Bierbrauer, 1 Bäcker, und 3 Weinwirthe und Gast-geber.

Ortschaften sind hier keine anderen als die 2 Dörfer Nörsach, und Nickelsdorf.

In diesen Dörfern befinden sich 2 Kirchen, die eine, zum h. Chrysanth genannt, zu Nörsach (ein Wallfahrts-ort, der von den benachbarten Kärnthnern und Tyrolern häufige Besuche am Tage des Kirchenheiligen, und der Kirchweihe erhält) und die zweyte zum h. Niklas, zu Ni-ckelsdorf, wobey ein Vikar, nebst einem Helfpriester als Frühmesser, sich befindet, welcher keiner Pfarre, sondern dem erzstiftischen Consistorium, das ihn zu ernennen und zu bestätigen hat, unmittelbar untergeben ist. Das Vi-kariatshaus hat die Gemeinde zu unterhalten. Hier ist auch ein deutscher Schullehrer. In der Lengber-ger Rotte befindet sich das hochfürstl. Schloß Lengberg

auf

auf einem hohen, mit Frucht- und anderen Bäumen bewachsenen Hügel, mit einer Ringmauer umgeben. Man
kommt über eine 88 Fuß lange Brücke dahin. Es hat im 2ten
Stockwerke einige schöne Zimmer mit Decken von Stuck.
Hier wohnt der hochfürstl. Pflegscommissär (Hr. Johann
Franz Götzinger) der einzige Beamte dieses Bezirkes
nebst einem Schreiber, und unferne davon der Gerichtsamt-
mann. In diesem Schloße befindet sich auch eine zu Eh-
ren der hh. Niklas und Sebastian im J. 1485 eingeweih-
te Kapelle, in welcher der Vikar zu Nickelsdorf oder dessen
Gehülfe am Christtage die Frühmesse, und an den Tagen der hh. Sebastian, Ursula, Niklas, und Markus ein
Hochamt, und wöchentlich an den Donnerstagen eine Messe zu lesen verbunden ist. Am Markustage wird auch in
diesem Schlosse von den Beamten das gewöhnliche Landrecht gehalten.

Unterhalb dem Schlosse an der Landstrasse ist ein hochf.
Zollhaus nebst einem Schrankbaume, wo ein hierzu auf-
gestellter Mauthschreiber den Wegzoll einzunehmen hat.

Am Dorfe Nörsach steht ein sogenanntes Wach-
oder Contagionshäuschen, das nur in jenen Zeiten,
wo ansteckende Krankheiten aus der Nachbarschaft drohen,
Dienste zu leisten hat.

Uebrigens sind die Süd- und Nordseite dieses Gerichtes mit sehr hohen Felsengebirgen besetzt; die Südseite ist
ganz unbewohnt; liefert auch sogar sehr magere Viehweide, und enthält einen sehr unbeträchtlichen Holzwuchs.
Die Nordseite aber hat viele Bergbewohner, schöne Wiesen und Aecker, worauf Weitzen, Korn, Gerste, Haber,
Bohnen und zum Theile auch Heidekorn, türkischer Weitzen, Hirse, Erbsen ꝛc. erzeuget werden; doch immer nicht

mehr

mehr, als zum eigenen Gerichts-Consumo erfordert wird. Außer Landes wird beynahe nichts, als etwas Vieh, Flachs, Kalk, welcher hier häufig gebrannt wird, und saures Heu verkauft, von welchem letzteren jährlich viele hundert Centner in das Tyrol ausgeführt werden.

Die Viehzucht ist im Ganzen sehr unbeträchtlich. Zum Küh- und Ochsenviehe ist gar keine Alpe vorhanden, und was davon aufgetrieben wird, das geht gegen Alpenzins auf die Kärnthnerischen oder Tyrolischen Alpen. Nur für Schafe und Ziegen ist eine Alpe, die Dämmerer-Alpe genannt, vorhanden. Der ganze Viehstand beläuft sich auf 1085 Stücke Hornvieh; an Schafen und Ziegen auf 1587, an Schweinen auf 297, und an Pferden auf 57 Stücke. Von Waldungen ist beynahe nichts merkwürdig, als der Plochwald auf der Nordseite. Von Wildbret gibt es Gemsen, Hasen, Rehe, und Füchse; Hirsche, Wölfe und Bären sehr selten; vom Federwilde Auer-Spiel, Stein-Hasel-und Schneehühner, nebst Waldschnepfen zur Herbstzeit.

Der Draufluß durchströhmt dieses Gericht von Westen gegen Osten, aus welchem ein anderer kleinerer Fluß, die Laven, austritt. Die Drau enthält Huchen, Forellen, Aeschen, Alten rc. Man zählt sonst noch 7 Wildbäche, welche dem Lande bey ihren Ergleßungen großen Schaden zufügen. Ein See ist nicht vorhanden.

Man hat hier nur eine einzige Hauptstrasse, die Haupt-Commercial-und Poststroße, welche von Triest, Krain, Steyermark, Oestereich und Kärnthen nach Tyrol, und Italien, oder in die Reichslände mit Handelsgütern und von vielen Reisenden befahren wird.

Der

Der Charakter des hiesigen Volkes ist wie beynahe aller Gebirgbewohner, welche die Natur von der übrigen Menschheit abgesondert hat: es ist abergläubisch, hängt an Volkssagen und Vorurtheilen, ist andächtig, und träge. An Kleidung und Kost nähert es sich mehr dem Kärnthner als Tyroler; die Gesichtsfarbe der meisten ist bräunlicht.

Uebrigens sind diese Lengberger Unterthanen sowohl von der Steuerabgabe, als von militärischen Einquartierungen und Vorspannen, doch nicht von der inländischen Rekrutenstellung befreyt.

Grundherrschaften, beynahe alle aus Kärnthen und Tyrol, zählt man hier, ohne die Freyeigenen, und Hofurbarischen, 21, wovon die Hälfte der Güter und Itemе Besitzern von Lenz zugehört. Die Hofurbarischen sind aber bey Weitem die beträchtlichsten.

Ein kärnthnerischer Gewerke bauet hier auf Antimonium.

III. Das Zillerthal.

Dieses ist die äußerste Gegend des Erzstiftes an der Tyroler Gränze, und enthält zwey Pfleggerichte 1) Zell und 2) Fügen, welche beyde aber gegenwärtig von einem, und demselbigen Pfleger verwaltet werden.

Diese beyden Gerichte, wovon Zell insgemein Kropfsberg, von einem gleichnahmigen Schloße (dessen Beschreibung unten folgt) genannt wird, sind die westlichsten Gränzorte des Erzstiftes; gränzen gegen Osten an die Salzb. Pfleggerichte Hopfgarten und Mitterfil, gegen Süden an die Tyrolischen Gerichte

Tau

Taufers und Sterzing, gegen Norden und Westen
ebenfalls an Tyrol, so daß es nur von Einer Seite,
nämlich gegen Hopfgarten und Mittersill mit dem
Erzstifte zusammenhängt *). Es hat Polhöhe 47°,
14′, 42″, nach Profess. Zallingers Berechnung, und
ist etwas über 1548 Fuß über die Meeresfläche erhaben;
folglich 451 Fuß höher, als die Stadt Salzburg. Der
ganze Bezirk Zillerthal besteht aus einem Hauptthale, das
der Bach, die Ziller durchströhmt, und aus 8 Seitenthälern, nämlich Ochsenthal, Finsingthal, Merzenthal,
Gerlos, Zillergrund, Stiluppe, Dornau, und Tur.
Seine gerade Länge von Nord gegen Südwest mißt
12 Stunden: gegen Süd und West sind hohe Fel-
sengebirge. Der ganze Umfang dieses Pfleggerichtes
(ohne Fügen) beträgt 14 $\frac{1}{15}$ Quadratmeilen.

Das Erzstift ist schon seit den Zeiten der Karolin-
ger im Besitze dieses Thales, wie es aus einer Urkunde
Kaisers Arnulphi vom Jahre 889 erhellet, worin er das
ganze *Cilarestale* dem Erzstifte übergibt **). Das feste
Schloß Kropfsberg an der nördlichsten Spitze des Pfleggerichts gelegen, war ehmahls die Wohnung des hochfürstlichen Beamten, der zur Besorgung der grundherrli-
chen Gefälle Pröpste (Camerarios) zu Schwendtau jenseits, und zu Haslach, nachher zu Zell, dießseits der
Ziller unter sich hatte. In folgenden Zeiten, als die
Beamten die Pflege mit den Propsteyen zugleich versahen,
zogen sie in den Mittelpunkt des ganzen Bezirkes, wozu
auch Fügen gehörte; indem das ganze Gericht in die zwey

Z 3

Schra-

*) Eine sehr schöne Charte des ganzen Zillerthales von C.
Reiber im J. 1789 gezeichnet findet man in Hacquets
Reise durch die Norischen Alpen II. Th.

**) S. Nachr. von Juvav. S. 352.

Schranen Zell und Fügen abgetheilt war. Erst nach 1650 kam ein eigener Beamter nach Fügen, welcher bald Verwalter, bald Landrichter hieß, und eine von Kropfsberg ganz getrennte Gerichtsbarkeit hatte. Itzt ist dieses Gericht wieder dem Zeller einverleibt.

Die politische Eintheilung dieser beyden Pfleggerichte ist folgende:

Das Pfleggericht Zell ist in zwey Aemter a) Zell b) Schwendtau, und in den Burgfrieden Kropfsberg abgetheilt. Die 2 Aemter begreifen in sich die Hauptmannschaften 1) Zell, 2) Hainzenberg, 3) Distelberg, 4) Zellberg, 5) Laimach, 6) Schwendtau, 7) Schwendberg, 8) Ramsberg, 9) Brandberg, 10) Gerlos, 11) Rohrberg, 12) Gerlosberg, 13) Aschau, 14) Kaltenbach, 15) Finkenberg, 16) Hofmark Lannersbach im Tur, 17) Lemperbühel, 18) Arnbach, und diese werden abgetheilt in 505½ Lägeln (Höfe).

Das Pfleggericht Fügen begreift in sich die Hauptmannschaften 1) Kapfing, 2) Fügen, 3) Fügenberg, 4) Pankrazenberg, 5) Helfenstein, 6) Holdernach am Hartberge — und in diesen 216 Lägeln.

Beamte sind 1) der hochfürstl. Pfleger, welcher die beyden Pfleggerichte Zell und Fügen zusammen versieht (itzt Herr Joseph von Pichl seit 1795) 2) ein Gerichtschreiber und Ungelder zu Zell, 3) ein Amtschreiber zu Fügen, 4) ein Oberschreiber, ein Mitterschreiber, und 3 Accessisten, wovon sich einer bey dem Amtschreiber zu Fügen befindet.

Im Zillerthale sind zweyerley Kirchsprengel; der östliche Theil jenseits des Zillerbaches ist Salzburgisch, der westliche Brixnerisch nach folgender Tabelle:

Salz-

Salzburgisch		Brixnerisch	
Ortsnahmen	Geistliche	Ortsnahmen	Geistliche
Zell	1 Dechant u. 2 Coadjut.	Fügen	1 Dechant 2 Coadj.
Mayrhofen	1 Vikar	Hippach	1 Kurat. 1 Coadj.
Brandberg	1 Vikar	Finkenberg	1 Vikar
Gerlos	1 Vikar	Tux	1 Vikar 1 Coadj.
Stum	1 Vikar 1 Coadjutor		
Hart	1 Vikar 1 Coadjutor		

Es befinden sich also im Zillerthale 10 inländische, oder erzstiftische, und 8 ausländische oder Brixne-
rische Geistliche; die erstere haben 7, die letzteren 9
Kirchen zu versehen. Zu Ried ist ein tyrolischer
Geistlicher, und ein Coadjutor, zu Uterns ebenfalls
ein tyrolischer Geistlicher. Die Salzburgischen Vica-
riate Mayrhofen und Gerlos hat Erzb. Max Gandolph errichtet. Unter das Dekanat Zell, also in den
Salzb. Metropolitan-Kirchsprengel gehören noch die Pfar-
ren in Tyrol 1) Ebbs nebst den Vicariaten Kufstein,
und Walchsee 2) Erl nebst dem Vikariate Nußdorf, 3)
Kirchbühel nebst den Vikariaten Schwoich, Wergl,
und dem inländischen Vikariate Ytter, 4) Kundl, nebst

dem Vikariate Oberwildſchenau, 5) Reit, nebſt den Vikariaten Allbach und Rattenberg, 6) der Tyroliſche Antheil des Vikariats Stumm in der Pfarre zu Zell, 7) das Kloſter der Auguſtiner zu Rattenberg, 8) das Superiorat der Auguſtiner zu Kuffſtein.

Die ganze Volksmenge des Zillerthales beläuft ſich nicht ganz auf 14000 Seelen, worunter ſich unge= fähr 6000 Salzburg. Diözeſanen befinden. Man klagt vielfältig über Mangel an männlichen Dienſtbo= then. Die Ehen ſind ſehr fruchtbar, gewöhnlich zu 8 — 10 Kindern von einer Ehe.

Schullehrer ſind im ganzen Zillerthale nur 4, zu Zell, Fügen, Mayrhofen und Hippach, welche zugleich Meßners= und Cantorsdienſte verſehen. Die Schulhaltung in den übrigen kleinen Seelſorger= Bezir= ken verſehen die Geiſtlichen, z. B. der Vikar zu Brand= berg.

Ortſchaften. Da im ganzen Thale kein Markt ſich befindet, ſo kommen nur jene Ortſchaften unter dem Nah= men Dörfer vor, in denen eine größere Anzahl von Höfen ſich beyſammen befindet. Oſtwärts, am Ausfluße der Zil= ler in den Innſtrohm, liegt auf einem Hügel das alte Schloß Kropfsberg, welches einſt die Wohnung des hochfürſtl. Pflegers war, nun aber zur Hälfte eingeſtürzt iſt, und nur noch eine Schloßkapelle, und einige bewohnbare Zim= mer für die hierher kommenden hochf. Beamten, einen commandirten Soldaten, und einen Amtsdiener übrig hat. Alle Jahre iſt hier am Tage vor St. Gertraud ein großer Rind= und Pferdemarkt, der von dem Schloße her= ab durch Böller angekündiget wird. Von hier ſüdwärts ſind folgende Dörfer: Schlitters, (hier iſt ſeit einigen Jahren ein k. k. Gränzzollamt) Fügering, (wo ſeit einem

Vertrage

Vertrage von 1690 die Grundstücke dem Erzstifte, und die Häuser dem Lande Tyrol einverleibt sind) Fügen, (hier wohnt der Salzburgische Amtsschreiber, und ein Brixnerischer Dechant; auch ist hier ein k. k. Eisenhandel, der vor Zeiten den Grafen von Fügen gehörte, und dessen Hammerwerke eine Viertelmeile von hier entfernt sind; ferner ein schönes Rittergut, das itzt ein Graf von Taxis besitzt); Rapsing die gräflich-Tannenbergischen Dörfer Finsing, Uterno, und Ried; Kaltenbach; die gräfl. Bissingische, einst Schiedenhofensche, Herrschaft Stumm; Aschau, Mitterndorf und Zell, (3 Stunden von Fügen) Im letzteren ist die schöne und bequeme Behausung des Hrn. Pflegers; der Salzb. Dechantshof; eine im J. 1782 neu aufgebaute sehr artige Kirche zum h. Veit, und ein Armen-oder Heiligenhaus, einst Hospitale sancti Joannis genannt, für Arme, welches ein Vermögen von 15220 fl. besitzt, und, da die Armenordnung von 1754 von den hiesigen Bauern nicht angenommen worden ist, eine Aenderung verdiente. Die Armenausgaben der Gemeinde belaufen sich jährlich zu Zell auf 1200, zu Fügen auf 120 fl.: viele Arme müssen sich noch dabey mit Betteln ernähren. Zu Rohr und Klamm, eine starke Viertelstunde am Osten dieses Dorfes, sind die Poch- und Waschwerke der Rohrberg-und Hainzenbergischen Goldbergwerke.

Real- und Personal Gewerbe werden im ganzen Pfleggerichte folgende betrieben:

a) Im Pfleggerichte Zell. 12 Wirthe, 11 Bierzapfler, 9 Krämmer, 5 Bäcker, 16 Müller, 11 Schmiede, 4 Kälberlieferanten, 1 Bräuer, 1 Bader, 3 Metzger, 1 Färber, 4 Sägemüller, 5 Rothgerber, 2 Schlosser, 9 Schneider, 12 Schuhmacher, 24 Weber, 1 Glaserer, 2 Sattler, 4 Tischler, 2 Fragner, 2 Mithridathändler, 1 Mah-

1 Mahler, 1 Kupferſchmied, 1 Binder, 1 Maurermei⸗
ſter, 1 Seilerer, 1 Huterer, 1 Kirſchner.

b) Im **Pfleggerichte Fügen** ſind 46 **Realgewerbe**, als
in der Hauptmannſchaft Kapfing 3, Fügen 25, Fügen⸗
berg 1, Pankrazenberg 2, Haltenſtein 10, Holdernach 5;
und überhaupt 30 Perſonalgewerbe.

Berge, Alpen, Wälder, Gewäſſer, Straſſen.

Berge, zwar nicht iſolirte, ſondern bloß mit mehr
oder minder hohen Kuppen emporragende Gebirge aus der
hohen noriſchen Tauern⸗Kette gibt es hier eben ſo ſteile,
als hohe: die meiſten ſind bis an die Hälfte fruchtbar, mit
Waldungen und Bergwieſen beſäet, und ſchließen die ge⸗
ſegnetſten Alpenthäler ein. Sehr viele haben ewigen
Schnee, und hohe Käſe (Gletſcher) in ihren von der Sonne
undurchbringlichen Schluchten. Die ungeheuren Granit⸗
blöcke der ſogenannten Berge Floite und Runkel waren bey⸗
nahe bis an die Hälfte unſers Jahrhunderts der Lieblings⸗
aufenthalt der Steinböcke, welche aber gar bald der
Glaube an ihre verborgenen Heilkräfte ganz ausgerot⸗
tet hat. *)

Auf den gedachten Bergen, dann auf den Bergen
Ziller, Zem, Stilupe, Gerlos ꝛc. gibt es Gemſen,
deren Anzahl aber einſt um ein Beträchtliches größer war.
Im Dornauberg findet man Vipern, was hierorts
höchſt ſelten iſt. Die merkwürdigſten aus den Zillerthaler
Bergen ſind der Rohr⸗und Hainzenberg: erſterer liegt
dem Dorfe Zell öſtlich, der zweyte ſüdlich, beyde eine
kleine Viertelſtunde davon entfernt. Hier ſind Goldberg⸗
werke, welche von Salzburg, und Tyrol gemeinſchaft⸗

lich

*) S. von Moll Naturhiſtor. Briefe. II. B. S. 61.

lich gebauet werden, und worüber ein in Zell wohnender Schichtenmeister die Aufsicht hat, der von beyden Theilen abwechselnd aufgestellt wird. Beyde Bergbaue liegen am Fuße genannter Berge, und werden — der Rohrberg seit 1630 und der Hainzenberg seit 1635 ehemahls mit abwechselndem Gewinn und Verlust, itzt immer mit guter Ausbeute betrieben, nachdem verschiedene andere Bergbaue auf Silber, Kupfer, Bley, Eisen, und Kobalt wieder aufgelassen werden mußten, so daß man im größten Theile der hiesigen Berge Spuren von alten Bergbauen entdecket.

Die Gebirgsart der zwey gemeinschaftlichen Goldberge ist Quarzschiefer, dessen vorwaltende Bestandtheile bald Thon, bald Quarz sind. Die Erze sitzen in Lagern auf, welche aus Morgen gegen Abend streichen, und sich unter sehr spitzigen Winkeln gegen Mittag verflächen: ihre Mächtigkeit beträgt oft nur wenige Zoll, selten über 2 Fuß. Die Gangarten der Erzlager bestehen meistens aus Quarz, hin und wieder aus Quarzschiefer, oder Ocker. Das Gold bricht hier in kleinen Körnern, sehr gewöhnlich staubförmig, einiges auch angeflogen. Arsenikkies, und Schwefelkies sind die einzig einbrechenden Erze, und fast immer nur eingesprenkt. Beyde Werke haben nahe an den Gruben eigene Poch- und Waschwerke. Die Kiesschliche, woraus alles Gold, so genau als möglich, und nun auch vermittelst des Bornischen Amalgamationsprozesses gezogen worden ist, geben bey dem Verschmelzen, wegen Armuth an goldischem Silber, nur einen geringen Ueberschuß: auch werden sie in zu kleiner Menge aufgebracht, als daß sie im Zillerthale die Kosten einer eigenen Schmelzhütte abwerfen würden. Das k. k. Bergwerksdirectorium zu Schwatz in Tyrol läßt also seinen halben Antheil nach Brixlek, dem

vornehm-

vornehmsten Tyrolischen Schmelzwerke, 4 Meilen von
Zell, und Salzburg seinen Theil in das Schmelzwerk am
Mühlbach in Pinzgau, 5 Meilen von Zell bringen, wo
er zu Rohstein geschmolzen, und dann zur Schmelzhütte
Lend 6 Meilen von Mühlbach abgeführt wird. Die Ausbeute ist hier übrigens nicht so viel werth, als der Unterhalt, welcher mehreren bey dem Bergbaue beschäftigten
Menschen dadurch verschaffet wird. Die Appellations-
Fälle und die Art, sie beyzulegen, sind in einem Recesse
von 1648 zwischen Tyrol und dem Erzstifte festgesetzt
worden.

Unweit Fügen bauet die sogenannte Wiener Kobaltgewerkschaft ein Kobaltbergwerk.

Alpen sind in diesem gebirgigen Lande sehr viele,
wie leicht zu vermuthen ist. Die Voralpen werden Aesten genannt, und werden nicht bloß als Weiden, sondern
auch zum Theile als Wiesen benützt. Da die Voralpen
um das Pankrazenfest aus dem Thale vor den noch be-
schneyten höheren Weidgängen bezogen werden, so werden sie
Anfangs abgeweidet; dann, nachdem das Vieh um St. Veit
die Alpen bezogen hat, um Jakobi gemähet, und endlich,
wenn das Vieh die stürmisch werdenden Alpen um St. Bar-
tholomi verläßt, wieder abgeweidet, worauf sie in der
ersten Woche des Octobers verlassen werden. Die Alpen
werden in Brod- und Grundalpen getheilt: jene liegen
auf dem Abhange eines Berges, diese in Thälern: auf ersteren geben die Kühe weniger Milch; aber ihre Milch
gibt mehr Butter, als auf den letzteren, wo man mehr Käse und Schotten erhält. Die Alpen werden in verschiedene Läger getheilt, das ist, in höhere oder niederere Weid-
plätze; auf welche das Vieh allmählig getrieben wird, um

immer

immer neue Nahrung zu finden. Es gibt aber auch Alpen, die nur einen Läger oder Weideplatz haben. Es werden Kühe, einige Stiere, Schafe, (Böcke, worunter die geschnittenen hier Mönche genannt werden), Ziegen, und Schweine aufgetrieben. Es gibt Bauern, welche mehr als 40 Rinder, ohne das Kleinvieh zu rechnen, auf die Alpe treiben, wovon sie aber nur etwa ein Drittel oder die Hälfte überwintern, nachdem sie die übrigen verkaufet haben. Wer zu wenig eigenes Vieh hat, eine Alpe damit abzuweiden, nimmt auch Zins- oder Miethkühe gegen gewisse Miethcontracte auf. Man hat hier, wie im Oberpinzgau, und in der Schweiz Melker, und keine Sendinnen, welche das Alpenvieh besorgen; auch findet man hier bey weitem die Reinlichkeit des Alpengeräthes nicht, wie im Pinzgau, und Pangau. Der Melker muß sogar zum Beweise seiner Unflätigkeit bey der Heimkehre von der Alpe ein kohlschwarzes Hemd (das nämliche, das er mit sich nach der Alpe nahm) zurückbringen, wenn er die Ehre eines wackeren Melkers, und den Minnesold bey seinem Trautchen verdienen will. Der Melker hat meistentheils einen Hüter, und zuweilen noch einen oder gar zwey Gehülfen bey sich, wenn die Alpe sehr groß und mit vielen Stücken besetzt ist. Von der eigentlichen Alpenwirthschaft, von Erzeugung der Butter, welche hier in Kugeln verkaufet wird, des Käses und der Schotten, wovon der Landmann aus Mangel eines guten Brodes beynahe das meiste selbst genießt, kann man sich in des Hrn. von Moll, eines gebohrnen Zillerthalers, Naturhistor. Briefen II. B. des Näheren belehren, denen wir gar nichts beyzusetzen haben. Die Tage, an denen die Alpen bezogen werden, sind auch hier ländliche Feste. Die ansehnlichsten Kühe sind mit Blumenkränzen, Pfauenschweifen, Bändern, und

Glocken

Glocken (hier Duschläfen) geziert. In Pinzgau wird auf
jede 10te Kuh eine Glocke gerechnet; hier sind die Glocken
Pracht des Besitzers, der sie also willkührlich in größerer
Anzahl unter seine Herde theilt.   Die besseren oder über-
napfigen Kühe auf den Alpen geben jede 2 Napfen oder
8 Pfund Milch, die gewöhnlichen, oder napfigen, 4 Pfund
des Tages; aus einer der ersteren erhält man gemeiniglich
50, aus einer der letzteren 30 — 40 Pfund Butter während der gewöhnlichen Alpenzeit.   Doch ist hierin nichts
Genaues zu bestimmen; indem sehr vieles von Witterung, Beschaffenheit der Alpengräser (Weiden) und der
Kenntniß des Melkers abhängt. Die Schafe werden nicht
gemolken; sondern bloß ihre Wolle, wovon jedes 1, auch 1 1/2
Pfund gibt, zur Kleidung benützt. Die Ziegenmilch wird
unter die Kühmilch gegossen, und zugleich bearbeitet. Nur
auf einigen wenigen Voralpen gibt es sogenannte Geis-
leute, welche kleine aber sehr schmackhafte Ziegenkäse aus
Ziegenmilch machen. Man hat auch eigene Schafweiden
(Schafberge, welche insgemein die höchsten sind) wohin
kein Rind gebracht werden kann, und da werden eigene
und fremde Schafe zu mehreren Hunderten von dem Besitzer der Alpe geweidet. Die Schweine sind ein beträchtlicher Handelszweig; sie kosten nur das Bißchen Gras um
die Sendhütte, und die Molke, und werden dennoch mit
12 bis 15 fl. bezahlt. Auf den größeren Alpen gibt es eine Art Ställe, die man Mulzen nennt, welche von dem
Viehe bey äußerst stürmischem Wetter bezogen werden.
Jede der hiesigen Alpen hat ihre eigenen Spott- oder Eh-
renreime, je nachdem sie gesegneter, mehr oder weniger
fruchtbar ist, wie in Hrn. von Molls Naturhistor.
Briefen zu lesen ist.

                                        Wälder

Wälder sind hier in sehr großer Menge; aber ihre Cultur, da die meisten mit Tyrol gemeinschaftlich betrieben, oder gegen ein sehr geringes Stockrecht von 12 Kr. vom Klafter laut Recesses vom J. 1699 von den tyrollschen Nachbarn benützet werden, kann wegen fortwährender Zwistigkeiten nicht durchaus die beste seyn. Durch Ueberschwemmungen, Lähnbrüche, Verschüttungen, Losreißung des fruchtbaren Bodens an den Bergabhängen (Abplaicungen) geht auch von Zeit zu Zeit sehr viel Holz zu Grunde, so daß nach einer mäßigen Berechnung des vorletzten Hrn. Pflegers Freyh. von Moll im Gerichte Zell nur allein von 1670 bis 1769 ein Schade von 300000 fl., und im Gerichte Fügen von 16298 fl. erwachsen ist. Man trifft hier größtentheils Lerchen, Fichten, Erlen, nur sehr selten Eichen an; weniger selten sind die Ahorne, Eschen, Birten und Zirme (Pinus Cembra; in den höheren Gebirgsgenden, wo man auch die verkümmerte Zwergfichte, Pinaster pumilio, hier Latsche genannt, findet). Von Büchen, Tannen, und den übrigen Holzgattungen wird nur sehr wenig angetroffen. Unter den wildwachsenden Stauden gibt es hier auch auf den hohen Gebirgen Johannisbeeren, aber von größerer und herberer Art, als die gleichnahmigen Gartenstauden. In den nämlichen Gegenden trifft man hier und da Kirschenbäume an. Das Brennholz wird gemeiniglich nach den Tausenden gehackt und verkauft. Das sind denn tausend Drählinge, wovon ein jeder über 5 Fuß lang ist, und wenigstens 15 Zoll im kleinsten Durchschnitte hat, und ganzspännig genannt wird. 10 Zoll ist halbspännig, 6 Zoll drittelspännig, und 4 Zoll viertelspännig. Das Holz, dessen Gehalt zwischen diesen Zahlen ist wird Zweisler genannt. Man rechnet, daß ein Knecht im Sommer 1500 bis 2000 sol-

che

che Drählinge hacket, und accordirt für das Tausend 40 bis 50 fl. Hackerlohn.

Die Jagd sowohl als die Fischerey sind hier wegen getheilter Ausübung mit Tyrol in einem weniger vortheil= haften Zustande. Ein Oberjäger, welcher 5 Jäger unter sich hat, bestellt das Ganze. Die Kirche zu Zell hat eben= falls das Recht zu jagen und zu fischen im Stiluppentha= le, wo sie auch einen Jäger und einen Fischer hält.

Seen befinden sich in den Niederungen keine, wenige in einigen hohen Bergklüften oder Thälern, worunter Hr. Baron von Moll (in seinen Naturhistorischen Briefen I. B. S. 105.) einen Eissee fand. Ströhme oder rei= ßende Bäche, welche von Zeit zu Zeit große Verwüstun= gen anrichten, gibt es hier sehr viele. Der Hauptstrohm ist die Ziller, die das ganze Hauptthal durchläuft, und sich endlich bey dem Schloße Kropfsberg in den Inn= strohm ergießt; sie wird bey anhaltendem Regenwetter, und schnell aufthauendem Schnee sehr verheerend, und zeichnet sich beynahe alljährig durch neue Verwüstungen aus. 44 Seitenbäche nebst ihren fremden Zuflüssen stürzen sich in diesen Bach, nachdem sie verschiedene Seitenthäler des Zillerthales durchirret haben.

Hauptstrasse ist im ganzen Zillerthale keine: keine Post geht hier durch; auch bedarf man keiner Handelsstrasse. Nur schmahle, sogenannte Bauernwege, und Nebenstras= sen, die gerade die Durchfahrt eines enggeleisigen Wagens begünstigen, werden überall von den benachbarten Ortschaften unterhalten. Inländische Zölle und Mau= then kennt man also auch keine; und die einzige Brücke, welche diesen Nahmen verdient, und über die Ziller führt, wird von gemeinen Anlagen unterhalten.

Volks=

Volkscharakter.

Der Zillerthaler hat alle guten und bösen Eigenschaften der Gebirgbewohner. Er ist lebhaft, arbeitsam, erfin-
derisch, und unverdrossen; doch dabey etwas starrsinnig,
hasset blinden Gehorsam, und handelt äußerst ungern wider eigene Ueberzeugung. Er bedarf daher einer bescheide-
nen klugen Behandlung von Seite der Beamten, und eines bidern gesunddenkenden Volkslehrers von Seite der
Religion. Ersterer findet ohne die nöthige Behutsamkeit
gar leicht Widerstand; und ein ungeschickter Seelsorger
wird ausgelacht, oder er verfehlt seinen Zweck ganz. Der
hiesige Landmann ist nichts weniger als Andächtler, einige
angeerbte Aberglauben ausgenommen, auf denen er, so
lange er nicht handgreiflich vom Gegentheile überzengt wird,
steif hält. Der Gottesdienst an Sonn-und Feyertagen muß
kurz, die Predigt nicht über eine halbe Stunde lang seyn,
wenn der Prediger nicht tauben Stühlen predigen, oder
sich den Spott seiner Zuhörer zuziehen will. Es gibt sogar Bauern, die sich ein eigenes Hausreligiönchen zusammen schmieden, das natürlich weder lutherisch noch katholisch ist, und das ihnen nur ein sehr gewandter Men-
schenkenner aus den Köpfen demonstriren wird. Der Zillerthaler bedarf also vorzüglich geschickter Beamten und klu-
ger Geistlichen und Erzieher; und nur unter einer solchen
Leitung ist er ein gehorsamer, friedfertiger Unterthan. Ge-
sunden, natürlichen Witz trifft man vielfältig hier an; und
es gibt mehrere unter diesem Volke, welche unter der Mie-
ne von traulicher Dummheit die trockensten Wahrheiten, in
Scherz gekleidet, einem ins Gesicht sagen. Ueberhaupt
ist er Liebhaber von Neckerey und Bespöttelung. Da
er eine große Neigung zur Ungebundenheit äußert, die
manchmahl durch häufiges Branntweintrinken befördert
wird; so muß er immer gelinde behandelt werden, wenn
er nicht zu tumultuarischen Auftritten gereizet werden soll.
Man hat dieß in einer Rebellion dieses Gebirgsvolkes vom
J. 1645 erfahren *). Er hat eine gewisse, bis zur Aus-
schwei-

___

*) Es geht hier noch eine gereimte Threnodie aus jenen Zei-
ten in den Händen des Landmannes herum, wel-
che

schweifung getriebene Vorliebe für eine Art von eigenem Gesetzbuche, das er sein **Landrecht** nennet, und wonach er

che diese Neigung zur Genüge bezeugt, und die wir ihres naiven Inhaltes wegen wörtlich hierher setzen:

Ach Gott! ach Gott! laß dich erbarmen!
Das Zillerthal ist worden arm
Durch Leibsteuer und Geld Aufschlag,
Da führt man jetzt gar ein' große Klag,
Und auch andre Anlagen und Beschweren,
So jetzt täglich zunehmen auf der Erden,
Das jetzt der arme Bauersmann
Schier gar nimmer erschwingen kann.
Die Leibsteuer hat gewährt 8 ganze Jahr,
Der Aufschlag lang zuvor da war,
Die Kriegs Musterung auch dessgleich
Die thät auch Niemand machen reich,
Dieweil es schon so lang hat gewährt,
So ist dem Beutl das Untere obenzu gekehrt.
Der Hunger war bey vielen groß.
Der Leib war an der Kleidung bloß.
Noch wollts den Herren all's nicht erklecken
Sie nähmen etlichen die Leibsteur aus den Bettelsäcken:
Sie thäten so noch weiter wagen,
Und oft ain in die Eisen und Schellen schlagen.
Das geschah etlichen Männern
Zu Fügen in der untern Schranen.
Da wollt sich schier der Handl rühren
So thaten ain Schörgen nud ain Schreiber schmiern,
Das thäten so gar unbesonnen;
Ain Prokuratä ist ihnen noch entrunnen,
Der wollt das Trinkgeld nicht erbeiten,
Er thät bald auf sein Bräunl davon reiten.
Das geschah im 16 hundertisten Jahr,
Und in 45 gißen, das ist wahr.

Den

gerichtet seyn will *). Von Bestanderrichtungen (Pachten)
will besonders der Tuxer, bey weitem der roheste aus diesem
Ge-

Den 19ten Tag im Mayen,
Da thäten so gar wenig freuen.
Es hätt schier geben ein grobes Koch,
Daran man hätt zu lecken noch,
Wenn nicht Gott mit seinen Gnaden,
Uns hätt bewahrt vor solchen Schaden.
Es war schon allbereits all in Gewehr,
Die Bauern und Gemein, ein zimliches Heer,
Sie laufen zu der Rüstkammer mit Hauf,
Dieselbig muß man machen auf.
Die Kriegs-Rüstung nimmt man heraus,
Es war fürwahr ein grober Straus.
Durch das Pinzger wollt man gezogen seyn:
Da kommt der Herr von Stachlburg herein,
Und noch damit zween andre Herren;
Der mehrere Theil hat sie gesehen gern.
Sie haben das Volk dahin bewegt,
Daß man die Rüstung von ihm hat gelegt.
Der Herr Stachlburger macht ein Beschluß,
Es soll mit ihm ein kleiner Ausschuß,
Hinaus auf Salzburg in die Stadt,
Und zu Ihro Hochfürstl. Gnaden,
Da möcht man noch Gnad erwerben,
Und das Zillerthal nicht gar verderben.
Der Herr Ueberäcker soll dieweil da bleiben,
Es thät ihm aber sein Bruder schreiben,
Er sollt hinüber in das Pinzgäu
Da wär er mehrer Sorgen frey;
Dann Unser gnädigster Fürst und Herr
Schickt in das Pinzger gar viel Kriegsvolk her,
Die sollten zu denselbigen Mahlen
Das Zillerthal bald überfallen,
Das haben die Zillerthaler bald vernommen,

Sein

Gebirgsvolke, nichts hören; und bey Forderungen von Ro-
bathen, selbst bey jenen, welche zur Verbesserung der Wege
und

Seind mehr als 6000 zusammen kommen,
Gar eilends und bald.
Sie zogen hinein in Pinzger Wald,
Daselbsten wollten sie so wöhren;
Wiewohl sie hätten nit viel zu zöhren;
Etliche wollten schier fliehen davon,
Doch waren die mehreren tapfere Mann.
Zu Ranach die Salzburgischen lagen,
Und thaten sich mit einer Schanz verhagen,
Und thaten dort auf die Bauern losen,
Es haben ihnen auch oft gezittert die Hosen,
Und gedachten auch oft in den Herzen,
Mit den Lappen ist nicht gut scherzen.
Da hat man noch andre Mittl vorgenommen,
Damit man zu einem Vergleich ist gekommen.
Es mußte auch dasselbe mal
Ein Ausschuß aus dem Zillerthal
Gar eilends und gar schnell
Hinunter ins Pinzger und Mittersill.
Da hat man sich verglichen zu gleicher Zeit,
Mit einander zu beyder Seit.
Und wann nur Gott den Herrn bäth
Daß man diesen Vergleich halten thät.
Die Reichen sowohl als die armen,
Gott wolle sich unser noch erbarmen,
Gott hat uns dadurch zu verstehen wollen geben,
Daß wir hinfür sollen anderst leben,
Die Oberkeit soll merken dabey,
Daß sie nicht so tyrannisch sey.
Tyranney ist ein Mutter der Rebellion,
Das ist fürwahr ein grober Stam:
Es ist aber nicht anderst beschaffen,
Nicht so gar unterdrucken die armen,

Sondern

Wege und ihrer Unterhaltung nöthig sind, muß er sehr be=
hutsam behandelt werden. Die Lieferung des Wildprets
nach

Sondern sollt sich über sie erbarmen.
Gott thut halt ain mit dem andren strafen.
Ein jeder sucht zeitlich Gut und Ehr,
Verachtet dadurch Gottes Geboth und Lehr,
Und wann wir thäten wie wir sollten,
So thät Gott auch wie wir wollten.
Es hat aber ein solche Gestalt.
Wenn oft einer hätt der Obrigkeit Gewalt,
So möcht ich wohl sagen rund,
So wär er der allergröste Hund.
Zu dem Nehmen wär er nicht zu faul.
Er riß ain andern das Brod aus dem Maul,
Darum wills gar langsam besser werden,
Dieweil wir leben auf der Erden.
Hilf Gott, daß wir uns bald bekehren,
Und alsdann wird es besser werden;
Und wird die Obrigkeit und Unterthanen
Ganz freundlich miteinander wohnen,
So werden sie sicher seyn vor der Rebellion;
Das wünscht von Herzen ein alter Mann,
Der dieses kurz in Reim verfaßt
Der hat allzeit den Unfried gehaßt.
Herentgegen hat er geliebt den Fried,
Die Rebellerey gefällt ihm nit.

*) Es ist dieses ein von Erzb. Johann III. am Sonntags
Cantate im J. 1487 erhaltener Landbrief, wovon fol=
gendes der summarische Inhalt ist:

Der Eingang sagt, daß dieser Landbrief die Rech=
te Zillerthals und das Herkommen nach den Aussagen
der alten Unterthanen enthält.

Diese

nach Salzburg ist beynahe der einzige bestimmte Frohndienst. Den Zehenten und zwar nur den großen besitzen 1) Se. hochfürstl.

Diese Aussagen werden in formalibus angeführt: Wir öffnen Unserm gnädigsten Herrn von Salzburg 2c. 1) Landesgränzen. 2) Allen Grund und Fund besonders an Erzt. 3) Alle Fischweide. 4) Alle Wildbahn. 5) Alle Waldung.

Was für einen Pfleger gehört.

1) Ueberantwortung der Uebelthäter zum Tode, auf dem Dingbichl von Fügen aus, und auf die Zillerbrucke von Zell aus, denen, die alldorten die Gewaltigen sind. 2) Mord, Aufruhr, Nothzucht, Raub, Diebstall, Frevel, Schädigung, Betrug. 3) Wer sich an fremde Herrschaft wendet. 4) Ein Pfleger soll keinen Urbarsmann fangen, er habe dann den Tod verdient. 5) Soll seinen Richter halten, und kein Richter soll ohne genugsame Dünßleute richten. 6) Alles Kaufrecht. 7) Foit Futter. 8) Weinmaß, das Inspruggerische hält nach Salzburgischem Fuß die Maß Kanne Cubic 152'828''691'''. 9) Getreid Metzen ein eigner per 4 Strich Maß hat nach Salzburg. Fuß 2329 2/5 Zoll. 10) Ellen die Münchner. 11) Wag, das Haller Gewicht. Das alte Haller Gewicht soll 5 p. C. schwerer, als das dermalige Wiener Gewicht seyn. 12) Die Landschaft soll jährlich 3 Amtsleute aus ihnen erwählen, die Urbarzinse und Gilten treulich einbringen sollen zu St. Waldburgen Tag.

Nebst diesem enthält der Landbrief, und bestättiget den Befehl Erzbischofs Ortholfs; Salzburg am St. Bartholomäi Abend Ao. 1354.

„Ein Pfleger soll richten um alles Geld, so das Urbar nicht betrift, um Haar rauffen, Schelten mit verbothenen Worten, Schwert zucken, Wunden, genist-

hochfürstl. Gnaden, 2) der Bischof zu Chiemsee, 3) der Graf von Taxis, 4) die Augustiner zu Rattenberg, und 5) die Pfarrer und Vikarien meistens nur ein Drittheil: kleiner wird keiner gegeben. Die Erhebungsart hängt von der Willkühr des Zehendempfängers ab; aber nicht die Abänderung von einer in die andere Art, z. B. in Sackzehend 2c.

Grundherrschaften sind in beyden Gerichten 43; aber darunter viele sehr unbeträchtlich.

Das Heimwehe (die Heimsucht) eine gewöhnliche Krankheit der Gebirgsbewohner ist dem Zillerthaler in einem hohen Grade eigen, worin die Eigenheit in Kost, Kleidung, und Lebensart Ursache ist. Nichts ist übrigens auffallender, als die charakteristische Verschiedenheit dieser
Aaa 2   Gebirgs-

sig oder ungenissig, Lem, Pfeil, Todschlag, triff rechten falsch, und Nachtesse mit Gefährd, und wer dem andern sein Vieh todt schlägt, oder einen Fuß abschlägt, und was rechter Frefel ist.

Aber bis anderer Herren Leuten soll der Pfleger oder sein Richter alle Sachen richten.

Ein Propst soll richten

An das Erb. Ueberbauen. Ueberzäunen. Uebermähen. Uebermaißen. Wer auch ein Markstein ausbricht oder aufsteckt, Zäunrecht, oder wer die Viehbrücht kehrt ab dem Urbar, oder dem andern sein Holz brennt oder niederschlägt, oder wer den Wehren beym Wasser nicht wehrt, und um Anlait.

Inhalt des alten Urbars.

Man fragt (hier werden die Special-Fälle vorgetragen) spricht man zu Recht (hier folgt die Verhaltungsregel) Die Special Fälle sind wegen Beständ-Veräußerung der Güter. Abschleipfen. Ueberkehren. Anboth beym Kaufen. Verboth Holz zu verkaufen aus den eignen Hölzern.

Gebirgsbewohner unter sich selbst. Der Tuxer ist der ro=
heste, und von jeder Art ländlichen Luxus der entfernteste;
hingegen auch der arbeitsamste, stärkste, und unverdorben=
ste. Der Zillerthaler ist mehr verfeinert: seine Brust ist
geschlossen, seine Hosen sind von Leder, sein Brustfleck mit
Borden besetzt; dagegen ist er ärmer, tückischer, und weich=
licher; worin ihn aber noch der Jägner, besonders in sei=
nem größeren Hange nach Andächteley, übertrifft. Ein
Beweis von dem Spottgeiste, der hier zu Hause ist, mag
das seyn, daß beynahe jede Familie ihren eigenen Spott=
nahmen hat. Das Verklagen, oder Ansagen bey Gerichte
ist aber allgemein unter der Würde des Zillerthalers.

Der Tanz ist seine Lieblings=Leidenschaft; er ist ins=
gemein sehr wohllüstig, auf engen Plätzen, wo es an Rip=
penstößen nicht fehlt. Der grobe Tuxer=Tanz war noch
vor Kurzem der beliebteste. Uebermäßiges Saufen, und
Raufhändel werden immer seltener: letztere waren stäts
von grausamer, barbarischer Art: man fuhr mit den Kö=
pfen gegen einander wie grimmige Stiere, und ohne Blut
und gefährliche Wunden lief es selten ab. Jede Rauferey
beginnt beynahe immer mit Stichreden, Geld zählen, Hä=
ckeln, oder Ziehen an den mittleren Fingern, und endet
mit blutigen Handgemengen. Die Wildschützen vermin=
dern sich itzt aus Furcht vor dem Soldatenstande, wovon
der Gebirgsbewohner nicht so sehr aus Feigheit, als aus
Furcht vor Mangel der geliebten, gewohnten Schmalzkost
ein abgesagter Feind ist. Spielen und Pferderennen hat
beynahe ganz aufgehört.

Die Kleidung des Zillerthalers ist seinen Bergarbei=
ten ganz angemessen, und besteht größtentheils aus eigenen
Produkten von Flachs und Wolle. Die Männer tragen
weite Beinkleider mit Hosenträgern ganz locker um den Leib,
welche sie Gesäß oder Birghosen nennen, und kurze
weite Röcke von Loden. Der Hals ist bloß, oder mit
einem schwarzen Flore oder Tuche ganz locker umwunden:
nichts hindert den freyen Umlauf des Geblütes. Die mei=
sten tragen breite lederne Binden um den Leib. Das
Weibsvolk hat kurze Röcke, die aber rückwärts bis auf
die Schultern aufgezogen sind. Die Brustflecke sind kurz,
und oben, wahr oder falsch, sehr stark gefüttert. Die Kör=
perliche Bildung beyder Geschlechter ist überhaupt schön,

nervicht,

nervicht, und von Gesundheit strotzend. Ihre gewöhnlich=
sten Speisen sind Gerstenmus, Erdäpfel, gedörrte Steck=
rüben, Türkenkoch, oder Mus von türkischem Weitzen:
Jute, oder Molke ist ihre gewöhnliche Zuspeise; sie nen=
nen dieß Zusauf. Käse wird mehr als Brod gegessen;
denn letzteres ist sehr schlecht; und viel vom Gerstenmehle.
Magschaden, oder Kuchen von Mohnsamen, Honig und
Milchrahm sind ihre Leckerbissen. Das Kauen des weichen
Peches von Fichten ist eine gemeine Sitte, wodurch die blen=
dendweißen Zähne vieler Zillerthaler erhalten werden. Aber
noch häufiger und beliebter ist das Tabakkauen: Män=
ner kauen oft in einer Woche eine halbe Rolle Tabak, und
es gibt Knechte, welche ihren Jahrlohn damit versplittern.
Augsburg schickt dem Zillerthaler Aelpler diese übelriechen=
de Waare zu; und Zillerthal allein nimmt dem Kaufman=
ne Delafont, und einem gewissen Krämmer, der im Bür=
gerspitale zu Zell wohnet, jährlich gegen 150 Centner Kau=
tabak ab, wovon der Centner zwischen 10 und 12 fl. kostet,
welches eine Summe von 1500 fl. jährlich für Zillerthal
allein ausmacht *).

Die Aussprache der Zillerthaler ist etwas hart, und
energisch; aber dabey singend: die meisten Endungen ge=
hen bey ihnen in al, ar, und e aus; z. B. Miedal,
Miral (Anna Maria) Joral (Gregor) Biglar (Schen=
kel) Ugle (Ursula); in Tux besonders ist diese Art von
Verkleinerung sehr gewöhnlich, z. B. Josle für Joseph;
und es ist wirklich lächerlich, wenn man einen baumstarken
Kerl darüber weheklagen hört, daß ihm seine Armelar
(Arme) schmerzen. **).

Der

---

*) Im Pinzgau und Brixenthale, auch im nahen Tyrol
herrscht diese Gewohnheit ebenfalls; doch nimmt sie all=
mählig ab, da ehedem jeder kleine Bube schon seine Ro=
jätel haben mußte.

**) Folgendes ist ein Zillerthalerisches Gassengeher=Lied:

Der Abentheurer bin ich's genannt,
Zeug den Fürsten durch's Kaiserliche Land,
Den oan Berg auf den oan Berg wieder,

Das

Der Zillerthaler hat auch seine eigenen Gewohn=
heiten. Die merkwürdigsten sind die Cerimonien bey
Hochzeiten. Die Rangordnung bey dem Kirchgange der
Brautleute ist folgende: 1) die Junggesellen, 2) die Män=
telträger, das ist, diejenigen, welche die Beystänber der
Braut sind, 3) die Jungfrauen, 4) der Bräutigam mit
dem Hochzeitlader, welcher eine brennende Kerze trägt,
5) die Männer, 6) die Braut vom Wirthe geführt, 7)
die Altmutter mit einer Kerze, 8) die Weiber. Der Bräu=
tigam geht wie ein armer Sünder mit gefalteten Händen,
um welche ein Rosenkranz gewunden ist, untergeschlagenen
Augen, und mit einem Kranze auf dem Kopfe einher, und
darf

Das Bettelbrod verkauf i wieder,
Aft roaf i über a Nihls Tau,
Begegnet mir a wunderschöne Jungfrau,
Die wunderschöne Jungfrau ganz auserwählt.
Die dir ach ganz wohl gefällt;
Sie will a mein Voterns Garten,
Blümler und Rößler thun sein;
So viel mehr an Madler Madlen thut mahen,
So viel a Samerin Körnlen thut saan,
So viel Fischler on Wasserlein thän fliesen,
So oft und vielmahl laßt sie di grüßen,
Von Brüder und Schwester,
Von Aenel und von Anel,
Schüssel voll Planel
Von Stuhl und Bank
Glaperlens Dienel,
Wär do beyn Enk.
Kum i her von Zelle,
Ists Wetter schön und helle,
Aft steigs ich holt aufi
Nach den Schroad,
Und sieh ein Hafen voll Koath,
Und an Löffel dabey
Dinal mögstu nöt kostn,
Obs g'salzen sey.

darf den ganzen Tag über nicht luſtig ſeyn. Den Tanz im Wirthshauſe beginnen die Braut und der Bräutigam, dann folget der Altertanz, des Altvaters mit der Alt= mutter. Hierauf iſt der Mantelträger=Tanz, wobey dieſe, die Hände mit dem Hute bedeckt, um die Braut und Altmutter umher hüpfen, und erſtere plötzlich gefangen nehmen, worauf ſie der Bräutigam wieder loskaufen muß. Nach vollendeter Hochzeit iſt der Dank, womit der Hoch= zeitlader der Geſellſchaft für ihre Gegenwart danket, und die etwa eingeſchlichenen Fehler entſchuldiget.

Die Wöchnerinnen werden mit einer Menge aber= gläubiſcher Poſſen gequält, ſie müſſen beynahe Tag und Nacht fort eſſen. Täglich geht ein Weib dreymahl mit ei= ner brennenden Kerze um ihre Bettſtätte herum, und bleibt in der Mitte ſtehen, worauf die Anweſenden immer die Kerze auslöſchen müſſen. Der Glaube an Hexerey, Geſpenſter, Schatzgräberkünſte, und den dazu gehörigen Unſinn iſt hier ſehr ſtark und ausgebreitet. Das im Pinzgau gewöhnliche Berchtenlaufen iſt hier ebenfalls üblich. So wie des Aelplers Gnomon (Uhr) bey Tag und Nacht der geſtirnte Himmel, und die Bergſpitzen ſind; ſo hat er ſich auch ſei= ne eigene Zählungsart erfunden. Ein — bedeutet 30, O einen Gulden, ⊕ 100 Gulden (oder Rateln), ∧ 50 Gulden, × bedeutet zehen; dieſe Zeichen ſetzt er zuſam= men, und bedient ſich derſelben als Ziffern. Man rechnet übrigens gewöhnlich nach Pfunden; das Pfund iſt ſo viel als vier Groſchen, ſo daß etwas, was 48 Kr. koſtet, auf 4 Pfunde berechnet wird. Maß und Gewicht ſind Salz= burgiſch; die Preiſe der Lebensmittel aber richten ſich nach dem nahen Tyrol.

Erträgniß im Allgemeinen.

Da der Zillerthaler eben ſo arbeitſam und unermüdet, als erfinderiſch iſt, jeden Unfall von Seite der Witterung, oder durch eine Ueberſchwemmung (z. B. vermittelſt des auch in Tyrol gewöhnlichen Umwendens, Umſtürzens des Erdreichs) zu verbeſſern weiß, ſo wächſt auch der Werth der meiſten Güter von Zeit zu Zeit. Der Ackerbau wird hier ganz vorzüglich gut betrieben: auf den Ebenen wird mit Pferden, wovon immer vier zugleich vor einen doppel= ten Pflug geſpannet werden, geackert; wo man mit dem

Pfluge

Pfluge nicht arbeiten kann, z. B. auf den Bergabhängen ꝛc. wird der Grund mit starken, schweren Hauen, oder
krummen Dreyzacken aufgelockert, hierauf die Erdschollen
(Retzer) zerschlagen, und dann wird gesäet, welche Verrichtung meistens das Weibsvolk über sich nimmt.

Man bauet hier Weitzen, Roggen, Gerste, Haber,
Helde, Türken (Mays, türkisches Korn, Zea Mays *L.*)
Flachs, Hanf, Erdäpfel, runde Rüben, Steckrüben,
Mohn, Bohnen, und Mangold (Beta cicla *L.*, Biessen in
der Sprache des Zillerthalers, eine Art Zugemüse für
ihn).

Die Bestellung der Felder geschieht meistentheils so,
daß ein Theil mit Wintergetreide, ein Theil mit Sommer-
früchten angebauet, und 4 bis 5 Theile zur Gräserey benützet werden. Von Brache weiß man hier nichts. Weitzen wird wenig, und meistens nur im Hauptthale, Roggen etwas mehr; Gerste aber am häufigsten gebaut, indem
diese fast die einzige Speise des Zillerthalers ausmacht, abwechselnd Klötze, und Mus vom Gerstenmehle. Haber
wird ebenfalls nicht viel mehr gebaut, als man etwa zur
eigenen Pferdezucht nöthig hat, die nicht sehr beträchtlich
ist. Der Mays wird am häufigsten in der Gegend von
Stumm und des nördlichen Zillerthales gebauet. Aber
der Mohn (Papav. somniferum *L.*, hier Magn genannt)
wird überall sehr stark gebaut, und, wie die Erdäpfel, und der Hanf, wohl gedüngt. Der Mohn ist ein Leckerbissen des Zillerthalers; das Gericht heißt ihm Magschaden, und besteht aus Semmelschnitten in Milch, worüber Honig gegossen, und Mohnsame gestreut wird.

Die Fruchtbarkeit des Getreides ist hier sehr groß;
gewöhnlich 10 — 15 facher Same, von der Gerste sogar 19 —
20 facher. Die Ackerländer und Wiesen sind durchgehends
in Tagbaue abgetheilt, wovon einer so viel enthält, als
man mit 4 Pferden des Tages umackern, eggen, und besäen kann. Da es hier auf Stärke und Munterkeit der
Pferde, so wie auf Fleiß und Geschicklichkeit der Arbeiter
sehr viel ankommt, so sieht man leicht, daß das geometrische Maß der Tagbaue hier nicht gleich seyn kann: es gibt
deren zu 55000 ☐ Schuh, und auch einige, welche mehr
als 70000 ☐ Schuh messen. Man säet im ersten Jahre
Weitzen

Weißen, im zweyten Roggen, und nach der Aernte Rüben, im dritten Gerste, und dann wird das nämliche Feld
zwey Jahre auf Heu benützet, welches man Ehgart ne-
net. Die Frucht wird mit Sicheln abgeschnitten, und
dann geschobert, oder auf hohen Haufen in der Luft ge-
trocknet. Man hat hier auch eine eigene Art zu dre-
schen. Das Werkzeug hierzu ist eine Walze von Ahorn-
holz, die Dremmel heißt, und am vorderen Ende ein
Loch hat, wodurch ein krummer Stab (nicht wie sonst der
Dreschflegel mit Riemen beweglich) gesteckt wird. Wenn
von dem Drescher jeder nach der Ordnung seinen eigenen
Streich führt, so wird das Bengeln; wenn aber nur die
Hälfte zugleich abwechselt, so daß ein 2/4 Tact daraus ent-
steht, so wird das Trotten genannt. Mehrere Bauern
zusammen besitzen eine Gemachmühle, worauf sie ihre
Frucht mahlen. Die Güter sind hier nicht so groß, als
in Pinzgau; dafür aber auch besser cultivirt *).

Nach dem Ackerbaue, oder in einigen Gegenden
auch vor diesem geht des Zillerthalers größte Sorge auf die
Viehzucht, welche sein Hauptnahrungszweig ist. Ochsen
sieht man wenige, weil der Feldbau mit Pferden bestellt
wird, und man für größeren Gewinn von Butter und
Schmalz besorgt ist. Das Vieh in den Winterställen wird
sehr unreinlich gehalten; weder dieß wird geputzt, noch
werden jene öfter als einmahl des Jahres ausgemistet, wodurch der Dünger zwar mehr Güte, und die Ställe mehr
Wärme erhalten; allein vielleicht auch dem Wuchse des
Viehes Abbruch gethan wird. Nach dem Rindviehe ziehen
die Pferde (die Tuxerischen waren einst wegen ihrer Größe und Stärke berühmt) und dann die Schafe, Ziegen,
und Schweine des Landmannes häusliches Besorgniß an
sich, aus denen nebst dem eigenen Bedürfniß auch
manches schöne Stück Geld erworben wird.

Nach

---

*) Man lese hierüber Hrn. von Molls Naturhistor. Brief.
II. B. S. 437 und folgende, wo auch die Vergleichung
des Gesindes eines großen Bauers im Pinzgau mit dem
Gesinde eines großen Bauers im Zillerthale angeführt
ist.

Nach einigen sehr genauen Berechnungen übertrifft der Activhandel des Zillerthalers dessen Passivhandel im Durchschnitte um mehr als 47600 fl. Der Zillerthaler verdient sich Geld, 1) durch Holzarbeit 10000 fl. von 100000 Klaftern, an Tyrol, das nach Verträgen das bearbeitete Holz ausführt; 2) durch den Bergbau, von 30 Mark Goldes, 3) durch Verkauf des Hornviehes, der Pferde, Kälber, Schweine, und des übrigen Alpinviehes, und der rohen Häute; durch erstere eine Summe von wenigstens 53800, durch letztere von 1500 Gulden, 4) durch Verkauf des Schmalzes, wovon jährlich gegen 2600 Centner, jeder zu 18 fl., also ein Werth von 46800 fl. ausgeführt werden; 5) durch Verkauf des Käses, obgleich die Hälfte im Lande selbst verbraucht wird, dennoch von ungefähr 1000 Centnern, 5000 fl. am Werthe, 6) an Oehl-und Mithridatwaaren; hiervon werden jährlich für 10000 fl. am Werthe durch ungefähr 250 Träger außer Landes getragen, welches, ein Drittheil für Gläser und Materialwaaren abgerechnet, eine Summe von 7000 fl. abwirft, 7) durch Wurzengraben, und Branntweinbrennen (gegen 60 Familien nähren sich damit, und bringen, jede jährlich 50 bis 60 fl. Gewinnst aus Steyermark, Kärnthen, dem Venetianischen und Tridentinischen ꝛc. nach Hause, welches eine Summe von ungefähr 2400 fl. gibt. 8) durch Verkauf des Lodens, von ungefähr 500 fl., 9) des Leinöhles, von ungefähr 1200 fl., und 10) der Leinwand, auf 3200 fl. angeschlagen, so daß die Summe des Activhandels sich auf 124077 fl. beläuft. Dagegen wird 1) an Getreide und Hopfen für 33220 fl. 2) an Wein und Branntwein für 16000 3) Salz für 5700 4) Tabak für 12000 5) Eisen für 4540 fl. 6) Tuch und Zeugwaaren für 2000 7) übrigen Materialwaaren für 3000 fl. — also für eine Summe von 76460 fl. eingeführt, woraus sich das oben angeführte Resultat ergibt.

IV. Das Pfleg=und Landgericht Hopfgarten oder Ytter.

Hopfgarten.

Eine Seitengegend des Erzstiftes zwischen Pinzgau und dem Zillerthale gegen Tyrol. Es ist hier nur ein einziges Pfleggericht.

Dieses in dem sogenannten Brixenthale liegende Pfleggericht wird gegen Westen und Norden von Tyrol, dessen Gränzstadt Kitzbühel ihm sehr nahe liegt, gegen Süden von dem Erzstiftischen Zillerthale und gegen Osten von dem Pinzgau begränzt.

Es ist im J. 1380 durch Kauf an das Erzstift gekommen. Erzb. Pilgrim II. erkaufte nämlich von dem Bischofe Conrad, und dem Capitel zu Regensburg die Veste Ytter, den Thurn zu Engelsperg, und die Gült zu Partschinz an der Etsch nebst allem Zugehörigen für 18000 ungarische Gulden auf Wiederkauf. Allein im J. 1385 traten Bischof Johann und sein Capitel zu Regensburg dieselben auf ewig, und unwiederruflich an das Erzstift ab. Partschinz hat das Erzstift nachher wieder verkauft. Zu Ytter waren ehemahls 2 Beamte, ein Pfleger auf dem Schloße, und ein Propst; jener hatte die landgerichtlichen, dieser die Urbar=Geschäfte zu besorgen.

Dieses Pfleggericht wird in folgende 5 Kreuztrachten (Kirchspiele) abgetheilt: Ytter, Hopfgarten, Westendorf, Brixen, und Kirchberg: und diese Kreuztrachten wieder in Viertel, wovon Ytter nur eines, Hopfgarten 4, das Peningberger, Grafenweger, Glandersberger, und Salfenberger Westendorf 4, das

Ebner,

Ebmer, Wiedauer, Schwaiger, und Salfenberger, Bri=
xen ebenfalls 4, das Hofer, Sonnberger, Buschschwendner,
und Lauterbacher, endlich Kirchberg 2, das Sonnber=
ger, und Spertner in sich begreifen.

Beamter ist ein hochfürstl. Pfleger, der zugleich
Land= und Bergrichter, auch Ungelder im Brixentha=
le ist (itzt Hr. Andreas Lasser von Zollheim, des h.
R. R. Ritter, Rath und Landmann) nebst dem unter=
geordneten Kanzley= und Gerichts=Personale.

Zu Kirchberg befindet sich ein Verwalter des da=
sigen Bergwerkes.

Geistliche sind hier 15, wovon aber nur der Vi=
kar zu Ytter in den Salzburgischen, alle übrigen in
den Chiemseeischen Kirchsprengel gehören.

1 — 2. Der Vikar zu Ytter nebst 1 Helfpriester,
der auch zugleich Frühmesser ist,

3 — 6. der Vikar in Hopfgarten nebst einem
Frühmesser und 2 Helfpriestern;

7 — 9. der Pfarrer zu Brixen nebst 2 Helfprie=
stern;

10 — 12. der Vikar zu Kirchberg, nebst 2 Helf=
priestern;

13 — 14. der Vikar zu Westendorf, nebst dessen
Helfpriester;

15 ein Beneficiat zu Aschau.

Schullehrer sind hier 5, zu Hopfgarten, Westen=
dorf, Brixen, Kirchberg, und Ytter. Im ersten Orte ver=
sieht die Schule der Organist; in den übrigen der Meßner.
(Nur zu Hopfgarten dauert sie das ganze Jahr, in den
übrigen

übrigen Orten nur den Winter über, zu welcher Zeit auch an den Bergen zu Pening, Westendorf, Kelchs= au und Sperten die Jugend meistens von Bauersleuten unterrichtet wird. Zu Hopfgarten werden die Schüler alle Monathe an einem Sonntage von ihrem Katechez= ten, einem Coadjutor, öffentlich von der Kanzel geprü= fet: der nämliche läßt sich auch sonst die Aufsicht über die Schule sehr eifrig angelegen seyn.

Ortschaften sind in diesem Pfleggerichte

1) der Markt Hopfgarten.

Er ist der XII. in der Reihe der inländischen Märk= te. Die Zahl der Bürger ist unbestimmt; indem keiner sich einzukaufen verbunden ist, um dafür angesehen zu seyn, und die bürgerlichen Freyheiten zu genießen. Dieser Eingekauften, oder Bürger zählt man gegenwärtig 43. Sie haben keinen Marktrichter; sondern stehen ganz unter dem Pfleggerichte, welches die Rechnungen prüft, und be= stätiget. Ihre Oberen sind der Ober= und Unterführer nebst 6 Ausschüssen, einem Fleischschätzer, und Schmalz= Abwäger, welche gewöhnlich nach dem Alter alle 2 Jahre abgewechselt werden. Der Unterführer hat besonders das Bürger= oder Landholz zu besorgen und zu verrechnen; das übrige liegt dem Oberführer ob. Am Dienstage nach Pfingsten wird die Bürgerrechnung gelegt, und mit einer Mahlzeit gefeyert, wobey die 2 Führer und 6 Ausschüsse nebst dem sich einkaufenden Bürger, auf dessen Kosten (nach Verhältniß des Gewerbes von 15 bis 40 fl.) erschei= nen. Diejenigen, welche im Markte oder Burgfrieden zur Miethe wohnen, oder auch ein Haus, doch ohne Gewerb besitzen, müssen der Bürgerschaft jährlich 60 Pfennige, oder 15 Kreutzer bezahlen, und werden deßhalb 6opfen= niger, d. i. Kleinhäusler genannt.

Die

Die Bürgerschaft genießt nur noch das einzige Vorrecht, daß sie jedes Pfund Butterschmalz um 4 Kr. wohlfeiler erhält, als es in Salzburg von der Stadtwage bezahlt wird, wohin jährlich nebst 40 Centnern Dienstschmalz noch 90 Centner abgeliefert werden müssen. Die Alpenbesitzer von Hopfgarten und Westendorf müssen jährlich 81 Centner 45 Pfund Butterschmalz an die Bürgerschaft für gedachten Preis liefern. Die Bürgerschaft steckt an den 3 Freymärkten, zu Herbst- und Fasten-Ruperti, und am Thomastage durch den Bürgerbothen ihre Freyheitsfahne aus, und genießt noch von anderen 7 kleinen Märkten das halbe Standgeld. Ferner hat sie einen eigenen Blumbesuch, nebst einer eigenen Waldung: von dem ersteren ziehet sie den Graszins, vom Pferde 20, von der Kuh 15 und von dem Schweine 3 Kr.; endlich von den Strafen der Graben- und Feuerbeschau zwey Drittel, wovon sie aber die Beschaukosten allein trägt.

Hier ist 1) eine alte, ländliche Pfarrkirche zu den hh. Jakob und Leonhard, nebst dem Pfarrhofe:

2) das hochfürstl. Pfleghaus von 3 Geschossen und ganz gemeiner Bauart. Hier sind die Registraturen, und die Wohnung des Pflegers. Es wird nun aber ehestens ganz neu aufgeführt werden.

Gewerbe sind in diesem Markte folgende: 6 Wirthe, 2 Großkrämmer, 3 Kleinkrämmer, 3 Bäcker, 2 Bierbrauer, 1 Bier- und Branntweinzapfler, 1 Bader, 2 Metzger, 1 Lederer, 1 Weißgerber, 1 Kirschner, 1 Tischler, 1 Seilerer, 2 Sattler, 1 Maurermeister, 1 Kupferschmied, 1 Huterer, 1 Glaserer, 1 Schlösser, 2 Schmiede, (worunter die Johann-Angerischen Erben zugleich Sensenschmiede sind), 2 Mauthmüller, 1 Nagelschmied, 1 Färber.   Das

Das Wappen dieses Marktes enthält den h. Leon=
hard mit einer Kette in der Hand im silbernen Felde.

2) Folgende Dörfer, Ytter, Westendorf, Bri=
xen, Kirchberg, Schwendt, Pening, Pesendorf, Kelchs=
au, Feichten, Holzham, Hof, Lauterbach, Pockern,
Spertendorf, und Klausen.

In diesen sind behauste Höfe, mit 355 Anschlä=
gen.

in der Kreutztracht Ytter	43
— — — — Hopfgarten	189
— — — — Westendorf	153
— — — — Brixen	53
— — — — Kirchberg	$93\frac{1}{2}$
	$531\frac{1}{2}$

und Kleinhäuschen

im Burgfrieden Ytter	5
— — — Hopfgarten	41
in der Kreutztracht Hopfgarten	63
— — — — Westendorf	53
— — — — Brixen	63
— — — — Kirchberg	82
	307

Ueberhaupt zählt man im ganzen Pfleggerichte $5089\frac{1}{4}$
Tagbaue.

In allen diesen Kreutztrachten werden außer den
obengenannten des Marktes Hopfgarten noch folgende
Gewerbe ausgeübet:

Im

Im Burgfrieden Itter sind. 2 Mauthmüller, 1 Sägeschmied, 1 Schmied, 2 Wirthe, 1 Schneider.

In der Kreutztracht Hopfgarten 6 Mauthmüller, 3 Sägemüller, 1 Walkmüller, 1 Wirth, 6 Schneider, 6 Schuster, 8 Weber.

In der Kreutztracht Westendorf 6 Mauthmüller, 1 Sägemüller, 1 Lederer, 2 Schmiede, 2 Wirthe, 2 Bier- und Branntweinzapfler, 3 Krämmer, 1 Bader, 2 Schneider, 1 Schuster, 1 Tischler, 1 Wagner, 4 Weber.

In der Kreutztracht Brixen 6 Mauthmüller, 3 Sägemüller, 2 Lederer, 3 Wirthe, 2 Schmiede, 1 Bier- und Branntweinzapfler, 4 Krämmer, 1 Bader, 3 Schneider, 2 Schuster, 4 Weber.

In der Kreutztracht Kirchberg 6 Mauthmüller, 2 Sägemüller, 4 Wirthe, 1 Bierbrauer und Weinwirth, 1 Bader, 3 Krämmer, 3 Schmiede, 1 Schlosser, 1 Metzger, 2 Bäcker, 2 Faßbinder, 3 Hafner, 1 Kupferschmied, 4 Schneider, 3 Schuster, 1 Tischler, 1 Wagner, 5 Weber.

Kirchen sind nebst der im Markte Hopfgarten

    1) zum h. Peter zu Itter

    2) zum h. Niklas zu Westendorf

    3) zum h. Martin zu Brixen

    4) zum h. Ulrich zu Kirchberg

    5) zum h. Kreuz zu Aschau

    8) zum h. Johann B. auf der hohen Salfen

in allen 7 Kirchen.

Alte

Alte Schlösser befinden sich in diesem Bezirke zwey, das Schloß Engelsberg, welches die rebellischen Pinz= gauer im 16ten Jahrhundert zerstörten *), und wovon nur noch Ruinen vorhanden sind, und das Schloß Ytter, wo sich der pfleggerichtliche Getreidkasten befindet, und welcher ebenfalls sehr baufällig ist. Hier wohnen der hoch= fürstl. Oberjäger und Unterwaldmeister und der Meßner von Ytter.

Die Volkszahl des ganzen Pfleggerichts beläuft sich auf 6352 Seelen, nach folgendem Verzeichniß

	Comm.	Nichtcomm.
Im Vikariat Ytter	370	58
— — — Hopfgarten	1920	290
— — — Westendorf	1083	221
— — — Brixen	786	131
— — — Kirchberg, wohin auch Aschau ein= gepfarrt ist	1359	134
	6352	

Da unter diese Zahl vermuthlich auch einige aus= ländisch Eingepfarrte gezählet sind, so kann man zu Folge eines gerichtlichen Verzeichnißes die ganze inländi= sche Volkszahl auf 5705 zuverläßig annehmen.

Daß es in diesem gebirgigen Lande an hohen Gebir= gen nicht ermangle, läßt sich denken. Die vorzüglichsten sind die Berge Brunnalpe, Foissenkarr und Götsche, welche Kupfer und Silber in ihrem Schose verbergen.

Kirch=

) S. Beschreibung von Salzburg II. B. S. 5.

Kirchberg, ein Dorf im Brixenthale, das von dem Ty=
rolischen Bergstädtchen Kitzbühel nur eine Stunde entfernt
ist, leiht den Nahmen einem Kupferbergwerke, das nur
erst Hoffnung zu einer künftigen reichen Ausbeute gibt.
Man sieht hier die Ruinen einer Schmelzhütte, welche
einst den Gewerken, worunter die Herren von Werthi
waren, zugehört hatte; aber vor etlichen und 30 Jahren
abgebrannt, und seitdem nicht wieder aufgebauet wor=
den ist. Im Thale selbst sieht man noch die Spuren sehr
vieler aufgelassener Bergwerke, deren Ausbeute in Kupfer,
Silber und Bley bestand, und die sich erst gegen die Hälfte
dieses Jahrhunderts, aus Unwissenheit oder Trägheit der Ge=
werke, verloren hat. Es sind nun erst ungefähr 12 Jahre,
seit dem man wieder auf den Entschluß kam, die Bergwerke
des Brixenthales zu bauen. Auf den ebengenannten 3 Bergen
lebte der Bergbau seitdem wirklich auf. Die Brunnalpe
ist ein hohes Gebirge gegen Osten des Sperten=Thales, in
welchem man vor ungefähr 40 Jahren noch 300 Berghalden
zählte, welche itzt zu Rasenhügeln verwachsen sind. Man
baut auf einem gar nicht steilen Abhange, eine Meile von
Kirchberg, einen der niedrigsten und tiefsten Stollen, durch
dessen Aufgewältigung man hinterlassene Erze zu erschrot=
ten, und das Wasser der höheren Stollen zu lösen hoffet.
Die Erze brechen hier in Lagern von gemeinem Kalkstein,
und Kalkspat, worin Kupferfahlerz, mit Kupfergrün und
Kupferblau, am häufigsten; Kupferkies aber, spätiger Ei=
senstein, und Zinnober seltner zum Vorscheine kommen:
Der Centner Fahlerz enthält 5 bis 7 Loth Silber. Foiß=
senkarr ist ein Gebirge auf der Westseite des Sperten=
Thales, 2 Stunden von Kirchberg gegen Süden. Das
alte Bergwerk ist in der mittleren Höhe desselben: itzt be=
treibt man hier einen Schürstollen, um die über Tage aus=

chenden

brechenden Erzlager abzukreutzen, und dann auszulängen. Im J. 1785 wurde auch ein neuer Erbstollen angefangen, um die alten Gruben zu unterteufen. Quarz ist die Stein= art der Erzlager, und die Erze sind Kupfer und etwas Schwefelkies. Die Götsche liegt auf der Südseite des Brixenthales, eine Stunde von Kirchberg westlich, unweit von der Kirche zu Brixen. Man kreutzet nun hier Theils die alten Erzlager ab; Theils verfolgt man sie weiter ins Feld. Gebirgs=Gang=und Erzarten sind die nämlichen, wie im Folssenkarrer Bergwerke: hier hat man sich bereits in den Besitz einiger Erze gesetzt, und hoffet noch weitere Fortschritte zu machen. Indessen sich noch keine Poch=und Waschwerke hier, weil die Hoffnung noch immer den Ge= winn übertrifft. Das k. k. Bergwerksdirectorium zu Schwatz in Tyrol steht bey diesen Bergwerken zum vierten Theile mit dem Erzstifte in Gesellschaft.

Die hohe Salfe, oder der Salfenberg ein sehr steiler Berg, der sich nahe am Markte Hopfgarten erhebt, verdient nicht minder angeführt zu werden. Bis auf 1 1/2 Stunden Höhe ist er mit Lehen und Bauernhöfen besetzt. Dann beginnt das sogenannte Kälbelgebirge, wohin man nach einer kleinen Stunde emporkommt, und auf dessen Gipfel das Vieh weidet. Dieser Gipfel heißt eigentlich die hohe Salfe. Hier steht auf einer schönen Ebene eine kleine Wallfahrtskirche zum h. Johann dem Taufer mit ei= nem sogenannten Herrenhause, eine Wohnung für den Hü= ter, der zugleich Frätschler ist, und die Sommerzeit hier zubringt, ein großes Wetterkreutz, und ein Blitzstrahlablei= ter, so daß dem Donner geistliche und weltliche Mittel zu= gleich Trotz biethen. Letzteren hat Hr. Meyrle voriger De= hant zu St. Johanns in Tyrol errichtet. Die Kirche selbst ist aus einer hölzernen Hütte, welche zwey Mahle der

Blitz=

Blitzstrahl verzehrt hatte, zu einem gemauerten Gebäude er-
hoben, und von einem Chiemseer Bischofe feyerlich eingewei-
het worden. Die Wallfahrter haben gar bald so reichlich geopfert, daß man nun vom Dreyeinigkeits-Sonntage bis
Ende Octobers alle Samstage eine Messe lesen kann, welche
Verrichtung dem Cooperator zu Brixen obliegt, und daß
selbst der neue Kirchenbau zu Brixen dadurch unterstützet
werden konnte. An den Hauptfesten, als der Enthauptung des
h. Johannes, und des h. Bartholomä, wallen die dießge-
richtlichen Einwohner, so wie die Tyroler aus der benachbarten Pfarre Söll in großer Menge hierher. Der Käl-
berhüter hat gegen eine gewisse Ungeldsabgabe Erlaub-
niß Bier und Branntwein zu schenken, und Brod, Meth,
Früchte, Würste u. dgl. werden in Menge verkauft, so
daß es die Gestalt eines Marktes hat. Die ganze Andacht
endigt sich insgemein mit Raufhändeln zwischen den beyderley Nachbarn, worauf man gewöhnlich schon zum Voraus
gefaßt ist. Die Söller Melker, insgemein Sölländer genannt, erscheinen mit ihren von Koth und Schmutz ganz
schwarzen Hemden, welche sie manches Mahl sogar mit
Goldspitzen zieren. Die Aussicht von dieser Bergspitze ist
über allen Ausdruck reitzend: das Auge verliert sich in
den Flächen des fernen Bayerns, in den Krümmungen des
schönen Innthales, und in den fruchtbaren Bergen des
Brixenthales.

Wälder sind hier sehr viele: sie enthalten Fichten,
Tannen, Büchen, Erlen, mittelmäßige Eichen, in geringer Anzahl, einige Zirme. Man zählt in allen 81 hochfürstl. Freywälder, welche nach einer Beschreibung von
1779 im brauchbaren und Hoffnungszustande (von 20 bis
90 Jahren) 9070 Pfannen Holzes enthalten. Die Jagd-
barkeit ist hochfürstlich: diese wird von 3 Jägern besorgt,

wovon

wovon jeder einen Knecht hat.   Das Wildpret wird nach Salzburg geschickt.

Alpen sind auf der hohen Salfe 5 für Melkvieh, oder Kühe, und 3 für Kälber, oder Galtvieh; im kurzen Grunde sind für die ersteren 9, u. eine Pferdeweide, die dem Landesherrn zugehört, und wozu 6 Viertel von der Kuffsteiner Herrschaft berechtiget sind: der Inländer zahlt für 1 Pferd 3, und der Ausländer 4 Kr. Graszins.   Im langen Grunde sind 20 dießgerichtliche Küh-und 1 Galtvieh-Alpe, ferner 9 ausländische;   im Windauer Grunde 21 dießgerichtliche Küh-und 2 Galtvieh-Alpen;   in der Brixner Kreutztracht 3, und im Spertner Grunde 24 Kühalpen.   Alle diese Alpen enthalten 5817 inländische, und 16 ausländische Küh-und 184 Galtvieh-Gräser.   Der Viehstand ist demnach sehr beträchtlich.   Man zählt gewöhnlich vom Hornviehe über Winter 8267, und im Sommer 1510 Stücke, vom Klo-oder Kleinviehe über Winter 4458, im Sommer 431, vom Pferden 366 Sücke.

In diesem Bezirke gibt es keine Flüsse, wohl aber sehr reißende Wildbäche, welche bey langen Regengüssen, oder plötzlichem Aufthauen sehr zerstörend sind: sie führen alle den Nahmen Achen, z. B. Spertner, Brixenthaler, Windauer, Kelchsauer 2c. Ache.   Die Fischerey ist landesherrlich und an die Jäger verpachtet.

Straße ist hier nur eine einzige durch das Brixenthal, welche von Wergl in Tyrol nach Kitzbühel ins östlichere Tyrol führt.   Ihre Unterhaltung liegt den Gemeinden ob.   Das nach Tyrol ausgeführte Schmalz, und Vieh, wozu die Unterthanen Pässe von hoher Stelle erhalten, wird Theils bey dem Pfleggerichte zu Hopfgarten, Theils zu Kirchberg, wo ein Schrankbaum sich befindet, und

worüber

worüber der dortige Amtmann die Aufsicht hat, vermau-
thet.

		fl.	kr.
Die Mauthabgabe ist, wie folgt:			
Vom Centner Kau- und Rauchtabak		2	—
— — (hierzu Almosengeld)		—	30
— — ausgelassenem Schmalz		—	12
— — Butterschmalz		—	10
von 1 Pferd		—	45
— Kuh sammt Kalb		—	9
— ordin. Rind		—	7
— Schwein		—	7
— Kalb, Schaf, Lamm, Geise		—	2
Was aber in das Erzstift verkauft wird, hiervon wird von			
1 Pferde		—	5
— Rinde		—	5
— Schweine		—	5
— Kalbe, Schafe ꝛc.		—	1 1/2

bezahlt. Die Schmalzmauth betrug noch vor Kurzem im
Durchschnitte über 200 und die Viehmauth gegen 160 fl.
jährlich. Tyrollische Zollämter befinden sich zu Einöden
am Eingange ins Brixenthal eine halbe Stunde von Hopfgarten gegen Wergl, u. zu Klausenbach am Ausgange desselben
gegen Kitzbühel eine halbe Stunde vom Dorfe Kirchberg.

Das hiesige Volk ist im Allgemeinen dem angränzenden Tyrollschen sehr ähnlich. Die Leute beyderley Geschlechts sind von starkem, aber meistentheils wohlgeord-
netem Gliederbaue, und gesund, wozu das frische Wasser,
und die stäts von Norden gegen Süden bewegliche rauhe
Luft sehr viel beytragen. Man hört höchst selten von einer
Seuche unter Menschen oder Vieh. Ihr Anzug ist ganz
einfach

einfach: loderne Röcke, und wollene Strümpfe (hier Bein-
hosen genannt) werden von Männern und Weibern getragen; letztere sind fast bis zur Hälfte in Falten gelegt, so
daß sie ausgedehnt mehr als ein Klafter lang sind, und
ungefähr 1 bis 1 1/2 Pfund Wolle brauchen. Ihre Kost
ist schlecht, Käse ihre gewöhnliche Speise. Schmalz, welches der Brixenthaler sich, so zu sagen, vom Munde er-
spart, und Vieh sind ihre einzigen Erwerbe, wodurch sie
sich in den Stand setzen, ihre Abgaben zu bestreiten. Das
ganze Volk ist übrigens sehr gut katholisch, und freygebig
in milden Stiftungen. Der Chiemseeische Kirchsprengel ge-
stattet ihm Ruhe an abgebrachten Feyertagen, und das
heißt hier andächtiger seyn, als die erzstiftische Nachbarschaft. Zu Raufhändeln ist die junge Mannschaft
sehr geneigt: nur hält sie die Furcht vor dem Soldatenstande etwas im Zaume. Ohne Zeugen ist es unsicher,
Käufe zu schließen, besonders da die meisten bey dem Trun-
ke verhandelt werden. Unter den Bauern findet man viele
natürlich-vernünftige Köpfe. Die gewöhnlichen Spiele
sind Kartenspiele und Kegelschieben; die einzige Belustigung
der Tanz. Der Junge, welcher auf das Gäßchen geht,
welches auch hier sehr im Schwunge ist, bringt seinem Lieb-
chen Branntewein, das Lieblingsgetränke dieses Landes.
Tanzlieder sind nicht sehr gewöhnlich: dafür hört man in
den Wirthshäusern Wildschützenlieder, und in den Häusern
und Kirchen einige selbstverfertigte, höchst alberne Mutter-
Gottes-Gesänge. Die Sprechart ist langsam, nicht so
gut, wie die der Zillerthaler, aber besser als die der Pinzgauer und Pangauer. Die letzte Syllbe geht gewöhnlich
auf ā aus, z. B. anstatt Windau, Erlach — Windā
Erlā ꝛc. Die kleinen Buben heißen Poder und die Mädchen Melzen; das Pfleghaus Mußhaus.

Bey

Bey Hochzeiten läßt sich jedes der beyden Brautleute von einem Geistlichen, dem ein Kranz um den Arm gebunden ist, in die Kirche begleiten. Bey Begräbnissen wird in der Kirche zum Opfer gegangen. War der Verstorbene ein vermöglicher Gutsbesitzer, so werden 1 Maß Wein, für 8 Kr. Brod, und auf einer Schüssel Butter, Mehl und Eyer zum Troste des verzehrenden Geistlichen auf den Altar geopfert; außer dem nur Wein und Brod, welches man Weiset nennet; so wie überhaupt der alte Unfug mit dem Palmesel, und seines Gleichen noch immer fleißig fortgetrieben wird. Bey Inventur ist es ein Herkommen, daß der überlebende Theil zweyer Eheleute das beste Gewand des Verstorbenen nebst dessen Bette als Bräutgewand bezieht. Das Tabackkauen ist seit 30 Jahren ebenfalls hier eingeführt; man kann annehmen, daß ein Knecht für diesen sowohl als den Rauchtaback jährlich 10 fl. Ausgabe hat, wodurch also die Liedlohne um ein Beträchtliches gestiegen sind. Alle Belehrung von Seite der Obrigkeit wider diesen verderblichen Mißbrauch hat nichts gefruchtet.

Der Ackerbau wird zum größten Theile mit Pferden betrieben; in den höheren Gegenden spannen sich Menschen vor den Pflug. Die Getreidarten sind Roggen, Weitzen, Haber, etwas Gerste, Bohnen, Erbsen, Rüben, Flachs sehr wenig, Hanf noch weniger. Das Meiste genügt bloß zur eigenen Hausnothdurft. Obst gibt es hier viel, und beynahe alle Gattungen desselben. Man zählt hier 12 inländische, und 17 ausländische Grundherrschaften. Uebrigens gibt es hier noch eine Art von Leibeigenschaft, womit es folgende Beschaffenheit hat. Als die rebellischen Pinzgauer das hiesige Schloß Engelsberg zerstörten, befanden sich 72 Hopfgartner Bauern unter ih-

nen

nen, welche sammt ihren Nachkömmlingen zur Strafe mit Leibzinſen belegt, und Leibzinſer genannt wurden. Die Beſchreibung davon, vom J. 1715, lautet, wie folgt: „Wann und ſo oft von denen Leibzinſern in den ehelichen oder unehelichen Stande ein Sohn erzeugt wird, müſſen ſelbige neben Erlegung 3 Kreuzer für jeden Sohn alſobald angeſagt, und eingeſchrieben werden; den Leibzins aber ſind dergleichen Söhne erſt mit 25 jährigen Alter, oder wann ſie ſich eher verheurathen, oder ſonſt ein eigenes Hausweſen führen, zu bezahlen ſchuldig. Wann ein Leib-zinſer verſtirbt, ſo hat die hochfürſtl. Salzburgiſche Pflege Ytter ein Todfall-Rind (welches das nächſte nach dem beſten ſeyn ſoll) zu ziehen, oder hiefür das Geld abzufor-dern: wann aber ein dergleichen Leibzinſer ein hofurbariſches Gut inne gehabt, gebührt gemeldter Pfleg Ytter wiederum abſonderlich eines, alſo zwey Todfall-Rinder, von der Leibzinſer erzeugenden Töchtern aber hat man weder eine Leibzinſer, noch eine Todfall-Kuh zu prätendiren“. Die gewöhnliche Schuldigkeit dieſer 72 Leibzinſer beſteht alſo darin, daß ſie jährlich am Leonardstage 2 Kr. Leibzins, und ſo oft ihnen ein Sohn gebohren wird, 3 Kr. Ein-ſchreibgeld bezahlen.

In Abgebung des Getränkes hat das Pfleggericht Yt-ter die Regensburger oder bayriſche Mäßerey, welche das Verhältniß hat, daß 3 Salzburger Mäßl ein Ytteriſches Maß geben.

Von dem Pfleggerichte müſſen jährlich altem Herkom-men gemäß 7 Sperber nach Innsbruck geliefert werden, wo-für jeder der hieſigen 3 Unterwaldmeiſter (zu Ytter, Windau, und Kirchberg) 5 Metzen Roggen aus dem hochfürſtl. Getreid-kaſten erhält, welches man das Sperber-Getreid nennt.

Aus-

Auswärtige Herrschaften.

Unter dieser Benennung werden diejenigen inneröster-
reichischen Immediat-Herrschaften des Erzstiftes
verstanden, wovon das Erzstift zwar noch das Grund-
Eigenthum gerettet; aber die Landeshoheit verloren
hat. Ueber alle diese ist eine eigene, unmittelbar von dem
Landesherrn ernannte, und aus den ausländischen
Kassen besoldete Deputation aufgestellt, welche aus
dem Oberstkämmerer, dem Hofkanzler, einem Hofkammerrathe, und 3 oder 4 Kanzleyverwandten besteht.
Diese Deputation führt die Oberdirection im Kammeral-
Justiz-Polizey-und Kirchenwesen, so weit das letztere
den hochfürstlichen Besitzungen im Auslande nach Vog-
tey-und Patronats-Rechten zukommt. Die Behandlung dieser Geschäffte geschieht nach den besonderen Län-
der-Verfassungen, und die Einkünfte von den liegenden
Realitäten sowohl, als von den besonderen Rechten,
und Hoheiten werden zu den landesfürstlichen Steuer-
kassen nach dem Steuerfuße eines jeden Landes versteuert.

Der Geschäfftsgang ist der gewöhnliche ganz einfache.
Alles was von den auswärtigen Aemtern an die Deputation
gelangt, wird von dem Referenten gehörig erörtert, in
dem wöchentlich versammelten Rathe vorgetragen, die
Beschlüsse dem Landesfürsten zur Genehmizung vorge-
legt, und dann nach erfolgter höchster Entschließung
durch Dekrete weiter befördert. Der Referent, welcher
zugleich Rechnungs-Revisor ist, und nicht nur mit den
besonderen Länderverfassungen und Gesetzen, sondern
auch mit den einzelnen Verhältnissen des Locals, nebst
den Rechten und Hoheiten einer jeden Herrschaft genau
vertraut seyn muß, besorgt zugleich die Kanzleydirection,
die

die Registratur, das sämmtliche Kammeral-Steuer-
und Rechnungswesen, und die benöthigte Amts-Corre-
spondenz mit Hülfe des untergeordneten Kanzley-Per-
sonals.   Da diese Besitzungen nicht zur inländischen
Ortsbeschreibung gehören, so beschreiben wir sie bloß
oberflächlich, und in so weit, als sie zur Landes-Sta-
tistik geeignet sind.

Die hochfürstl. unter die Direction dieser Deputation gehörigen Besitzungen und Herrschaften theilen
sich nach jenen Ländern, in welchen sie gelegen sind, in
3 Abtheilungen, in jene des Landes Kärnthen, in jene des Landes Steyermark, und in jene von Nieder-
österreich.

I. Besitzungen in Kärnthen.

Ueber die hochfürstl. Besitzungen in Kärnthen ist zu
Friesach ein eigenes *Vicedominat*, dessen Haupt gemeiniglich der von Sr. hochfürstl. Gnaden ernannte Fürst-
Bischof von Lavant ist, welcher auch Se. hochfürstl.
Gnaden als ersten geistlichen Landstand von Kärnthen
auf den Landtagen zu vertreten hat.   Die Geschäffte des
Vizedom-Amtes aber, welches unter Direction dieser
Deputation die Oberaufsicht über die gesammten hochfürstl. kärnthnerischen Herrschaften und Besitzungen in
allen Geschäffts-Fächern zu führen hat, besorgt ein eigener Vizedom-Amts-Verweser, welcher zugleich
auch die Hauptkasse von allen kärnthnerischen Aemtern
unter Beyhülfe eines Kassirers, eines Registrators, und
eines Kanzellisten zu besorgen hat.   Die unter die Oberaufsicht des Vizedom-Amtes gehörigen Kärnthnerischen
Herrschaften und Aemter sind folgende:

a) Die

a) Die zwey hochfürstl. Städte Friesach *) und St. Andrä im Lavantthale.   Die erstere ist der Sitz des Vizedom-Amtes; die letztere aber der Sitz des Fürst-Bischofes von Lavant.

b) Die 4 Märkte — Althofen bey Friesach, Guttaring, Hüttenberg, und Sachsenburg.

Die Städte sowohl, als die Märkte haben ihre ordentlichen Magistrate, an deren Spitze jederzeit ein im politischen und Justiz-Fache geprüfter Syndikus stehen muß.   Die Stadt- und Markt-Richter, und die Magistratsglieder nebst dem Syndikus werden von den Bürgerschaften gewählet, und der erstere und letztere jederzeit von dem Vizedom-Amte bestätiget.   Auch sind diese Städte und Märkte in allen Amts- und Gerichtssachen, wie auch in ihrem Oekonomie-Wesen der Aufsicht der sie betreffenden hochfürstl. Aemter, und der Oberaufsicht des Vizedom-Amtes unterworfen.

Unter eben dieses gehören auch nachstehende Herrschafts-Aemter, als

c) Das Hofkastenamt Friesach, welchem der Vizedom-Amts-Kassirer als Hofkastner vorsteht.   Die Hauptzweige dieser ämtlichen Einkünfte sind Geldgefälle von den Unterthanen, Getreidzehende, und einige Meyerschafts-Erträgnisse.   Die hierher gehörigen Unterthanen und Zehendholden sind in Kärnthen und Steyermark allenthalben hin zerstreut.

d) Das

*) Diese ist die älteste Stadt in Kärnthen; hatte einst ein festes Schloß, welches im J. 1083 durch Erzbischof Gebhard neu erbaut wurde, und andere Befestigungen, wie auch ein hochfürstliches Münzamt. Sie ist im Jahre 1289 unter Erzbischofe Rudolph von des Herzogs Adalbert Truppen auf allen 4 Seiten angezündet, und eingeäschert worden.

d) Das **Mauthamt Friesach**. Die Stelle des Mauthners besorgt zugleich der ebengenannte Hofkastner, und Kassirer mit Beyhülfe zweyer Mauth-Aufseher. Diese Mauth ist eine uralte Stücke-Mauth; mußte aber vor einiger Zeit mit Aufopferung von wenigstens drey Viertheilen ihrer Einkünfte zu einer Viehmauth nicht ohne Beschwerde des Erzstiftes herabgesetzet worden.

e) Das **Pflegamt Althofen**. Der Vizedom-Amtsverweser zu Friesach ist zugleich Pfleger zu Althofen. Die Amtspflege selbst aber nebst dem dabey befindlichen grossen Landgerichte besorgt ein Pflegverwalter mit einem Amtschreiber. Die Gefälle dieses Amtes bestehen in Geld- und Getreidabgaben der Unterthanen und in Getreidzehenden.

f) Das **Pflegamt Hüttenberg** *). Hier hatte das hohe Erzstift von jeher die Jurisdiction im Bergwesen, und einen eigenen Bergrichter, welcher die Gerichtsbarkeit über die dießortigen Eisenwerke ausübte. Dieser Bergrichter war zugleich Pflegverwalter der Herrschaft Althaus zu Hüttenberg. Nun aber wird die gedachte Gerichtsbarkeit, nebst einigen beträchtlichen Eisenzinsungen, ob sich gleich beyde auf uralte Gerechtsamen gründen, dem Erzstifte mit Gewalt streitig gemacht. Die übrigen Gefälle dieses Pflegamtes bestehen in unbeträchtlichen Meyerschafts-Forst- und einigen Getreid-Gefällen. Es hat noch seinen hochfürstlichen Berggerichts- und Pflegverwalter.

g) Das **Pfleg-**

*) Hüttenberg ist wegen seines Alters, und der vorzüglichen Güte des Eisenbaues bekannt.

g) Das Pflegamt Taggenbrunn *). und Landgericht Maria-Saal **). Dieses Amt hat einen eigenen Pfleger und Landrichter, nebst einem Amts- und Landgerichtsschreiber; wie auch einen eigenen Bannrichter, welcher die gesammten hochfürstl. freyen Landgerichte in Criminalsachen vertritt. Das hierher gehörige Landgericht Zool ***) oder Saal ist eines der größten. Auch werden aus den übrigen hochfürstlich-Kärntnerischen Landgerichten und Burgfrieden alle Criminalverbrecher zum Bannrichteramte hierher geliefert.

Dazu gehört auch das hochfürstl. Hofhaus in Klagenfurt, dessen unterer und mittlerer Theil dem Vizedom und Vizedom-Amtsverweser, wie auch dem Pfleger von Maria-Saal zum Absteigquartier eingeräumt ist; der obere Theil dient zum Getreidkasten. Die Einkünfte dieses Amtes bestehen größten Theils in Getreid-

---

*) Das hochfürstliche feste Schloß Taggenbrunn nächst St. Veit, wovon dieses Pflegamt den Nahmen führt, ist erst vor wenigen Jahren ganz eingegangen.

**) In dem in diesem Landgerichte gelegenen Dorfe Plassendorf befinden sich noch die Nachkömmlinge des bekannten Bauers, welcher einst die Herzoge von Kärnthen auf dem steinernen Kaiserstuhle am Zoolfelde nächst Maria-Saal einzusetzen pflegte. Sie nennen sich noch heutiges Tages auf dem Gute, das sie besitzen, Herzoge, genießen wirklich noch dieses Gut steuerfrey, und zugleich auch das besondere Privilegium, einige Fuder Wein ganz frey aus Italien ins Kärnthen einzuführen.

***) Auf dem unweit Maria-Saal liegenden Zoolfelde soll einst, wie es mehrere in älteren und neueren Zeiten ausgegrabene Denkmähler, Statuen, Münzen, u. dgl. wie auch die unter der Erde vielfältig entdeckten Gewölbe zeugen — Tiburnia gestanden haben.

Getreidzehenden, zum Theile aber auch in einigen Geld- und Getreid-, wie auch in einigen Landgerichtsgefällen.

h) Das Pflegamt St. Andre im Lavantthale mit den Burgfrieden, und Aemtern Stein, Lichtenberg, und Reysberg *). Der Sitz dieses Pflegamtes ist in der hochfürstl. Stadt St. Andre, welche zugleich desselben Inspection untergeordnet ist. Das Amt hat einen Pfleger, und zwey Amtsschreiber. Die vorzüglichsten Gefälle sind Geld- und Getreidbienste der Unterthanen, Getreid- und einige Weinzehende von Lavantthaler Weinen, und die Forstgefälle von den großen zur Herrschaft Stein gehörigen Waldungen.

i) Das Pflegamt Sachsenburg in Oberkärnthen Villacher Kreises, an der Drave zwischen Oberdrauburg, und Spital. Diese Herrschaft, und die Burgfrieden Sachsenburg und Feldsberg versieht ein Pflegverwalter mit einem Amtsschreiber. Der Marktflecken gleiches Nahmens steht unter der Inspection des Pflegamtes. Die Gefälle derselben sind Meyerschaft- und Unterthans- Geld- und Getreid-Einkünfte, auch Zehend-Getreide.

k) Das Pflegamt Stall mit einem Landgerichte, ebenfalls in Oberkärnthen, Villacher Kreises, liegt ganz im Schose der höheren Gebirge, und wird von einem Pflegverwalter, und einem Amtsschreiber versehen. Die beträchtlichsten Einkünfte dieses Amtes sind Unterthans-Zins- und Zehend-Getreide.

II. Be-

---

*) Die sehenswürdigen Ruinen von den 3 Schlössern dieses Nahmens auf steilen Bergrücken, welche das ganze schöne Lavantthal beherrschen, bezeugen noch die vormahlige Größe des Erzstiftes in Kärnthen, als es noch die Landeshoheit in seinen Besitzungen ausübte.

II. Besitzungen in Steyermark.

a) **Landsberg** im Marburger Kreise an der Laß-
nitz nordwärts gegen den Judenberger Kreis gelegen.
Das Herrschafts-Schloß liegt auf einer Anhöhe, ungefähr eine kleine halbe Stunde von dem Markte dieses
Nahmens, welcher unter der Inspection dieser Herrschaft steht. Dieser Herrschaft, und dem beträchtlichen
Landgerichte steht ein Administrator vor, welcher einen
Amtsschreiber, einen Kanzleyschreiber, und einen Prak-
tikanten zu Gehülfen hat. Die Zweige der Einkünfte sind Unterthans-Geld-Getreid-und Wein-Gefälle;
größten Theils aber bestehen dieselben in großen Ge-
treid-und-Weinzehenden.

b) **Sausahl** liegt in der Mitte eines mittelmäßig hohen Berges *), welcher größten Theils Weingebirge enthält. Das Amt besteht aus einem Bergrichter, und
einem Amtsschreiber. Die vorzüglichsten Gefälle sind
Zins-Bergrecht-und Zehendweine, auch einige Geld-
und Getreid-Gefälle.

c) Sohn-

*) Dieser große Berg, auf welchen die Bergrechtsjurisdi-
ction dieses Amtes beschränkt ist, soll noch vor einem
Jahrhundert eitel Buchen-Waldung, und reich an
Wildschweinen gewesen seyn, von welchen auch die ganze Gegend noch den Nahmen behalten hat. Die äußerste Anhöhe dieses Berges gibt eine unbeschreiblich schöne
Aussicht in die rund umher gelegenen Thäler, und
Weingebirge, vorzüglich aber in die unübersehbare Ebene gegen Grätz, und nach der Muhr hinab gegen Un-
garn.

c) **Fohnstorf, und Bayrdorf** **) in Obersteyermark, Judenburger Kreises.

Die Herrschaft Fohnstorf liegt eine Stunde außerhalb Judenburg an dem Fuße eines Berges, welcher das bekannte Eichfeld begränzt **).

Die Herrschaft Bayrdorf liegt ebenfalls an dem Fuße eines Berges unweit Muhrau an der Gränze von Salzburg in einer schönen Gebirgsgegend. Die Haupteinkünfte beyder Herrschaften sind einige UnterthansGeldGefälle, hauptsächlich aber Zins und ZehendGetreide. Die Verwaltung dieser Herrschaften, und der dazu gehörigen 3 Burgfrieden zu Fohnstorf, St. Oßwald, und Bayrdorf besteht aus einem Administrator, einem Amts und Kastenschreiber, und einem Acces

*) Diese zwey Güter sind nebst Haus, und Gröbming noch die einzigen Erzstiftischen Besitzungen in Obersteyermark. Die übrigen großen Besitzungen aber sind aus Großmuth der vorigen Erzbischöfe an das Kloster Admont, und die neu errichteten Bißthümer und Kanonien hingegeben worden. Ueberhaupt sind die Bißthümer, die vielen Stifte, Klöster, und Pfarreyen in Kärnthen und Steyermark die redendsten Beweise, daß diese 2 Länder ihre moralische Bildung ganz dem Erzstifte zu verdanken haben, welches deßwegen in älteren Zeiten sehr viel, beynahe Alles dem Emporkommen der Religion iu diesen Ländern aufgeopfert hat, und noch jetzt jährlich große Summen auf Seelsorger und Schulen verwendet.

**) Die Ruinen des alten Schloßes, welches das schöne Eichfeld nebst dem übrigen großen Thale beherrscht, sind noch sichtbar, und nach Steyermärkischen Chroniken deßhalb merkwürdig, weil hier einst das Fahnenquartier eines Erzbischofes und seiner Allirten bey einer auf dem Eichfelde gelieferten Schlacht gewesen seyn soll.

Accessisten, deren Sitz ein hochfürstlich-eigenes Hofhaus in der k. k. Kreisstadt Judenburg ist.

d) **Haus und Gröbming** im oberen Ennsthale Judenburger Kreises. Haus liegt am südlichen Ufer der Enns, ostwärts von Schladming, zwey Stunden von der Salzburger Gränze; Gröbming aber zwey Stunden von Haus gegen Osten.

Beyde Märkte Haus und Gröbming stehen unter der Inspection des Pflegamtes Haus, welches zugleich einen großen Burgfrieden hat.

Der Pflegverwalter nebst einem Amtsschreiber hat in dem Markte Haus seinen Wohnsitz. Die Einkünfte bestehen aus einigen Unterthans-Geld-Zinsen, größten Theils aber aus Zins- und Zehend-Getreid-Gefällen.

III. Besitzungen in Oesterreich.

a) **Traßmauer** an dem Traßen-Fluße, welcher hier in die Donau fällt. Es hat ein Landgericht, eine angenehme Gegend, und mehrere concentrirte Ortschaften. Die Gefälle dieses Amtes sind Unterthans-Geld-Getreid- und Weingefälle, auch einige Forst- und Jagd-Einkünfte.

b) **Oberwölbling** nebst dem Amte Schwainern, zwey Stunden nordwärts von Traßmauer; hat die nämlichen Einkünfte, besonders aber schöne, wohlcultivirte Waldungen, welche den Hauptzweig der Einkünfte ausmachen. Auch hat diese Herrschaft ein Landgericht.

c) **Landersdorf,** ein Gut bey Oberwölbling, mit einigen Unterthanen und Waldungen, welches erst in der letzten Hälfte dieses Jahrhunderts erkauft wurde. Das
Schloß

Schloß hat einen schönen Platz auf einer mäßigen Anhöhe.

d) **Rittersfeld**, ebenfalls ein Gut bey Traßmauer
mit einigen Unterthanen und einer Papierfabrik, welche
das Hauptgefälle dieses besonderen Amtes ausmacht. Es
wurde erst vor einigen Jahren erkauft.

Die Verwaltung dieser besonderen 4 Aemter besorgt
ein Administrator, ein Gerichtsverwalter, und ein
Amtsschreiber, welche in dem Schloße zu Traßmauer
ihren Sitz haben. Die Papierfabrik-Geschäfte besorgt
ein unter der Administration zu Traßmauer stehender
Kassirer, ein Werkmeister, ein Wirthschafter, und ein
Factor, welcher letztere den Verschleiß in der Papier-
Niederlage zu Wien über sich hat.

Das zu diesen Herrschaften gehörige Forst-und
Jagdwesen besorgt unter obiger Administration ein Forst-
meister, und Oberjäger, welcher zu Landerstorf seinen
Sitz hat, mit Benhülfe von 4 Jägern, welche zugleich
Forstdienste leisten. Die beyden hochfürstlichen Märkte
Traßmauer und Oberwölbling stehen unter der In-
spection der Administration.

e) **Arnstorf** 4 Stunden nordwärts von Traßmauer
an dem westlichen Ufer der Donau, welche hier am
Schloß-Gemäuer vorbenfließt, und durch die benderseiti-
gen Gebirge in ein enges Bette zusammengedrängt ist.
Wenn dieser Strohm auch nur 4 Fuß hoch anschwillt,
(er erreicht oft eine Höhe von 15 bis 20 Fuß), so kann
man diesem Orte nicht anders, als mit Lebensgefahr zu
Wasser, oder zu Fuße über steile Gebirge benkommen.
Auch bey niederem Wasser kann man hierher nur von
Nordwest nach der Donau herab, und von Osten nach
der Donau herauf, mit geringem leichtem Fuhrwerke,
und nur mit Schiffpferden, jedoch allezeit mit Lebensgefahr kommen. Diese Herrschaft hat ein Landgericht,

Ccc 2

und

und schöne Büchenwaldungen.   Die Hauptgefälle dieses
Amtes sind Forst = und einige Jagdeinkünfte, eigene, und
Zins = und Zehendweine, welche aber wegen der nahen
Gebirge, und der dadurch verursachten kälteren Lage
größtentheils zu gutem Essig versotten werden; übri=
gens einige Unterthans = Geld = und Getreid = Gefälle.
Das Forst = und Jagdwesen besorgt das Forstamt zu
Landerstorf unter dießortiger Oberaufsicht, und mit
Beyhülfe eines zu Langeck befindlichen Jägers, und
zweyer Jägerjungen, welche zugleich Forstdienste leisten.
Die Verwaltung hingegen besteht aus einem Pflegscom=
missär, und einem Amtsschreiber.   Die Hofkeller aber
besorgt ein Faßbinder.

f) **Oberleoben** ein Dorf an dem nördlichen Ufer
der Donau, zwey Stunden ostwärts von Arnstorf,
welches ein besonderes Amt ausmacht.   Dieses Amt be=
sitzt mehrere eigene Weingärten sowohl hier, als auch
um Stein und Krems, wo bessere Gattungen Weine
erzeugt werden.   Die Gefälle sind größten Theils eigene
und Unterthansweine.   Die Verwaltnng wird zugleich
mit Arnstorf besorgt.

Alle diese Herrschaften machen nun den Rest aus,
den das Erzstift von seinen ehemahligen innerösterreichi=
schen Immediatherrschaften noch gerettet hat.

Bes

Beschreibung

des

Erzstiftes und Fürstenthums

Salzburg

B. in seinen einzelnen Theilen.

Vorbericht.

Erst izt, nachdem wir das mannigfaltige Ganze des Erzstiftes in seine Theile zerleget, und jeden dieser Theile einzeln beobachtet haben, sind wir im Stande, alle diese
Mannigfaltigkeiten in Einheit zu sammeln, das Ganze unter einen gemeinschaftlichen Sehpunct zu ordnen, und uns
eine allgemeine Uebersicht zu verschaffen — bey weitem
das wichtigste und fruchtbarste, was aus einzelnen Länder-
beschreibungen hervor gehen kann. Der Inländer erblickt
nun die innere Stärke, und den ganzen Reichthum seines
Vaterlandes, wie in einem schönen Gemählde vor sich,
und erkennt genau den Rang, den dieses sein Vaterland unter den übrigen Einwohnern dieser Erde behauptet. Der meiste Gewinn ist aber dadurch für den Ausländer berechnet; dieser wird hierdurch geradezu auf den
Stand-

Standpunct gestellt, von dem alle seine geographischen Kenntnisse ausgehen, und wohin sie sich concentriren müssen, wenn sie nicht eitel Gedächtnißwerk bleiben; sondern wahren Nutzen gewähren sollen. Ihm frommt es nicht so, wie dem Inländer, zu wissen, was für Abtheilungen diese oder jene Stadt, dieser oder jener Markt u. s. w. enthalte; in was für einzelne Zweige diese oder jene Gerichtspflege zerfalle; was jeder einzelne Ort für Eigenheiten habe, u. dgl. m. Seine Wißbegirde kann nur durch Resultate befriediget werden, welche aus der für das Inland beynahe allein merkwürdigen Synthesis abgezogen werden müssen; ihm genügt es an richtiger Angabe des Nationalreichthumes jeder gegebenen Provinz, um sie mit den bekannten übrigen Bestandtheilen dieser bewohnten Erde in Uebereinstimmung zu bringen, oder ihr wenigstens den ihr angemessenen Platz in der Reihe der gesitteten Staaten anweisen zu können.

Dieß soll ihm nun durch diese dritte und letzte Abtheilung möglich gemacht werden. Der Verfasser verspricht sich zugleich durch dieselbe allen seinen Bemühungen für die topographische sowohl als statistische Beschreibung des Salzburgischen Erzstiftes die Krone aufzusetzen.

Geographie des Erzstiftes.

Das Erzstift Salzburg, als ein zusammenhängendes, so zu sagen geschlossenes deutsches Reichsland betrachtet, hat unter einer Polhöhe von 47 Gr. 45 Min. eine östliche Länge (von der Insel Ferro) zwischen 29° 7', und 31°, 34', und eine Nordbreite zwischen 46°, 40' und 48° 2'. Es liegt unter den Erdstrichen Oberdeutschlandes nebst Tyrol zunächst gegen Süden, und hat deßhalb auch größten Theils, einige von dem hohen Tauerngebirge zu nahe begränzte Thalgegenden ausgenommen, ein im Ganzen sehr gemäßigtes Clima *). Seine natürlichen sowohl als politischen Gränzen sind gegen Aufgang Oberösterreich und Steyermark, gegen Mittag Kärnthen und Tyrol, gegen Niedergang ein anderer Theil von Tyrol, ein Theil von Bayern, und das Ländchen Berchtesgaden, und gegen Mitternacht Bayern, und das österreichische Innviertel.

Eigentliche genaue Vermessung des Erzstiftes ist zwar keine vorhanden, ob man gleich einzelne Bezirke geometrisch aufzunehmen angefangen hat; dennoch kann man

*) Wenn in den Sommermonathen nicht häufiger Regen fällt, womit freylich auch ein anderes Uebel, die Ueberschwemmungen, nicht selten verbunden ist, so ist die Hitze von den durch die nahen Gebirge zurückgeprallten Sonnenstrahlen so drückend, daß sie nicht selten einen Wärmegrad von einigen-und 20 Graden des Reaumurischen Wärmemessers erreicht. Lange anhaltende Regen, während welcher die nahen Berggipfel selbst im July und August mit Schnee bedeckt werden, kühlen aber die meisten Gegenden so sehr ab, daß man in den Häusern Feuerung nöthig hat.

man ohne Gefahr eines großen Irrthumes annehmen, daß es einen quadratischen Inhalt von 240 deutschen Meilen hat. In seiner größten Breite hat es ungefähr 2 Meilen mehr, als in seiner größten Länge, so daß man beyde Messungen beynahe für gleich annehmen kann.

Der flache, oder ebene Theil des Erzstiftes ist von Bayern und Oberösterreich eingeschlossen, und genießt größten Theils gleiche Cultur mit diesen. Bey weitem der größere Theil desselben sind aber die Gebirg: gegenden zwischen Steyermark, Kärnthen und Ty: rol: in diesen ist Acker: und Feldbau verschieden, mehr oder minder nach der Erdlage gesegnet, und auch die Viehzucht von ungleicher Beschaffenheit. Diese Gebirg: gegenden haben durchaus keine Ebenen; sondern Thä: ler, welche mehr oder weniger von den allseitigen Ge: birgen eingeschränkt sind. Diese Gebirge geben großen Theils den so rauhen und unbesteigbar beschriebenen Schwei: tzerischen in keinem Stücke nach. Es gibt hier, so wie in der Schweitz, nach Hrn. Schranks richtiger Be: merkung *) nicht minder steile, äußerst gefährlich zu be: besteigende Berghöhen, eben so ausgebreitete, mit ewi: gem Eise bedeckte Eisfelder (Gletscher), eben so häufige Gefahren von herabrollenden Schnee: (Lähnen, oder Lauinen)

*) Siehe dessen Primitias Florae Salisb. in der Vorrede: „Quae de altitudine montium Helveticorum, de in- finitis eos conscendendi difficultatibus, de immensis aeternae glaciei campis, de innumeris illis periculis, quae in illorum faucibus a cadentibus per juga prae- cipitia immensis nivium, arenae aut lapidum volumi- nibus narrantur, ea fere omnia aeque in Salisbur- gensium montium tractum cadunt, vt nihil fere sit, quod decantata toties Heluetiae miracula privum habeant.

Lauinen) oderSteinklumpen, eben so prächtig-wilde Wasserfälle und Bergseen und dergleichen, daß der Unterschied zwischen beyderley Gebirggegenden beynahe unbemerkbar wird.

Wer sich einen Begriff von der Salzburgischen Gebirgskette machen will, welche von Osten gegen Süden und Westen streicht, und deren fürchterliche Bestandtheile Tauern genannt werden, beliebe Hrn. Hacquets Reise durch die Norischen Alpen, oder die Naturhistorischen Briefe von Schrank und Moll zu durchblättern, und er wird sich die ungeheuren Berge jener Gegenden so ziemlich genau vorstellen können. Die sogenannten Tauern streichen beynahe alle in einer wenig unterbrochenen Kette von Steyermark an Kärnthen vorbey nach Tyrol, das ist von Osten gegen Westen, dahin; sie heißen der Radstadter-, Korn-, Gasteiner-, Rauriser-, Fuscher-Kalser-, Windisch-, Felber-, Krimler-Tauern; schließen sich an die hohen Gletschergebirge des Zillerthales an, und brechen in die tyrolischen Gebirge aus. Von jedem dieser Tauern breiten sich Zweige, oder etwas sanfte Vorgebirge mehr oder minder gegen Mitternacht aus, zwischen denen Thäler eingetheilt sind. Die Nahmen dieser Berge endigen sich in Kogel, Kopf, Spitze, Karr, Berg 2c. *). Unter diesen sind der Ankogel und der Sonnenblick an der Tyroler Gränze, und der Untersberg nahe an der Hauptstadt Salzburg die höchsten. Die dazwischen liegenden Thäler werden in einigen Gegenden, z. B. im Lungau, Winkel genannt.

Die

---

*) z. B. Der Ankogel, Herzogkogl, Altkogl, Sonntagskopf, Spielkopf, Gaulkopf, Magenspitze, Mittagsspitze, Hasenkarr, weißes Karr, Haarberg 2c. lauter Berge des Zillerthales oder an den Gränzen von Tyrol.

Die meisten Gebirge an den Gränzen von Steyer=
mark, Oesterreich und Bayern bestehen aus Kalk=
steinfelsen, z. B. der Radstadter Tauern (welcher
nebst dem Rauriser für den höchsten aus den sogenann=
ten Tauern gehalten wird) und der Untersberg nebst
mehreren anderen, die nur hin und wieder in den tiefe=
ren Schluchten einigen Schiefer= oder Sandstein enthal=
ten. Die Lungauer Gebirge aber nebst den meisten, wel=
che sich nach Tyrol hinan ziehen, sind aus Hornstein,
Murkstein, Schiefer, Granit, und Gneus zusammen=
gesetzt. Die Spitzen der hohen Kalkgebirge sind größ=
ten Theils kahl, von der Verwitterung angegriffen, und
ganz unbesteigbar; aber tiefer abwärts sind diese, wie
beynahe alle übrigen Gebirge, mit Pflanzen, Bäumen,
und sehr vielfältig mit überaus schönen Alpen besetzt.
Vom Bergbaue geschieht unten, wo von den Staats=
einkünften die Rede seyn wird, eine ausführlichere
Anzeige.

Flüsse zählt das Erzstift 4, die Salza, Muhr,
Enns, und Saale, wovon die Salza den größten
Theil desselben durchströhmt. Alle vier entspringen im
Lande selbst; die Salza auf dem Krimmler Tauern in
Oberpinzgau, die Enns unweit Radstadt im
Pangau, die Muhr im Muhrwinkel im Lungau,
und die Saale im Glemmer=Thale des Pinzgaui=
schen Pfleggerichts Saalfelden. Keiner dieser Flüsse ist
im Erzstifte schiffbar, die Salza ausgenommen, welche
aber erst von Hallein abwärts mit Schiffen befahren
werden kann. Seen, größere und kleinere, zählt
man 36, worunter der Aber= oder St. Wolfganger=
See im Pfleggerichte St. Gilgen, der Zeller=See
bey Zell im Pinzgau, der Fuschler=, der Waller=,
der Piller=, Tachen=, Mattsee die vorzüglichsten
sind. Viele kleinere Seen trifft man auf den höchsten
Gebirgen an. Von Bächen ist das flache, so wie das
Gebirgland allenthalben durchschnitten, so daß man nir=
gends

gends über Wassermangel zu klagen hat. Die meisten
dieser Bäche heißen Achen. Das Erzstift besitzt auch,
gleich vielen anderen Gebirggegenden, welche mit Mineralien gesegnet sind, mineralische und warme Quellen,
wovon aber nur die zu Gastein zu einem warmen
Gesundheitsbade gesammelt sind. Das Aigner Bad
ben Salzburg und das Fuscher Bad *) im Pinzgau,
bende kalten Ursprungs sind ebenfalls zu Gesundheits-
bädern hergerichtet; aber weniger besucht.

Ausgebreitete Moorgründe gibt es zwar, vorzüglich im flachen Lande, welches an nahe Gebirge
gränzt, viele: allein man ist bemüht, ihnen von Zeit zu
Zeit einige Erdstriche abzugewinnen, Theils mittelst
Torfstechereyen, deren um Salzburg einige beträchtliche
sich befinden, Theils durch Urbarmachung oder Neubrü-
che und Colonien. Eigentliche Moräste sind sehr wenige, und von unbeträchtlichen Strecken.

An Waldungen ist nirgends Abgang; nur hört
man seit einiger Zeit die Klage über unwirthschaftliche
Behandlung derjenigen, aus welchen das Brenn- und
Bauholz ohne zu große Kosten herbey zu bringen ist.
Doch hat man Anstalten getroffen, durch gute Forstauf-
sicht der Gefahr eines künftigen Holzmangels vorzu-
beugen. Es gibt in den hohen Gebirgen ungeheure Strecken, aus denen das Holz ohne unerschwinglichen Auf-
wand von Mühe und Geld nicht herbeygeschaffet werden
kann, und wogegen selbst die kostbaren Riesengebäu-
de **) nicht überall anwendbar sind.

An

---

*) Von den übrigen Bädern des Erzstiftes geschieht unten
im Grundrisse der Salzburgischen Mineralogie ausführlichere Anzeige.

**) S. Salzburgisches Idiotikon, und die Charakteristik von
Pinzgau II. B. S. 664.

An Producten aus den sogenannten drey Natur-
reichen ist das Erzstift überaus gesegnet.   Man hat
einzelne Beschreibungen davon in den naturhistorischen Briefen von Schrank, und Moll, das Zillerthal betreffend, in den kleinen Beschreibungen von
Oberpinzgau und Lungau (von Reißigl und Huber) in Hacquets norischen Reisen, und in Hübners physikalischem Tagbuche.   Allein allgemeine
Sammlungen sind nur 1) von den Mineralien — in
Schrolls Fossilien-Anzeige, welche aus dem ebengenannten physikalischen Tagbuche einzeln abgedruckt worden ist, und 2) von den Gewächsen in Schranks
Primitiis Florae Salisburgensis vorhanden.   Das Salzburgische Thierreich ist, so viel wir wissen, nirgends
im Zusammenhange beschrieben.   Wir versuchen es, von
beyden letzteren das Merkwürdigste und Vorzüglichste anzuführen, und in Rücksicht der inländischen Mineralien die von Hrn. Bergrathe Schroll auf unser Er-
suchen berichtigte, und vermehrte Fossilien-Anzeige hier
einzurücken.

1) Inländische Fossilien.

Grundriß einer Salzburgischen Mineralogie, oder
kurzgefaßte systematische Anzeige der bis jetzt
bekannten Mineralien des hohen Erzstifts Salzburg *).

I. Erd- und Steinarten.

Kieselarten.

1) Granat, kommt an der hohen Gebirgskette, welche
Salzburg von Kärnthen und Tyrol trennet, in manchen
Orten sehr häufig, in Gebirgsarten eingemengt vor.

2) Ge-

*) Diesem Grundriße liegt das System des Hrn. Lenz:
„Versuch einer vollständigen Anleitung zur Kenntniß
der

A) **Gemeiner Granat.**

a) Von verschiedenen Farben, kirschroth, röthlich-braun, leberbraun, auch lauch- und dunkelberggrün; in verschiedenen Orten, z. B. im Zillerthale, im Thale Achen am Krimmler-Tauern.

b) Derb und eingesprengt, vorzüglich der grüne Granat; z. B. im Untersulzbach-Thale.

c) Krystallisirt, von verschiedener Größe der Krystalle.

aa) In Dodecaedern, wovon die größten Krystalle 1 — 2 Zoll im Durchmesser haben; von solcher Größe in der Stilupp im Zillerthale.

bb) In sechsseitigen, zuweilen auch in geschobenen vierseitigen Säulen, mit einigen Veränderungen der Grundgestalten durch Abstumpfung und Zuspitzung; z. B. am Altenberg und Dürrenrain bey Ramingstein im Lungau.

cc) In achtseitigen Pyramiden; auf dem Brennthaler-Gebirge im Pinzgau.

B) **Edler Granat**, von lichtblutrother Farbe in kleinen Körnern, eingemengt in Glimmerschiefer; am Kolbenkarr in Gastein.

2) **Beryll.**

der Mineralien" zum Grunde. Dort kann man sich in Zweifeln über die verschiedenen Benennungen Raths erhohlen. Alles mußte in gedrängter Kürze, und beynahe nur mit Umrissen beschrieben werden, weil hier die Absicht nicht war, ein systematisch geordnetes mineralogisches Gebäude aufzuführen.

2) Beryll.

Edler Beryll; dieser befindet sich auf der Südseite des Rathhausberges in Gastein im Granite äußerst selten (Es versteht sich von selbst, daß sich dergleichen Ausdrücke allzeit auf das Land Salzburg beziehen.)

a) Derb, von spangrüner Farbe, in Körnern eingemengt.

b) In gleichwinklichte sechsseitige kleine Säulen krystallisirt.

3) Schörl, bricht in Menge in verschiedenen Gegenden des hiesigen Alpen-Gebirges.

A) Schwarzer Stangenschörl.

a) In sechs- und neunseitigen Krystallen, von verschiedener Größe; im Zillerthal, Felberthal, u. s. f.

b) In geradstänglicht abgesonderten, gleichlaufenden Stücken, von nadelförmiger Gestalt, z. B. im Heubachthal im Pinzgau.

c) In kleinen und sehr kleinen, büschel- und sternförmig auseinander laufenden, abgesonderten Stücken, z. B. vom Gangthale im Lungau.

B) Rother Schörl.

a) Mordoreroth, in derben, zum Theile ziemlich großen Körnern in Quarz eingemengt; am Brennthal im Pinzgau.

b) In sechsseitige, meistens kleine Säulen krystallisirt, von blutrother Farbe; am Embachkarr im Thale Fusch, und in der Rauris.

c) In

c) In stänglicht abgesonderten Stücken, von nadelförmiger Gestalt, von gleicher Farbe, ebendaselbst.

C) **Electrischer Stangenschörl (Turmalin)** unter verschiedenen Abänderungen; am Greiner und Dornauer Berge im Zillerthal.

a) Derb, in unbestimmt eckichten Stücken, von dunkelschwarzer Farbe.

b) Schwärzlichtgrau, in dreyseitigen Säulen mit konvexen Seitenflächen.

c) Von gleicher etwas ins Indigblaue spielender Farbe, in neunseitigen Säulen von verschiedener Größe.

4) **Quarz,** bricht überall in Menge, und macht zum Theile auch beträchtliche Gebirgsmassen aus.

A) **Amethist,** kommt selten zum Vorscheine.

a) Lichtviolblauer, in kleine sechsseitige Säulen krystallisirt, mit 6 Flächen zugespitzt; ist als ein Geschiebe in der Fuscher Ache gefunden worden.

b) Dunkelviolblauer, stark ins Braune fallender, bricht derb auf Gängen; am Rathhausberge in Gastein, und im Zillerthal; sehr selten.

B) **Bergkrystalle** kommen in ziemlicher Menge auf Eisgebirgen (Gletschern), vorzüglich in den Thälern Gastein, Fusch und Kaprun vor. Man findet sie mit allen ihnen eigenen Krystallisationen von allen Graden der Größe. Der größte Bergkrystall, der im Thale Gewbach gefunden ward, hatte 9 — 10 Zoll im Durchmesser.

a) Hell- und gelblichtweiß kommen sie am Gewöhnlichsten, und am größten vor.

b) Nel-

b) Nelkenbraun (Rauchtopas), auf dem Ankogel in Gastein.

c) Bräunlichtschwarz (Morion); am Zwing im Thale Sulzch.

d) Weingelb (Citrin), in kleinen sechsseitigen, mit sechs Flächen zugespitzten Säulen; am Hainzenberge im Zillerthal, im Stubachthale.

e) In stumpfeckichten und runden Stücken (Krystallkiesel) in Geschieben vieler Ströme und Bäche.

C) Rosenrother Quarz, sehr blaß rosenroth und durchscheinend; wurde unlängst als ein Geschiebe zu Hüttschlag in Großarl gefunden.

D) Gemeiner Quarz,

a) Derb, und eingesprengt, unter verschiedenen Abänderungen von Farben.

b) Saphyrblau, zum Theile krystallisirt; am Rader-Graben bey Hüttau; äußerst selten.

c) In stumpfeckichten und runden Stücken (Kiesel); als Geschiebe an vielen Orten.

5) Hornstein, kommt ziemlich häufig in Flöz-Kalkgebirgen, in mehr oder minder mächtigen Lagern, und als Geschiebe in Flüssen, unter verschiedenen Farben vor. Seltnere Abänderungen davon sind:

a) Perlgrauer Hornstein; am Glasenbache unweit Salzburg.

b) Graulichtschwarzer; am Schloßberge zu Werfen.

6) Feuerstein, unter verschiedenen Abänderungen von Farben. Er bricht hier und da lagerweise in Flöz-Kalkgebirgen.

a) Derb

a) Derb und in Geschieben; z. B. am Glasenbache, im Zinkenbach-Thale, bey Lofer.

b) In kuglichten und knollichten Stücken; bey Hallein.

7) Kalcedon, gemeiner, sitzt auf dichtem braunem Eisensteine am Windingsberge bey Werfen auf; aber selten.

a) Bläulichtgrau, als ein Ueberzug.

b) Milch- und zum Theile gelblichtweiß, und klein-nierenförmig.

8) Holzstein, von dunkelrauchgrauer Farbe; ist nur noch als ein Geschiebe im Achthale bey Teisendorf gefunden worden.

9) Kieselschiefer, macht hier und da beträchtliche Gebirgslager aus.

a) Gemeiner Kieselschiefer, derb und von dunkel-grünlicht-grauer Farbe; z. B. am Hirzbache in Fusch, auf der sogenannten March bey Tarenbach.

b) In eckichten Stücken als Geschiebe, von rauch- und schwärzlicht grauer Farbe; z. B. im Gerlos-Bache.

10) Obsidian, in unvollkommen cylinderförmigen Stücken von dunkel schwarzer Farbe; wurde unlängst in einem, aus kleinkörnigem Kalksteine bestehenden Geschiebe im Anlaufthal in Gastein entdeckt.

11) Prehnit, von berggrüner, etwas ins Spangrüne fallender Farbe, von kurz-und auseinander laufend-strahlichtem Bruche; im Flachauer Thale; äußerst selten.

12) Achat (als Anhang zu den Kieselarten), bestehend in einem Gemenge von Quarz, Feuerstein und Jaspis; ward

bis jetzt nur als ein Geſchiebe in der Salzache unweit Salzburg gefunden.

T h o n a r t e n.

13) **Porzellanerde**, findet ſich zur Zeit nur allein unweit Fügen im Zillerthal vor.

a) Gelblichtweiß, von ſtaubartigen Theilen.

b) Röthlichtweiß, von zuſammengebackenen Theilen.

14) **Gemeiner Thon**, bricht häufig in Schichten auf anfänglichen und Flöz-Gebirgen.

A) **Töpferthon**, von ſehr verſchiedenen Farben; an vielen Orten.

B) **Erhärteter Thon**, unter verſchiedenen Abänderungen in Rückſicht auf Farben und Bruch, kommt vielfältig auf Gängen und Klüften vor.

C) **Schieferthon**, bricht hauptſächlich in Flöz-Gebirgen.

a) Von verſchiedener, meiſtens von aſchgrauer, ſchwärzlicht grauer, auch von Ziegel- und bräunlichtrother Farbe; z. B. im Rettenbach-Graben in Leogang.

b) Mit Abdrücken von Kräutern; zu Bergheim unweit Salzburg, zu Seekirchen u. ſ. f.

15) **Jaspis** gehöret noch unter die ſeltneren Steinarten.

A) **Gemeiner Jaspis.**

a) Röthlichtbrauner, von einem muſchlichten Bruche; auf dem Untersberge unweit Salzburg.

b) Bluthrother, von unebenem, etwas erdigem Bruche, im Thale Glemm in Pinzgau.

15) Pech-

16) **Pechstein,** ist nur noch als Geschiebe im Lom=
mer=Flusse in Abtenau, von gelblicht=und leberbrauner
Farbe gefunden worden.

17) **Feldspat** kommt häufig in uranfänglichen Gebirgen,
meistens als Gemengtheil von Gebirgsarten vor.

A) **Gemeiner Feldspat.**

a) Derb und verschieden gefärbt; in Granit, Sienit,
u. s. f.

b) In sechsseitige Säulen krystallisirt, mit flach zuge=
schärften Enden; z. B. im Brennthal und Felberthal in
Pinzgau.

B) **Dichter Feldspat** von lichtschmalteblauer Farbe in
Quarz, von der Marbach=Alpe im Flachauer Thale.

C) **Adular,** gelblichtweiß gefärbt, derb, mit Quarz
Glimmer und erhärtetem Chlorit, zuweilen auch mit Strahl=
stein gemengt, auf Lagern in Gneus=und Glimmerschiefer=
Gebirgen; z. B. in den Thälern Hollersbach und Stu=
bach.

18) **Opal:** gemeinen, milchweißen in derber Gestalt
traff ich in einem Geschiebe am Röhrenbach, unweit
Anger an.

19) **Thonschiefer,** macht ganze Gebirge aus, unter
verschiedenen Abänderungen seiner Farben und des Bru=
ches. Die vorzüglichsten Abänderungen davon sind:

a) Von langsplitterigen Bruchstücken, wovon die
Splitter 2 — 3 Fuß lang, und 1/4 — 1 Zoll dick sind;
an der Klamm unweit Lend.

                    b) Von

b) Von geradschiefrigen und scheibenförmigen Bruch-stücken (Dachschiefer) z. B. im Flachauer Thale.

c) Blaulichtgrau, mit länglichten, isabellgelben Fle-cken (Fruchtschiefer) z. B. im Leogang.

d) Mit Baumzeichnungen; in Dienten.

e) Dunkelschwarz, von krummblättrigem Bruche und metallischem Glanze; am Klucken bey Piesendorf. und am Foißenkarr im Spertenthale unweit Kirchberg im Ytterischen.

20) Brandschiefer bräunlichtschwarzer, in Geschieben; im Oelinger-Graben bey Laufen, und bey St. Mar-gareth in Lungau.

21) Kohlenblende, von schwärzlicht brauner Farbe und blätterigem Bruche; im Schlichter-Graben bey Titt-moning.

22) Alaunerde, gräulichtschwarze, nur mit wenigem Alaun durchdrungen; unweit Schwarzach, und zu Eschenau in Pangau, u. a. O.

23) Alaunschiefer, bricht an verschiedenen Orten, mei-stens aber mit einem geringen Alaungehalte.

A) Gemeiner Alaunschiefer.

a) Schwärzlichtgrau, bey St. Andre in Lungau, un-weit Lend, und an mehreren Orten.

b) Gelblicht grau, im Spertenthale unweit Kirchberg, und am Salfenberge im Brixenthal.

B) Glänzender Alaunschiefer, von eisenschwarzer Farbe; unweit Mandling im Radstädtischen.

24) Wes-

24) **Wetzschiefer,** kommt etwas selten vor.

a) Grünlichtgrauer und gräulichtschwarzer, in Großarl, und im Zederhaus in Lungau.

b) Gelblichtbrauner, mit Dendriten; in der Fritz unweit Hüttau.

25) **Tripel,** isabellgelber von feinem Korne; bey St.
Andre in Lungau.

26) **Glimmer,** bricht in der hohen Gebirgskette an vielen Orten sehr häufig, und meistens als Gemengtheil von
Gebirgsarten.

A) **Gemeiner Glimmer,** derb und eingesprengt, von
verschiedenen Farben.

a) Tombackbraun (Katzengold): z. B. zu Siglitz in
Gastein; auf den Krimmler-Alpen.

b) Silberweiß (Katzensilber); vorzüglich auf den Alpen im Zillerthale, und im Stubach-Thale.

c) Grüner Glimmer, von grasgrüner Farbe, in dünnen Lagen in und auf Glimmerschiefer; am Hirzbach in
Fusch, und am Gangthal in Lungau.

d) In gleichwinklichte, sechsseitige, kleine Tafeln krystallisirt; in der Fernleite in Fusch.

B) **Russisches Glas,** von großblätterichten, scheibenförmigen Bruchstücken, vollkommen durchsichtig; im Lessach-
thale in Lungau.

27) **Chlorit,** findet sich ziemlich häufig in der hohen Gebirgskette, Theils in eigenen Lagern, Theils in Gebirgsarten eingemengt.

A) Chlo-

A) **Chloriterde**, dunkel berggrün, auch schwärzlicht-grün; an verschiedenen Orten: z. B. zu Rardeis in Groß-arl.

B) **Gemeiner Chlorit**; von lauch- und schwärzlicht-grüner Farbe; z. B. am Tappenkarr im Kleinarler Thale.

C) **Chloritschiefer**.

a) Grünlichtgrauer, öfter auch dunkel schwärzlichtgrüner; in der Alpe Achen in Pinzgau, in Zillerthal und andern Orten.

b) Lichtberggrüner, häufig mit octaedrisch krystallisir-tem magnetischem Eisensteine gemengt; z. B. auf der Wälsch-Alpe im Muhrwinkel in Lungau.

28) **Hornblende**, kommt in uranfänglichen Gebirgen hier und da häufig, Theils als ein Gemengtheil von Ge-birgsarten, Theils in eigenen Schichten zum Vorschei-ne.

A) **Gemeine Hornblende.**

a) Derb und eingesprengt, unter verschiedenen Abän-derungen in Rücksicht auf Farben und Bruch; z. B. im Mühlbachthale in Lungau.

b) In undeutlichen Krystallen von mittlerer Größe, eingewachsen in einer Art Chloritschiefers; im Stubach-Thale in Pinzgau u. a. O.

B) **Hornblendschiefer**, von grünlicht schwarzer Farbe, unter mehrerley Abänderungen des Bruches; in Lagern am Rathhausberge, und an der Schlappereben in Gastein.

C) **Sch**

C) Schillerspat (Labradorische Hornblende).

a) Schwärzlichtgrün, in ziemlich großen Körnern in Serpentinstein eingemengt; am Brucker-Berge unweit Bruck in Pinzgau.

b) Von lauchgrauer, zum Theile ins Messinggelbe spielender Farbe in grünlichtschwarzen, hier und da mit kleinen Körnern von dichtem Feldspat und Quarz gemengten Serpentinsteine; im Wiedmerthale und am Igelsberge in Gastein.

29) Basalt, von gräulicht schwarzer Farbe, von klein- und rundstänglichter Gestalt; ward bis jetzt nur als Geschiebe in ziemlich großen Stücken in Abbtenau gefunden.

30) Steinmark, gehöret noch unter die seltneren Steinarten Salzburgs.

A) Zerreibliches, blaßockergelbes, am Zwing im Fuscher-Thale, und auf den Dientner-Alpen.

B) Festes, ziegelrothes und leberbraunes; am Thännengebirge bey Werfen, und im Urslauer-Thale.

31) Bergseife, grünlichtgraue mit ockergelben Flecken, soll vor mehreren Jahren im Achthaler Flötzgebirge gebrochen haben.

32) Gelbe Erde, von licht ockergelber Farbe, am Zwing im Thale Fusch, und im Wolfbach-Thale in Unterpinzgau.

Talkarten.

33) Speckstein, kommt hier und da in den uranfänglichen Gebirgen in beträchtlicher Menge vor, vorzüglich als Gemengtheil

mengtheil in Gebirgsarten, z. B. in Gneus und Schneidestein vor.

A) Gemeiner Speckstein.

a) Unter verschiedenen Abänderungen von Farben,
meistens berg-oliven-lauch-und apfelgrün;   z. B. am
Ritterkopf in Rauris.

b) Derb, eingesprengt, und angeflogen, Theils von
splitterichtem, Theils von erdigem Bruche; z. B. unweit
Bucheben in Rauris, am Brennkogel in Fusch.

34) Nephrit, eine Art davon, nähmlich

A) Bitterstein (Schweißerische Jade), meistens von
lauchgrüner Farbe, derb und eingesprengt, findet sich in
Gneus, und in einem Gemenge von Kalkspat und gemeinem Chlorit; z. B. im Stubach-und Untersulzbach-
Thale in Pinzgau.

35) Walkererde, von grünlicht-grauer Farbe, hat ehemahls auf der Erzwiese in Gastein, als Bestege auf
Gängen gebrochen.

36) Bohl findet sich zwar an mehreren Orten, aber in
sparsamer Menge.

a) Gelblichtbraun; in der Gegend um Werfen und
Salfelden.

b) Dunkelröthlichbraun; an der Wetterwand unweit
Dienten, u. a. O.

37) Serpentinstein, kommt an vielen Orten der Gebirgsgegend in mächtigen Lagern und Gebirgsmassen zum
Vorscheine, unter verschiedenen Abänderungen des Bruches
vor;

a) Von

a) Von schwärzlich- und dunkellauchgrüner Farbe; z. B. im Zillerthal, im Seidelwinkel.

b) Von lichtlauch- und olivengrüner Farbe; z. B. im Thale Retschach in Gastein.

c) Mit fremden Steinarten, als mit Braunspat, Asbest, Glimmer, Schillerspat zufällig gemengt; z. B. von Bruck im Pinzgau, vom Igelsberge unweit Hof in Gastein.

38) **Talk**, ist eben keine seltene Gesteinart an der hohen Gebirgskette, und macht zuweilen beträchtliche Lager aus.

A) **Talkerde;**

a) Blaßapfelgrüne; am Berge Greiner im Zillerthal.

b) Grünlichtgraue; im Thale Kardeis in Großarl.

B) **Gemeiner Talk.**

a) Grünlichtweißer; vom Greiner und Thornauer Berge im Zillerthal. Diese Abänderung ist in dünnen Blättern hellweiß, und vollkommen durchsichtig.

b) Gelblichtgrüner; vom Brennkogel in Fusch.

C) **Topfstein** (erhärteter Talk), unter verschiedenen Abänderungen seiner Farben und des Bruches; im Zillerthal, und zu Schellgaden in Lungau. Eine seltene Abänderung davon ist:

a) Von röthlichtweißer, zum Theile fleischrother und stark ins Rosenrothe fallender Farbe, mit krystallisirtem Strahlsteine gemengt; am Thornauer-Berge im Zillerthal.

b) Mit

b) Mit krystallisirtem Bitterspat zufällig gemengt; zu Schellgaden in Lungau.

c) Von groß- und grobblätterigem, zum Theile auch krummblätterigem Bruche (Talkschiefer) unter verschiedenen Abänderungen von Farben; im Mühlbach-Thale bey Bischofshofen, im Osteck-Thale in Großarl.

39) Asbest, ist an vielen Orten des Gebirges, besonders bey Serpentinstein-Lagern zu Hause.

A) Bergkork, von ockergelber, und gelblichtbrauner Farbe, sehr weich und schwach elastisch biegsam; hat im Goldecker-Weng gebrochen.

B) Amianth.

a) Silberweiß, von seidenartigem Glanze; z. B. im Geisbach-Thale in Rauris; am Mühlbächchen bey Niedernsill.

b) Grünlichtweiß in kleinen Büscheln: am Brennkogel in Fusch.

C) Gemeiner Asbest, unter verschiedenen Abänderungen in Rücksicht auf Farben und Bruch; z. B. in Gastein, Großarl.

a) Berggrüner, abwechselnd büschelförmiger, faseriger Asbest; unweit Hüttschlag in Großarl.

b) Dunkellauchgrüner, von grob- und sehr langsplitterigen Bruchstücken, häufig mit Kupfer-Leber- und magnetischem Kiese Theils eingemengt, Theils eingesprengt; von der Rogelhütt-Alpe im Muhrwinkel.

40) Berg-

40) **Bergholz**, von dunkelgelblichtbrauner Farbe, und grobfasrigem Bruche; hat vor Zeiten im Goldecker Weng in Thonschiefer-Gebirge gebrochen.

41) **Cyanit**, findet sich zur Zeit nur allein am Berge Greiner im Zillerthal.

a) Von milchweißer Farbe mit Perlmutter-Glanze, und mit Himmelblau geflammt, von strahligem Bruche.

b) Von bläulichtgrauer Farbe, mit Berlinerblau geflammt, von breitstrahligem, schon dem Blättrigem sich nähernden Bruche.

42) **Strahlstein**, bricht hier und da auf uranfänglichen Gebirgen in ziemlich beträchtlicher Menge.

A) **Gemeiner Strahlstein**, unter verschiedenen Abänderungen der Farben und eines Bruches; in den Thälern Gastein, Großarl, u. s. f.

a) Büschel-und sternförmig, auseinanderlaufend strahlicht; von der Kráhalpe in Großarl.

b) In lange, starkgeschobene, vierseitige Säulen krystallisirt; vom Berge Greiner im Zillerthal.

c) In sehr kleinen nadelförmigen Säulen; im Stubach-Thale in Pinzgau.

B) **Glasartiger Strahlstein.**

a) Von silberweißer und apfelgrüner Farbe, derb; im Obersulzbacher-Thale in Pinzgau.

b) In lange, dünne sechsseitige Säulen krystallisirt; am Greiner im Zillerthale.

C) Asbest-

C) Asbestartiger Strahlstein.

a) Von berggrüner und grünlichtgrauer Farbe, derb; vom Brennkogel in Fusch.

b) In kleine, geschobene, vierseitige Säulen krystallisirt; am Thornauer-Berge im Zillerthal.

43) Bitterspat, kommt an mehreren Orten der uranfänglichen Gebirge, besonders in talkartigen Steinarten vor.

a) Von gelblichtgrauer Farbe, in großen rautenförmigen Parallelipipeden; im Zillerthal, und am Brennkogel in Fusch.

b) Von gelblichtgrauer, und gelblichtbrauner Farbe, in eben solchen, aber kleinen und sehr kleinen Krystallen; zu Schellgaden im Lungau, am Throneck in Gastein.

Kalkarten.

44) Erdiger Kalk, findet sich hier und da in Klüften von Flötzkalkgebirgen; als

A) Bergmilch.

a) Von hellweißer Farbe, sehr schwach zusammen gebacken; z. B. unweit Frauenwiese im Hohlweg-Thale.

b) Von gelb-und graulichtweißer Farbe, ziemlich fest zusammengebacken; im Kalkgebirge unweit des Paßes Lueg, u. a. O.

45) Kreide, unreine, von graulicht-und gelblicht-weißer Farbe; am Weißenbach bey Abersee; am Dürrenberge bey Hallein. Letztere schließt in sich zuweilen auch Feuersteine ein.

46) Kalk-

46) **Kalkstein**, macht eine große Gebirgskette im Salzburgischen, hier und da auch Lager in uranfänglichen Gebirgen aus.

A) **Dichter Kalkstein**, unter verschiedenen Abänderungen der Farben und des Bruches. Die schönsten Abänderungen des dichten Kalksteines (Marmorarten) kommen vor: am Geisberge und Untersberge unweit Salzburg, zu Adnet und im Wiesthale unweit Oberalm, am Haunsberge bey Laufen, und zu Unken; hauptsächlich unter folgenden Spielarten von Farben:

a) Mit gelber, weißer und brauner Farbe ruinenförmig durchzogen.

b) Gelb, grau und weiß gestreift.

c) Gelb, grau, und braun gefleckt.

d) Roth, braun, und weiß fleckenweise gemengt.

e) Grau, roth und weiß, auch braun geadert.

f) Braun, grau und gelb gefleckt.

g) Weiß, grau und blau fleckenweise gemengt, Theils auch gestreift.

h) Braun, weiß und grau geadert. Jede dieser Farben gehet oft in demselben Stücke durch verschiedene Nüansten ihrer Höhe, und erscheint bald in größeren, bald in kleineren Flecken, Adern und Streifen.

B) **Blättriger Kalkstein.**

a) **Körniger Kalkstein**, unter verschiedenen Abänderungen seiner Farben, klein- und feinkörnig; z. B. im Weichselbach-Thale in Fusch. Seltnere Abarten davon sind:

aa) Der

aa) Der grünlichtweiße und dunkel berggrüne; von **Hinteralpe** in **Lungau**.

bb) Der röthlichtweiße, und zum Theile ins Rosenrothe spielende; im **Mislitz-Thale** in **Lungau**.

b) **Kalkspat**, unter mancherley Abänderungen in Rücksicht auf Farben, äußere Gestalten, und auf die Gestalt der Bruchstücke. Solche Abänderungen z. B. sind:

aa) Von hellweißer Farbe, in einfachen dreyseitigen und sechsseitigen Pyramiden; in **Schwarzleogang**; am **Goldberge** in **Rauris**.

bb) Hell, und zum Theile gelblichtweiß, in vollkommen sechsseitigen Säulen; in **Schwarzleogang**.

cc) Wein- und ockergelb, in doppelt-sechsseitigen, sehr kleinen Pyramiden, zusammengehäuft in doppelt-dreyseitige Pyramiden von mittlerer Größe; am **Goldberge** in **Rauris**, äußerst selten.

dd) Fleischroth, sehr großblätterig; am **Rathhausberge** in **Gastein**.

ee) Blaßviolet, in Rhomben von mittlerer Größe krystallisirt, die 2 breiten sowohl, als auch die 4 schmahlen Seiten mit 4 Flächen sehr flach zugespitzt, und die Spitzen und Ecken mehr und minder schwach abgestumpft. Hat unlängst am **Hirzbach** in **Fusch** gebrochen.

ff) Hell- und gelblichtweiß, von kleinstänglicht abgesonderten Stücken; am **Wachtberge** in **Großarl**.

C) **Kalksinter**, bricht an vielen Orten, und unter sehr verschiedenen Abänderungen von Farben, äußeren Gestalten und in Hinsicht des Bruches. Einige davon sind folgende:

a) Hellweiß, groß- und kleinnierenförmig; in **Diensten**, u. a. O.

b) Grau-

b) Graulicht= und gelblichtweiß, tropfsteinartig; und zackicht (Eisenblüthe); zu Wagrain, und St. Johann.

c) Staudenförmig, auch büschel=und sternförmig faserig; unweit Schwarzach.

d) Knollicht u. rohrförmig; bey Tittmoning u. a. O.

47) Braunspat, kommt an verschiedenen Orten auf Gängen und in Gebirgslagern ziemlich häufig vor.

a) Derb und eingesprengt, von ockergelber, gelblicht= weißer, auch bräunlichtrother Farbe; an vielen Orten; z. B. am Buchberge unweit Bischofshofen.

b) Linsenförmig und rhomboidalisch krystallisirt, von gelb=und graulichtweißer, auch gelblichtbrauner Farbe; z. B. in Dienten, am Gangthal in Lungau.

c) In zusammengehäuften Rhomben von verschiedener Größe, zum Theile bunt angelaufen, von metallischem Glanze; am Hirzbach in Fusch.

48) Stinkstein, ist zur Zeit nur erst in ein Par Flötz= gebirgen gefunden worden.

a) Von leberbrauner Farbe und feinsplitterichtem Bru= che; am Oelinger Graben unweit Laufen.

b) Gelblichtgrau, von erdigem Bruche; in Blüntau bey Werfen.

49) Mergel, kommt in manchen Gegenden ziemlich häufig vor.

A) Mergelerde unter verschiedenen Abänderungen von Farben.

a) Von losen; und

b) Von

b) Von zusammengebackenen Theilen; z. B. bey Saal-felden in **Pinzgau**.

B) **Erhärteter Mergel.**

a) Gelblicht, und rauchgrau, von erdigem Bruche; z. B. bey **Plain** unweit Salzburg.

b) Blaß, isabellgelb und gelblichtbraun, von schiefri-gem Bruche (Mergelschiefer); am Flachenberge bey Bi-schofshofen.

50) Bituminöser Mergelschiefer, von bläulicht schwar-zer Farbe; im Flötzgebirge im Achtthal.

51) Apatit, gemeiner, von grünlichtweißer und blaß spangrüner Farbe, in gleichwinklichten sechsseitigen Säu-len mit etwas konvexen Seitenflächen, in kleinen und sehr kleinen Kryställen; in **Schwarz-Leogang**, sehr selten.

52) Fluß; gehöret noch zu den seltnern Steinarten.

A) **Dichter Fluß**, lichtspangrüner; von Schwarzleo-gang; sehr selten.

B) **Flußspat.**

a) Von graulichtweißer und violblauer Farbe, derb und eingesprengt; in Schwarzleogang, und auf dem Berge **Weißeck**, im Muhrwinkel-Thale in **Lungau**; ferner am Grubach-Gebirge in **Gastein**.

b) Dunkelhimmelblau, in vollkommene kleine Würfe krystallisirt; in Schwarzleogang.

c) Blaßviolblau, in sehr kleinen Würfeln; am Blut-ner-Tauern in **Rauris**.

53) Gyp

53) **Gyps**, bricht unter verschiedenen Arten und Abänderungen an mehreren Orten; und zwar am häufigsten
bey Golling, und im Thale Immelau unweit Werfen.

A) **Gypserde**, von röthlichtweißer Farbe, von staubartigen, schwach zusammengebackenen Theilen; am Gyps-
berge bey Golling; sehr selten.

B) **Dichter Gyps** (Alabaster), unter verschiedenen
Abänderungen von Farben:

a) Hellweiß; im Immelauer Thale.

b) Graulichtweiß; am Flachenberge, und in der
Abbtenau.

c) Fleischroth und röthlichtweiß; am Dürrenberge
bey Hallein.

C) **Blätterichter Gyps**, unter mehrerley Farben.

a) Gelblicht und graulichtweiß, von grobkörnicht abgesonderten Stücken; am Dürrenberge bey Hallein.

b) Hellweiß, von sehr feinkörnicht abgesonderten Stücken, in Schwarzleogang.

D) **Faseriger Gyps**, von hell- und graulichtweißer Farbe, klein und feinfaserig; ebendaselbst.

54) **Fraueneis**, kommt etwas selten und in geringer
Menge vor.

a) Hell- und graulichtweiß, derb; in Schwarzleogang und am Dürrenberge bey Hallein.

b) In sechsseitigen Säulen, an beyden Enden zuge-
schärft; am Brennthal im Pinzgau, und in Schwarzleogang.

Eee

c) In

c) In Zwillingskryſtallen, wo zwey und zwey Kryſtal-
le der vorigen Art mit zwey Seitenflächen an einander ge-
wachſen ſind, von mittlerer Größe und klein; am Dürrenberge.

Schwerſteinarten.

55) Schwerſpath, iſt bis itzt nur erſt in der Grube
Erasmus in Schwarzleogang entdeckt worden.

A) Dichter Schwerſpath, von gelblichtgrauer Farbe,
derb; äußerſt ſelten.

B) Blätterichter Schwerſpath.

a) Röthlichtgrau, und derb.

b) Von gleicher Farbe, in ſehr flachen vierkantigen,
kleinen Linſen.

C) Schaliger Schwerſpath.

a) Blaulichtgrau, und graulichtweiß, derb, groß-
und etwas krummblättericht.

b) Honiggelb, in rechtwinklichte, ſechsſeitige kleine
Tafeln, kryſtalliſirt..

II. Salzarten.

56) Natürlicher Vitriol.

A) Kupfervitriol, von himmelblauer, etwas ins
Spangrüne fallender Farbe; in den Brennthaler-Gru-
ben bey Mühlbach im Pinzgau.

B) Eiſenvitriol, von lichtſpangrüner Farbe, derb und
als Ueberzug; eben daſelbſt, und in Schwarzwand in
Großarl; am letzteren Orte ſelten.

C) Zink-

C) **Zinkvitriol,** von graulichtweißer Farbe; im Durch¬
schlagstollen in Schwarzwand, auf der Seite der Hub¬
alpe; äußerst selten.

57) **Natürlicher Alaun.**

A) **Haarsalz,** von blaß, und apfelgrüner Farbe; unweit
Flachau, bey Mandling u. a. O.

B) **Federalaun,** graulichtweiß, haarförmig und krumm¬
faserig; am Dürren, oder Salzberge bey Hallein.

58) **Bergbutter.**

a) **Von** gelblichtweißer, und gelblichtgrauer Farbe; in
den Brenntaler Kiesgruben bey Mühlbad.

b) **Von** gelblichtbrauner Farbe; auf der Straße von
Lend nach Embach, u. a. O.

59) **Natürliches Bittersalz,** von blaßspangrüner, und
graulichtweißer Farbe, derb, und zum Theile undeutlich
krystallisirt, in sehr kleinen Krystallen; am Dürrenberge
bey Hallein.

60) **Natürlicher Salpeter.**

a) **Mit** Salpeter durchdrungene Erde von verschiede¬
ner Art kommt bey den meisten, besonders alten Gebäu¬
den an den gewöhnlichen Orten vor, und die reichhal¬
tigste davon wird auf Salpeter benützt.

b) **In** wollenförmiger Gestalt, als Ueberzug an vielen
alten Mauern.

61) **Steinsalz,** bricht häufig am Dürrenberge bey
Hallein.

					A) Blät¬

A) Blätterichtes, unter sehr verschiedenen Abänderungen in Ansehung der Farben und des Bruches, z. B.

a) Graulicht = und röthlichtweiß, großblättericht.

b) Fleisch = und bräunlichtroth, kleinblättericht.

c) Rauch = und röthlichtgrau, feinblättericht.

d) Von verschiedenem Korn der abgesonderten Stücke: als groß = grob = klein = und feinkörnicht.

e) Gelblicht weiß und blutroth, feinkörnicht, und von einem, sich schon dem Dichten nähernden Bruche.

f) Hell = und röthlichtweiß, in kleine, vollkommene Würfel krystallisirt.

B) Faseriges Steinsalz.

a) Von verschiedenen Abänderungen in Rücksicht der Farben; z. B. hellweiß, grünlicht = und röthlichtweiß, schmalte = und himmelblau; letztere ist die seltenste.

b) Von verschiedenen Abänderungen des Bruches: grob = und klein = auch feinfaserig, gleichlaufend und krumm = faserig.

c) In dünnstänglicht abgesonderten Bruchstücken; sehr selten.

III. Brennbare Substanzen.

62) Naphtha, soll nach Hrn. Hacquets Nachricht bey Rendelbruck im Lungau angetroffen worden seyn.

63) Erdpech, ist nur noch am Oelinger = Graben un = weit Laufen, in Geschieben von Steinkohlen gefunden worden.

a) Dunkelschwarzes, als Ueberzug auf Steinkohle.

b) Braun =

b) Bräunlichtschwarzes, derb, in kleinen Adern in Steinkohlen.

64) Bituminöses (erdharziges) Holz.

a) Gemeines bituminöses Holz (Braunkohle) von schwärzlichtbrauner Farbe, in losen Stücken; am Schicht-ner-Graben unweit Tittmoning; auch am Oelinger-Graben bey Laufen.

b) Bituminöse Holzerde, von bräunlicht schwarzer Farbe; am Schichtner-Graben bey Tittmoning.

65) Steinkohlen, finden sich in verschiedenen Gegenden Salzburgs, aber immer nur Theils als Geschiebe, Theils als schmahle, und mugelartig zu Tage aussetzende Lager in Flötzgebirgen.

A) Gagasartige Steinkohle, ist vor einigen Jahren als ein Geschiebe an der Salzache unweit Salzburg gefunden worden.

B) Pechkohle, graulichtschwarze; unweit St. Georg bey Laufen; bey St. Margarethen im Lungau.

C) Glanzkohle, von eisenschwarzer Farbe; am Stein-bach-Graben bey Flachau, am Paßek und zu Wöl-ting im Lungau.

D) Blätterkohle, bräunlichtschwarze, am Brodling unweit Tamsweg.

E) Schieferkohle, dunkelschwarze und graulichtschwar-e; bey Wölting im Lungau.

66) Graphit, ist nur noch im Flachauer-Thale in ei-er Art von Thonschiefer gefunden worden.

a) Ange-

a) Angeflogen und als Ueberzug, von dunkeleisen-schwarzer Farbe;

b) Von gleicher Farbe, derb und eingesprengt.

IV. Metallarten.

Gold

findet sich in mehreren Gegenden der hohen Gebirgskette; ist ein Hauptgegenstand der hiesigen Bergwerke, und Spuren davon trifft man auch in anderen noch unberitzten Gebirgsrevieren, und bey alten aufgelassenen Gruben an.

67) **Gediegen Gold.**

A) **Goldgelbes gediegen Gold.**

a) Derb in kleinen Körnern und Adern, größten Theils eingesprengt, zuweilen auch angeflogen; z. B. bey Hirzbach in Fusch.

b) In kleinen eckichten Stücken, und kleinzackicht; vorzüglich am Rohrberge im Zillerthal, und zu Schellgaden im Lungau.

c) In losen dünnen Blättchen, und sehr kleinen Körnern; im Griessande am Salzach-Fluße, und in verschiedenen Gebirgbächen.

B) **Meßinggelbes gediegen Gold.**

a) In sehr kleinen, eckichten Körnern, und fein eingesprengt; vorzüglich am Rathhausberge in Gastein, auch am Goldberge in Rauris.

b) Angeflogen in kleinen nnd sehr kleinen Flächen; ebendaselbst.

c) In

c) In losen, sehr feinen Körnern und staubartigen Theilen; im Griessande der Salzache und mehrerer Gebirgbäche.

Quecksilber,

gehöret zu den seltenen Metallen Salzburgs.

68) Gediegen Quecksilber.

a) In losen kleinen Kügelchen; in Schwarzleogang.

b) In sehr zarten, kaum sichtbaren Kügelchen eingesprengt; eben daselbst, und am Salfenberge bey Brixen im Brixenthal. Auch im Schmidtenthale im Pinzgau soll Quecksilber einst gebrochen haben.

69) NatürlichesAmalgam.

a) In kleinen Theilchen eingesprengt, in der Erasmus-Grube in Leogang.

b) In kleinen, dünnen Flecken als Ueberzug; in der (nun aufgelassenen) Grube Vogelhalte, eben daselbst.

70) Zinnober.

A) Dunkelrother Zinnober, von cochenillrother Farbe, derb, klein und fein eingesprengt; zuweilen auch angeflogen, und klein nierenförmig; in Leogang, und am Salfenberge.

B) Hochrother Zinnober.

a) Derb und eingesprengt; in Leogang und auf der Brunnalpe im Brixenthal.

b) In kleinen, und sehr kleinen, undeutlichen, pyramidenförmigen Krystallen; in Leogang, sehr selten.

Silber,

Silber.

kommt zwar in verschiedenen Gebirgs-Revieren, aber im Ganzen nur in sehr mäßiger Menge vor.

71) **Gediegen Silber.**

A) Gemeines gediegen Silber, angeflogen, und als Ueberzug in kleinen Flecken; hat ehemals in der Grube Vogelhalte in Schwarzleogang, jedoch nur als eine Seltenheit gebrochen.

B) Goldisch gediegen Silber, haarförmig; am hohen Goldberge in Rauris; ist selten.

72) **Antimonialisch gediegen Silber.**

a) Von graulicht silberweißer Farbe, derb und einge-sprengt: am Rathhausberge in Gastein.

b) Dunkelgrau, etwas ins Zinnweiße spielend, und sehr fein eingesprengt; am Goldberge in Rauris.

73) **Rothgüldenerz,** kam vormahls in der (nun auf-gelassenen) Grube Weißwandel, im Mislitz-Thale im Lungau vor.

A) Dunkel-Rothgüldenerz:

a) Klein und fein eingesprengt, auch angeflogen.

b) Undeutlich säulenförmig krystallisirt, in sehr kleinen Krystallen.

74) **Weißgüldenerz.**

a)) Derb, und klein eingesprengt; am Weißwandel im Mislitz-Thale.

b) Angeflogen und zum Theile sehr fein eingesprengt; am Rathhausberge in Gastein.

Anmer-

Anmerkung. Alles Silber aus den Erzen der Goldbergwerke enthält durchgehends mehr oder weniger, im
Durchschnitte die Mark 2 bis 2 1/2 Loth Goldes; mit
Ausschluße jenes Goldes, welches durch die Quickar-
beit aus den Schlichen vor ihrer Schmelzung ausge-
bracht wird.

Kupfer

ist ein Hauptproduct des hiesigen Erzgebirges, und an
sehr vielen Orten, aber sehr selten in bauwürdiger Menge
zu finden.

75) **Gediegen Kupfer**; bricht sehr sparsam.

a) Kupferroth, braun- und haarförmig; am Limberge bey Zell im Pinzgau.

b) Röthlichtbraun, und ziegelroth angelaufen; am
Brennthal bey Mühlbach.

c) In Blättchen und Körnern; am Limberge und
am Harberge im Zillerthal.

d) Von sehr dunkel kupferrother Farbe, angeflogen;
im Walchersbach-Thale im Pinzgau.

76) **Kupferglanz (graues Kupferglas).**

A) Dichter Kupferglanz, licht bleygrau, und Theils
bläulicht angelaufen; am Limberge.

B) Blätterichter Kupferglanz, von dunkel bleygrauer,
ins Stahlgraue spielender Farbe; in Schwarzleogang.

77) **Buntes Kupfererz**; bricht zur Zeit nur in den
Leoganger-Gruben.

a) Derb, in Körnern eingemengt, auch eingesprengt.

b) Mit verschiedenen Farben bunt angelaufen.

78) Kupfer-

78) **Kupferkies** kommt unter allen Kupfererz-Gattungen am häufigsten vor.

a) Unter verschiedenen Abstufungen seiner gold- und messingelben Farbe, derb eingesprengt und angeflogen; z. B. an mehreren Orten in **Großarl**, am **Klucken** bey **Piesendorf**.

b) Unter mancherley Abänderungen seines Bruches; z. B. eben, muschlicht; am **Soißenkarr**, im **Krinnerthal** unweit **Kirchberg** im **Ytterischen**, u. a. O.

c) Daubenhälsig und Pfauenschweifig angelaufen; z. B. am **Brennthal**, und im **Untersulzbach-Thale** in **Pinzgau**.

d) In kleine, doppelt-vierseitige, und in einfache dreyseitige Pyramiden krystallisirt; in **Schwarzleogang**.

79) **Fahlerz**, findet sich an mehreren Orten, von einem mehr oder minder reichen Silbergehalte.

a) Derb und eingesprengt, von stahlgrauer bis ins Eisenschwarze sich verlaufenden Farbe; z. B. auf der **Brunnalpe**, und am **Drähholz** im **Brixenthal**.

b) Bunt angelaufen und von dichtem Bruche; z. B. am **Radstädter-Tauern**, und am **Blutner-Tauern** in **Rauris**.

c) In sehr kleine, einfache dreyseitige Pyramiden krystallisirt; in **Schwarzleogang**; sehr selten.

80) **Kupferschwärze**, von blaulichtschwarzer Farbe; auf der **Frommer-Alpe** unweit St. **Martin**, im **Radstädtischen**.

81) **Rothes Kupfererz**; kommt selten vor.

a) Dich-

A) **Dichtes rothes Kupfererz**, von bräunlichtro:
ther, etwas ins Bleygraue fallender Farbe, derb und grob
eingesprengt; am Erzberge bey Bischofshofen, und im
Thale Mühlbächchen bey Niedernsill.

B) **Blätterichtes rothes Kupfererz**, von dunkel:coche:
nillrother Farbe; am Haarberge im Zillerthal.

82) **Kupferziegelerz**, in unbeträchtlicher Menge.

A) **Erdiges Kupferziegelerz.**

a) Ziegel:und bräunlichtroth, derb; auf der From:
mer:Alpe bey St. Martin.

b) Eingesprengt und angeflogen, von karminrother
Farbe; eben daselbst, und im Höllen:Thale bey Werfen.

B) **Erhärtetes Kupferziegelerz**, von röthlicht und
leberbrauner Farbe, derb und eingesprengt; auf dem Erz:
berge bey Bischofshofen.

83) **Kupferlasur**, gehöret zu den seltneren Kupfererz:
Gattungen.

A) **Erdige Kupferlasur**, unter verschiedenen Abstu:
fungen der schmalte:und himmelblauen Farbe; derb, ein:
gesprengt und angeflogen; an mehreren Orten im Brixen:
thale; in Schwarzleogang, u. a. O.

B) **Strahlige Kupferlasur**, von dunkellasurblauer
Farbe; auf der Brunnalpe im Brixenthal, und in
Schwarzleogang, etwas selten.

84) **Malachit**; ist nicht minder selten.

A) **Faseriger Malachit.**

a) Von

a) Von blaßgrasgrüner Farbe, derb und eingesprengt; im Thale Mühlbächchen bey Niedernsill;

b) Smaragdgrün, in büschelförmig zusammengehäuften, haarförmigen Krystallen; ebendaselbst.

B) Dichter Malachit.

a) Apfelgrün, derb und eingesprengt; von der Brunnalpe im Brixenthal.

b) Lichtberggrün, tropfsteinartig und klein njerenförmig; am Erzberge bey Bischofshofen.

85) Kupfergrün, von spangrüner Farbe, derb eingesprengt, und angeflogen; zu Schwarzwand in Großarl, u. a. O.

86) Eisenschüßiges Kupfergrün.

A) Erdiges, von oliven- und lauchgrüner Farbe; an mehreren Orten in Brixenthal.

B) Schlackichtes eisenschüßiges Kupfergrün (Kupferpecherz) von lichtlauchgrüner Farbe, derb, und eingesprengt; auf der Brunnalpe und am Erzberge bey Bischofshofen.

Eisen

wird in sehr beträchtlicher Menge erzeugt.

87) Schwefelkies, bricht bey den meisten Bergwerken in Begleitung anderer Erze mit ein; und Spuren davon finden sich beynahe auf jedem Berge des Ganggebirges.

A) Gemeiner Schwefelkies unter verschiedenen Abänderungen der Farbe und des Bruches.

a) Derb,

a) Derb, eingesprengt und angeflogen; zuweilen auch bunt angelaufen; vorzüglich zu Kardeis in Großarl, am Brennthal bey Mühlbach, und am Rettenbach bey Mittersill.

b) In Dodecaedern, Icosaedern und Würfeln von verschiedener Größe krystallisirt; z. B. in Schwarzleogang, und am Goldberge in Rauris.

B) Strahlkies, derb, nierenförmig und tropfsteinartig, sehr selten auch in kleinen Kugeln; in Leogang und Großarl.

C) Leberkies, von stahlgrauer und leberbrauner Farbe, derb und eingesprengt; bey der Rogelhütte im Muhrwinkel, u. a. O.

D) Haarkies, in sehr kleinen haarförmigen Krystallen, bunt angelaufen; in Leogang und am Brennthal bey Mühlbach.

88) Magnetischer Kies, derb und eingesprengt, tombackbraun, bis ins Stahlgraue übergehend; am Reinkaar im Muhrwinkel, am Schwarzenbach in Dienten, u. a. O.

89) Magnetischer Eisenstein; an einigen Orten in beträchtlicher Menge.

A) Gemeiner magnetischer Eisenstein.

a) Theils von eisenschwarzer, Theils von dunkelstahlgrauer Farbe, derb und eingesprengt; bey Goldeck, im Thale Zederhaus im Lungau u. a. O.

b) In doppelte, vierseitige Pyramiden krystallisirt, von mittlerer Größe und klein; auf der Welschalpe in Muhrwinkel, im Stubach-Thale, u. s. f.

B) Eisen-

B) **Eisensand,** dunkeleisenschwarzer, wird zuweilen bey Goldseifenwerken durch die Waschmanipulation zufällig erhalten.

90) **Eisenglanz,** kommt zwar an mehreren Orten, aber nie sehr häufig vor.

A) **Gemeiner Eisenglanz.**

a) Von gewöhnlicher Farbe, zuweilen bunt angelaufen, derb und eingesprengt; am Geisbache in Rauris; im Thale Windau im Brixenthal, u. a. O.

b) In Linsen und sechsseitigen Tafeln; auf dem Brennkogel in Fusch, und am Geisbache in Rauris.

B) **Eisenglimmer.**

a) Derb, eingesprengt und angeflogen, auch von staubartigen Theilen, im Thale Retschach in Gastein. u. a. O.

b) In kleine, sechsseitige Tafeln krystallisirt; am Frohneck bey Hüttau, zu Annaberg in Abbtenau.

91) **Rother Eisenstein,** gehöret unter die seltneren Mineralien.

A) **Rother Eisenrahm,** derb und angeflogen; am Rathhausberge in Gastein, u. a. O.

B) **Dichter rother Eisenstein;** unter verschiedener Abänderungen von Farben und Gestalten; z. B. am Schreckenberge; auf der Alpe Linde bey Werfen.

C) **Rother Glaskopf;** soll ehedem im Thale Zederhaus im Lungau gebrochen haben.

D) Rothe

D) **Rother Eisenocker;** an verschiedenen Orten, z. B. im Thale Imelau bey Werfen; am Mitterberge im Mühlbach = Thale bey Bischofshofen.

92) **Brauner Eisenstein,** findet sich hier und da in ergiebiger Menge.

A) **Brauner Eisenrahm;** derb und angeflogen; z. B. am Schiedeck auf dem Rathhausberge.

B) **Ockeriger brauner Eisenstein,** Theils fest, Theils zerreiblich; an vielen Orten, vorzüglich am Flachenberge bey Bischofshofen, im Höllen = Thale bey Werfen.

C) **Dichter brauner Eisenstein;** im Bundschuh = Thale in Lungau, in der Sommerhalte in Dienten, u. a. O.

D) **Brauner Glaskopf,** derb, als Ueberzug, und tropfsteinartig; am Windingsberge bey Werfen.

93) **Spathiger Eisenstein** bricht hier und da in beträchtlicher Menge, unter verschiedenen Abänderungen seiner Farben.

a) **Derb und eingesprengt,** grob = klein = und feinkörnicht; z. B. im Thale Urslau, im Thale Tweng im Lungau.

b) **In Rhomben, Linsen und Pyramiden krystallisirt,** von verschiedener Größe der Krystallen, vorzüglich in Dienten.

94) **Thonartiger Eisenstein,** kommt an manchen Orten nicht sehr sparsam vor.

A) Lin=

A) **Linsenförmiger, thonartiger Eisenstein,** von röthlicht- und leberbrauner Farbe; im Achthal bey Teisendorf.

B) **Röthel,** von lichtbraunlichtrother Farbe; z. B. zu Filzmoos, an der Wetterwand in Dienten.

C) **Gemeiner thonartiger Eisenstein,** unter verschiedenen Abänderungen seiner Farben; z. B. in der Hinteralpe im Lungau, am Roßlmannseck in Dienten.

D) **Bohnerz,** von röthlichtbrauner Farbe, und von verschiedener Größe der bohnenförmigen Stücke; am Tännengebirge bey Werfen.

95) **Blaue Eisenerde,** von lichtschmalteblauer Farbe, soll im gemeinen Thone unmittelbar unter dem Torflager auf der Koppel unweit Ebenau gefunden worden seyn.

Bley

findet sich zwar in verschiedenen Gegenden des Salzburgischen Gebirges, meistens aber in sehr sparsamer Menge.

96) **Bleyglanz.**

A) **Gemeiner Bleyglanz,** kommt am häufigsten vor.

a) Derb, eingesprengt, angeflogen, zerfressen; vorzüglich in den Bleyerz-Gruben in Schwarzleogang und zu Ramingstein im Lungau.

b) Unter verschiedenen Abänderungen in Rücksicht des Bruches und der Bruchstücke, groß-grob-klein- und feinförnicht; bey allen Gold- und Silberbergwerken, außer jenen im Zillerthal. Ferner zu Unken, auf dem Robinger Berge im Sperten-Thale im Ytterischen, am am Hochsteinwandel in Zillergrund im Zillerthale, u. a. O.

c) Spieglicht, und bunt angelaufen; in Schwarzleogang selten.

d) In vollkommenen Würfeln, und in Würfeln mit Abstumpfungen an den Kanten; am Goldberge in Rauris, und in Schwarzleogang. Sehr selten.

e) In doppelten vierseitigen Pyramiden mit abgestumpften Endspitzen und Ecken; am Rathhausberge in Gastein; eben so selten.

B) Bleyschweif; ist nur erst in Schwarzleogang gefunden worden.

a) Derb und eingesprengt.

b) Mit spieglichter Oberfläche.

97) Schwarzes Bleyerz, von lichtgraulicht schwarzer Farbe, derb; in Schwarzleogang; äußerst selten.

98) Weißes Bleyerz, gelblichtweiß, in kleinen, sehr niedrigen Säulen, auf dem Blutner-Tauern in Rauris. Es kam mir davon nur ein einziges Exemplar zu Gesichte.

99) Graue Bleyerde, hat ehemals in den alten Gruben auf der Erzwiese in Gastein gebrochen.

a) Zerreibliche, von lichtgelblicht grauer Farbe.

b) Erhärtete, von dunkelgelblichtbrauner Farbe.

Zink,

ist ein ziemlich seltnes Metall.

100) **Blende.**

A) **Gelbe Blende,** von schwefelgelber, Theils von olivengrüner Farbe, derb und eingesprengt; auf der Achselalpe im Hollersbach-Thale.

B) **Braune Blende,** von röthlichtbrauner Farbe; derb und in Körnern eingemengt; auf dem Rathhausberge, in Gastein, und am Goldberge in Rauris; etwas selten.

C) **Schwarze Blende,** dunkelschwarz, zuweilen auch bräunlichtschwarz, derb und eingesprengt; am Goldberge in Rauris; in der Alpe Sprinzgasse in Muhrwinkel.

101) **Galmey.**

A) **Gemeiner Galmey.**

a) Unter verschiedenen Abänderungen von Farben, gelblichtweiß, gelblichtgrau, u. s. f.; auf der Erzwiese in Gastein; zu Filzmoos.

b) Derb, eingesprengt; angeflogen und tropfsteinförmig; auf der Frommeralpe unweit St. Martin im Radstädtischen; auf dem Blutner-Tauern in Rauris.

B) **Späthiger Galmey,** von isabell- und ockergelber Farbe; derb, und zum Theile löcherichter Gestalt; am letztgedachten Orte.

Spieß-

Spiesglanz,

gehöret ebenfalls zu den seltenen Metallen.

102) Graues Spiesglanzerz.

A) Dichtes graues, derb und eingesprengt; am Rathhausberge in Gastein; äußerst selten.

B) Blätterichtes graues Spiesglanzerz; derb und eingesprengt; am Sonnberge unweit Mittersill.

C) Strahlichtes graues Spiesglanzerz;

c) Derb und eingesprengt; bey Hippach im Zillerthal; in Schwarzleogang; selten.

b) In sehr kleinen vierseitigen, auch in nadelförmigen sechsseitigen Säulen; am Rathhausberge; und am Goldberge in Raurio; ebenfalls selten.

D) Federerz.

a) In sehr dünnen, haarförmigen Krystallen, am Rathhausberge, und in Schwarzleogang.

b) Wolleförmig und äußerst zart; am Rathhausberge; sehr selten.

103) Spiesglanzocker, von gelblichtgrauer Farbe, als Ueberzug; am Sonnberge bey Mittersill.

Kobalt,

wird in beträchtlicher Menge erobert; kommt aber nur in wenigen Gegenden vor.

104) Grauer Speiskobalt; derb und eingesprengt; am Nöckel in Leogang; unweit Fügen im Zillerthal; an der Zinkwand in Lungau.

Fff 2

105) Glanz»

105) Glanzkobalt;

a) Derb und eingesprengt, zuweilen ein wenig bunt angelaufen, und in graupichter Gestalt; an der Zink-wand in Lungau.

b) In kleine und sehr kleine Würfel krystallisirt, von undeutlichen Krystallen; ebendaselbst.

106) Weißer Speiskobalt, von dunkelzinnweißer Farbe, derb und eingesprengt; eben daselbst, und am Nö-ckel in Leogang.

107) Schwarzer Erdkobalt.

A) Schwarzer Kobaltmulm; von bräunlichtschwar-zer Farbe; derb und grob eingesprengt; am Nöckel in Leogang.

B) Erhärteter schwarzer Erdkobalt, blaulichtschwarz, als Ueberzug, auch unvollkommen nierenförmig; eben da-selbst, und bey Fügen im Zillerthal.

108) Brauner Erdkobalt, von leberbrauner, zuweilen auch gelblichtgrauer Farbe; grob und fein eingesprengt, sel-ten derb; am Nöckel.

109) Rother Erdkobalt.

A) Kobaltbeschlag.

a) Unter verschiedenen Abänderungen der rothen Far-be, meistens aber von pfirsichblutrother Farbe;

b) Derb, eingesprengt, angeflogen, zuweilen auch als Ueberzug und klein nierenförmig; am Nöckel, und in der Erasmusgrube in Leogang; auch bey Fügen, aber selten.

B) Ko-

B) **Kobaltblüthe,** von cochenillrother Farbe, als dünner Ueberzug, und angeflogen; am **Rathhausberge** in **Gastein,** und an der **Zinkwand.**

Nickel

bricht zur Zeit nur an der **Zinkwand** im **Weißbriach-Thale** im **Lungau.**

110) **Kupfernickel,** von blaßkupferrother Farbe, derb und eingesprengt.

111) **Kupfernickelocker,** apfel- und olivengrün, als dünner Ueberzug, und fein eingesprengt.

Braunstein

findet sich in einigen Eisenstein-Gruben, bis itzt immer in geringer Menge und zufällig.

112) **Graues Braunsteinerz.**

A) **Blätterichtes graues Braunsteinerz,** von dunkelstahlgrauer Farbe, derb, und von feinkörnig abgesonderten Stücken; in der **Scheffau** am **Tännengebirge,** wo es in kleinen Klüftchen und Adern sehr eisenschüßigen, bräunlichtschwarzen Mergelschiefers, aber selten bricht.

113) **Schwarzes Braunsteinerz,** graulichtschwarz, derb und angeflogen; in der **Sommerhalte** in **Dienten,** am **Fürbach** bey **Wagrain.**

114) **Erdiger Braunstein.**

A) **Schuppiger Braunsteinkalk,** von dunkelröthlichtbrauner Farbe, als dünner Ueberzug, und zum Theile

wie

wie angeflogen; am Kohlmannseck in Dienten; am
Steinbach=Graben bey Flachau, u. a. O.

Arsenik,

kommt in einigen Gebirgs=Revieren Theils allein, Theils
mit anderen Erzen brechend, ziemlich häufig vor.

115) **Arsenikkies.**

A) **Gemeiner Arsenikkies;**

a) Von mehr und minder hellsilberweißer Farbe, derb
und eingesprengt; an vielen Orten; in größter Menge aber
in Roggilden=Thale in Muhrwinkel.

b) Bunt angelaufen; am Mitterberge bey Raming=
stein.

c) In vierseitige Säulen von mittlerer Größe, und
klein krystallisirt; am Goldberge in Rauris, und zu
Roggilden.

B) **Weißerz.**

a) Von lichtzinnweißer Farbe, derb; am Rathhaus=
berge in Gastein.

b) Dunkelzinnweiß, eingesprengt; eben daselbst.

116) **Natürlicher Arsenikkalk.**

a) Graulichtweiß, und als Beschlag auf grauem
Speiskobalte; am Nöckel in Leogang.

b) Röthlichtweiß angeflogen; ebendaselbst.

Gemengte Gebirgsarten.

(Gebirgsarten im engeren Sinne).

I. Urgebirgsarten.

117) **Granit**, ist in den Salzburgischen Gebirgsgegen=
den beynahe allenthalben zu Hause; er macht zum Theile die
hohe, von Morgen gegen Abend laufende Gebirgskette,
welche Salzburg von Kärnthen und Tyrol scheidet, aus,
und dienet vielfältig auch anderen Gebirgsarten, wie es
an vielen Orten beobachtet werden kann, zur Unterlage.

A) **Gemeiner Granit.**

a) Unter verschiedenen Abänderungen der Farben sei=
ner Gemengtheile.

b) Unter mancherley Proportion der Gemengtheile;
z. B. bald mit vorwaltendem Quarze, bald mit vorwalten=
den Glimmer.

c) Von verschiedener Größe der Gemengtheile, groß=
grob=klein=und feinkörnig.

d) Unter mancherley Gestalten der Gemengtheile.

e) Unter verschiedenen Graden ihrer Durchsichtigkeit.

f) Unter verschiedenem Zustande in Rücksicht der Auf=
lösung (oder Verwitterung) des Feldspaths und Glimmers;
an sehr vielen Orten.

B) **Fremdartiger Granit**, oder Granit mit fremden
Steinarten zufällig gemengt:

a) Mit Granaten; in Moritzen im Muhrwinkel.

b) Mit Hornblende; z. B. in Anlauf in Gastein.

c) Mit

c) Mit schwarzem Stangenschörl im Zillerthale.

d) Mit rothem Schörl; in Fusch und Rauris.

e) Mit edlem Beryll; am Rathhausberge in Gastein.

f) Mit Cyanit; im Zillerthale.

g) Mit Thon; z. B. zu Schöder in Großarl.

h) Mit Kalkspath; am Rathhausberge in Gastein. Zuweilen sind dieser Art Granits auch zwey dieser Steinarten zugleich beygemengt. Diese Abänderungen kommen ungleich seltener, als die des gemeinen Granits, aber dennoch an mehreren Orten vor.

118) Gneus, ist fast überall in der Gegend vorhanden, wo sich Granit findet, und macht zum Theile auch eigene Gebirge aus.

A) Gemeiner Gneus kommt ebenfalls unter sehr verschiedenen Abänderungen in Rüksicht der

a) Farben

b) Proportion,

c) Größe,

d) Gestalt,

e) Durchsichtigkeit, und

f) Auflösung der Gemengtheile, so wie auch in Ansehung des

g) Bruches oder Gewebes, an verschiedenen Orten vor.

B) Fremdartiger Gneus, mit

a) Granaten,

b) Hornblende,

c) Schwar

   c) Schwarzem Stangenschörl,

   d) Speckstein,

   e) Electrischem Stangenschörl (nur im Zillerthale).

Gemengt; an verschiedenen Orten; aber meistens selten.

119) Glimmerschiefer, ist eine seltnere Gebirgsart; als die zwey vorigen; doch macht er auch beträchtliche Theile uranfänglicher Gebirge aus.

A) Gemeiner Glimmerschiefer, unter mancherley Abänderungen in Rücksicht der Farben, Proportion u. s. f. der Gemengtheile: z. B.

   a) Mit vorwaltendem Glimmer.

   b) Mit vorwaltendem Quarz.

   c) Gerad = und krummschieferig.

B) Fremdartiger Glimmerschiefer mit

   a) Granaten,

   b) Schwarzem Stangenschörl (nur am Obersulzbach),

   c) Thon,

   d) Speckstein, und

   e) Hornblende gemengt; an verschiedenen Orten der hohen Gebirgskette.

120) Hornblendschiefer, kommt etwas selten zum Vorscheine, und ist bis itzt nur in einzelnen Lagern in Granit = und Gneusgebirgen gefunden worden.

A) Gemeiner Hornblendschiefer, unter einigen Abänderungen in Rücksicht der Farben und des Verhältnißes der Gemengtheile; z. B.

                            a)

a) Mit vorwaltender Hornblende:

b) Mit vorwaltendem Quarz; auf der Kuppe des Rathhausberges in Gastein u. a. O.

B) Fremdartiger Hornblendschiefer: mit sehr klein krystallisirten Granaten gemengt; auf der Schlapperebene im Naßfelde in Gastein.

121) Gestellstein, ist ebenfalls eine seltnere Gebirgs-art; doch macht er Theils einzelne Gebirgstheile, Theils mehr und minder mächtige Lager in Granit-Gneus-und Glimmerschiefer-Gebirgen aus.

A) Gemeiner Gestellstein unter mancherley Abände-rungen: z. B.

a) Mit mehr Glimmer als Quarz; im Leßach-Tha-le im Lungau u. a. O.

b) Mit mehr Quarz und innigst eingemengten Glim-mer; z. B. am Hainzenberge im Zillerthal.

B) Fremdartiger Gestellstein: mit

a) Thon; mit

b) Granaten gemengt; am Hirzbach in Fusch, und im Thale Gerlos; ist selten.

122) Schneidestein, kommt an einigen, obgleich — so viel bis itzt bekannt ist — an wenigen Orten in beträcht-lichen Gebirgsmassen auf Glimmerschiefer-auch auf Gneus-und Granit-Gebirgen vor.

A) Gemeiner Schneidestein, unter verschiedenen Abänderungen.

a)

a) Der Farben, und

b) des Verhältnißes seiner Gemengtheile; vorzüglich zu Schellgaden in Lungau, und am Berge Greiner im Zillerthale.

B) **Fremdartiger Schneidestein:** gemengt

a) Mit krystallisirtem Bitterspath; zu Schellgaden.

b) Mit electrischem Stangenschörl; im Zillerthale.

c) Mit schwarzem Stangenschörl; ebendaselbst.

d) Mit krystallisirtem Strahlstein; auch alldort.

e) Mit Talk; am Brennkogel in Fusch.

123) Syenit, findet sich zuweilen in mächtigen Lagern in Granit = und Gneusgebirgen.

A) **Gemeiner Syenit,** unter einigen Abänderungen in Ansehung der Farben, Proportion und Größe der Gemengtheile: z. B.

a) Mit graulicht = oder mit hellweißem Quarz.

b) Mit vieler Hornblende und wenigem Quarz und Feldspath.

c) Grob = klein = und feinkörniger Syenit; in den Thälern Anlauf und Retschach in Gastein u. a. O.

B) **Fremdartiger Syenit;** gemengt

a) Mit Glimmer in sehr feinen Blättchen; in der Mis= in Lungau.

b) Mit Speckstein; im Thale Stubach in Pinzgau.

124) Grünstein, gehöret zu den seltneren Gebirgsar= ten, ruhet an einigen Orten unmittelbar auf Gneusgebir=

gen,

gen, und macht zuweilen einzelne Lager in Granit = Gebir=
gen aus.

A) **Gemeiner Grünstein**, unter mehrerley Abände=
rungen; z. B.

a) Von dunkelgrüner und gelblichtbrauner Farbe; auf
der Hinteralpe in Lungau.

b) Mit vieler Hornblende und wenigem Glimmer; im
Göriach = Thale in Lungau.

c) Mit vielem Glimmer und weniger Hornblende;
am Felber = Tauern in Pinzgau.

d) Von verschiedener Größe der Gemengtheile; z. B.
grob = und kleinkörnig, in Misliz in Lungau.

B) **Fremdartiger Grünstein**; mit

a) Granaten gemengt; bey Kendelbruck in Lungau.

b) Mit Strahlstein; im Stubachthale in Pinzgau.

125) **Porphyr**, ist eine noch seltnere Gebirgsart, als
der Grünstein, und findet sich — soviel davon bis izt be=
kannt ist — in beträchtlichen Massen unmittelbar auf
Thonschiefer = und Granit = Gebirgen.

A) **Thoniger Porphyr**, von grünlicht grauer thoniger
Hauptmasse.

a) Mit vielem Feldspath und wenigem Glimmer.

b) Mit wenigem Feldspath, und etwas Quarz. Bey=
de Abänderungen im Ketschach = Thale in Gastein.

B) **Quarziger Porphyr**, von quarziger, lichtrauch=
grauer und gelblichtweißer Hauptmasse.

a) Mit Feldspath in sehr kleinen Körnern.

b)

b) Mit aufgelöstem (verwittertem) Feldspath. Beyde Abänderungen in Zauch-Thale unweit Flachau.

126) **Porphyrschiefer**, kommt eben nicht in vielen Gegenden, und zur Zeit nur als Gebirgsmasse von beträchtlichem Umfange auf Gneus- und Glimmerschiefer-Gebirgen vor.

A) **Gemeiner Porphyrschiefer**, der bis izt nur von einer, in einer Art feinschiefrigen Tonschiefers bestehenden Hauptmasse zum Vorscheine kommt.

a) Von berggrüner und grünlichtgrauer Hauptmasse, mit derben, kleinen und sehr kleinen Feldspath-Körnern; am **Weichselbach in Fusch**.

b) Mit zum Theile krystallisirtem Feldspathe in kleinen und sehr kleinen Krystallen; im Seidelwinkel in Rauris unweit **Wörth**.

c) Mit zum Theile aufgelöstem Feldspathe, in einer Hauptmasse, die sich mehr dem Thonschiefer von dichtem als von schiefrigem Bruche nähert; im **Krumel-Thale** in **Rauris**.

B) **Fremdartiger Porphyrschiefer**; zufällig gemengt:

a) Mit Quarz; am **Weichselbach in Fusch**.

b) Mit etwas Hornblende; am **Schareck-Gebirge** in **Gastein**. Diese Abänderung macht den Uebergang in Hornblendschiefer aus.

127) **Serpentinfels (Ophit)**, findet sich an manchen Orten, Theils in großen, sich ziemlich weit ausbreitenden Gebirgsmassen auf verschiedenen uranfänglichen Gebirgen, Theils in mächtigen Lagern in Granit- und Gneusgebirgen.

A)

A) Gemeiner Serpentinfels, Serpentinstein unter verschiedenen Abänderungen der Farbe, gemengt:

a) Mit gemeinem Asbest.

b) Mit Talk.

c. Mit Speckstein; an verschiedenen Orten, z. B. in Fusch, Zillerthal, unweit Lend.

B) Fremdartiger Serpentinfels, zufällig gemengt:

a) Mit Feldspath.

b) Mit Kalkspath.

c) Mit Schielerspath; z. B. zu Bruck in Pinzgau, am Throneck in Gastein.

128) Glimmeriger Kalkstein; kommt in der Kette der uranfänglichen Gebirge an vielen Orten vor, und macht nicht allein mehr und minder mächtige Lager in Gneus: und Glimmerschiefergebirgen, sondern auch sehr beträchtli: che Gebirgsmassen auf Urgebirgen aus.

A) Gemeiner glimmeriger Kalkstein,

a) Unter mancherley Abänderungen der Farben sowohl des Kalksteins als des Glimmers; z. B. mit graulichtwei: ßem Kalksteine und grünlichgrauem Glimmer; am Tschel: ler: Graben bey Ramingstein.

b) Von verschiedener Proportion der Gemengtheile; z. B. mit vielem Kalkstein und sehr wenigem Glimmer; auf dem Naßfelder: Tauern in Gastein, u. a. O.

c) Unter verschiedener Größe der abgesonderten Stü: cke des blättrigkörnigen Kalksteins: z. B. grobkörnig au: Tscheller: Graben; kleinkörnig in Mislitz: Thale in

Lun:

Lungau; und sehr feinkörnig auf dem Blutner = Tauern in Rauris.

B) Fremdartiger glimmeriger Kalkstein zufällig ge= mengt:

a) Mit Quarz; auf der Erzwiese in Gastein.

b) Mit Kalkspath; unweit des Tauernhauses im Seidelwinkel in Rauris.

II. Flötzgebirgsarten.

129) Sandiger Mergel, kommt an verschiedenen Or= ten in den Gegenden der Flötz = Kalkgebirge in mehr und minder mächtigen Lagern vor.

A) Sandige Mergelerde.

a) Unter verschiedenen Abänderungen der Farbe, z. B. gelblichtgrau, graulichtweiß; bey Riethenburg unweit Salzburg, u. a. O.

b) Von verschiedener Art des Sandes; entweder mit Kalk = oder mit Grußsande, oder mit beyden zugleich ge= mengt; an verschiedenen Orten, z. B. am Flächenberge zu Bischofshofen.

c) Von verschiedenem Verhältniß der Gemengtheile; z. B. Mergelerde mit wenigem Sande gemengt; am Gerst= boden bey Saalfelden, u. s. f.

d) Von verschiedener Größe und Gestalt der Sandkör= ner; mit groben, kleinen und sehr kleinen, und mit run= den und eckigen Sandkörnern gemengt; an vielen Orten, z. B. in Ebenau, an der Glan (einem Bache) unweit Salzburg.

B)

B) Sandiger erhärteter Mergel; unter mancherley Abänderungen in Rücksicht

a) seiner Farbe;

b) der Art des beygemengten Sandes,

c) dessen Proportion, und

d) der Größe und Gestalt der Sandkörner. Am öftesten kommt diese Flötzgebirgsart mit kleinen und sehr kleinen Sandkörnern von verschiedenen Steinarten vor; z. B. im Achthal unweit Plain bey Salzburg, bey Adelstätten im Staufeneckischen.

130) Sandiger gemeiner Thon findet sich an vielen Orten, macht besonders in ebenen Gegenden oft sich sehr weit ausdehnende Lager von beträchtlicher Mächtigkeit, große Stücke von Gebirgen aus.

A) Sandiger Töpferthon (Letten oder Lehm).

a) Unter verschiedener, meistens blaulicht : und licht: rauchgrauer Farbe;

b) Mit Kalk : und wenigem Grußsande.

c) Mit Grus : und Kieselsande, ohne Kalksand (eigentlicher Ziegelthon;

d) Unter verschiedener Proportion, Größe und Gestalt der Gemengtheile. Alle diese Abänderungen an vielen Orten; z. B. bey St. Gilgen, Neumarkt.

B) Sandiger erhärteter Thon, unter ähnlichen Abänderungen; in einem mehr oder minder hohen Grade erhärtet; z. B. am Klausenbach bey Kirchberg in Brixenthal.

C)

C) Sandiger Schieferthon; unter dergleichen Abän=
derungen in Rücksicht der Farbe, der Art des Sandes u.
s. f. am Ratner=Graben in Leogang, und bey Stro=
bel im Hüttensteinischen u. a. O.

131) Sandstein, kommt häufig im ebenen Lande sowohl
als in den Gebirgsgegenden vor, macht im ersteren oft
einzelne und zusammenhängende Hügel von Flötzgebirgen,
und in den letzteren mehr und minder steile Ufer der Flüs=
se und Ströhme aus.

A) Gemeiner Sandstein, bestehend in größeren und
kleineren Sandkörnern verschiedener Stein= und gemeng=
ter Gebirgsarten.

   a) Unter mannigfältigen Abänderungen in Rücksicht
der Farben und des Verhältnisses der Gemengtheile; an
vielen Orten, z. B. am Guckinsthal im Neuhausischen,
bey Stegenwald im Lueg=Thale.

   b) Von verschiedener Größe und Gestalt der Gemeng=
theile, z. B. grob=klein= und feinkörnig; am Högel im
Staufeneckischen, bey Embach unweit Taxenbach.

   c) Mit fremden Körpern, und zwar mit Versteine=
rungen von Schaalthieren gemengt; im Achthal bey Tei=
sendorf.

B) Kieslichter (oder quarziger) Sandstein.

   a) Gemeiner kieslichter Sandstein; z. B. grob=
und kleinkörnig; am Weißenbach im Hüttensteinischen,
in Bundschuh im Lungau.

   b) Graue Wacke, mit hell= und graulichtweißen
Quarzkörnern von verschiedener Größe; z. B. am Ret=
tenbach unweit Kirchberg im Brixenthal.

Ggg   C)

C) Thoniger Sandstein, unter mancherley Abänderungen: z. B. klein- und feinkörnig, mit vielem verhär-
teten Thone, grünlicht- und gelblichtgrau; im Ulrich-Tha-
le in Leogang, in Urslau.

D) Eisenschüssiger Sandstein, z. B. von röthlichtbrauner Farbe, feinkörnig; am Spielbach in Leogang;
bey Atter im Brixenthal.

132) Breccien, machen Theils mächtige Lager und
Bänke in Flötzgebirgen, Theils, obwohl ungleich seltner,
eigene Berge aus, welche aber wieder mit anderen Flötzgebirgsarten auf 2 oder 3 Seiten überdecket sind.

A) Quarzbreccie, unter verschiedenen Abänderungen,
z. B. graulichtweiße, blaulichtgraue, grob- und kleinkör-
nige; in Bundschuh und Hinteralpe in Lungau.

B) Kalksteinbreccie, ebenfalls unter mancherley Abänderungen, z. B. mit verschiedenen Farben, zugleich gefärbt, grob- klein- und feinkörnig; zu Aigen unweit Salzburg, auf der Spielbergalpe in Schwarzleogang u. a. O.

C) Schieferbreccie, von blaulichtgrauer Farbe, mit
Thonschiefer-Trümmern von beträchtlicher Größe; unweit
Moßham im Lungau.

D) Sandbreccie, verschieden gefärbt, von Geschieben
und Sandkörnern verschiedener Art und Größe. Diese
Art Breccie kommt am häufigsten vor; z. B. zu Hellbrunn, am Mönchberge bey Salzburg.

E) Sandsteinbreccie, ist zur Zeit nur in einzelnen,
größeren und kleineren Stücken in Sandbreccie, vorzüglich in Tiefenbach-Thale, und beym Embacher-Erdfal-
le unweit Lend gefunden worden.

III.

III. Aufgeschwemmte Gebirgsarten.

133) Sand macht auf dem ebenen Lande meisten Theils die unmittelbare Grundlage der Ackererde aus; auch Thon: Mergel: und Torflagern dienet er in einigen Orten zur Grundlage, und findet sich übrigens in, und neben allen Flüssen und Ströhmen.

A) Grussand (gemeiner Sand), von verschiedener Größe der Sandtheile sehr mannigfältiger Steinarten; ist die gewöhnlichste Sandart, und liegt fast überall vor Augen.

B) Rieselsand; meistens klein: und feinkörnig, graulichtweiß, gelblichtgrau u. s. f.; am Grunsberge bey Laufen, bey Tittmoning u. a. O.

C) Kalksand, graulicht und gelblichtweiß, rauchgrau u. s. f. Grob: klein: und feinkörnig; bey allen Ströhmen und Bächen aus Kalkgebirgen; z. B. an der Tauggl, Lommer.

D) Flugsand, meistens von lichtrauch: und aschengrauer Farbe; fein: und höchst feinkörnig; fast allenthalben bey Flüssen, vorzüglich an der Salzache.

134) Tufstein, kommt in verschiedenen Gegenden Theils in großen Klumpen, und Theils in mächtigen Lagern als Ueberzug niedriger Gebirgsstücke in der Nachbarschaft von Kalkgebirgen vor.

A) Gemeiner Tufstein, verschieden gefärbt, und unter mancherley Abänderungen in Rücksicht seiner äußern Gestalten, und des Verhältnißes des beygemengten Thons; z. B. gelblichtgrau, stark löchericht; am Silbling: Berge bey Fuschl, unweit Haarbach in Gastein, u. a. O.

B) **Eisenschüssiger Tuffstein**, von ockergelber Farbe, und röthlichtbraun, ungestaltet und tropfsteinförmig; z. B. unweit **Laufen**.

C) **Fremdartiger Tuffstein:** mit

    a) **Blätter:**

    b) **Schilf:** und

    c) **Reisigabdrücken;** vorzüglich bey den Tuffstein=Brüchen in der Gegend um **Tittmoning**.

135) **Sandige Mergelerde** und

136) **Sandiger Töpferthon** gehören in so ferne auch zu den aufgeschwemmten Gebirgsarten, als selbige nicht allein in und auf Flötzgebirgen, unter deren Gebirgsarten sie vorhin aufgeführet wurden, sondern auch in aufgeschwemmten Gebirgslagern vorkommen, und noch heute durch Austretung der Flüsse und Ströme an vielen Orten entstehen. Sie werden meistens in unausgetrocknetem Zustande, übrigens unter den oben bemerkten Abänderungen gefunden; z. B. an der Saale und Salzache in Pinzgau.

137) **Torf** findet sich in mehr und minder ausgebreiteten und mächtigen Lagern in vielen Gegenden des Gebirg= und ebenen Landes; vorzüglich im letztern um **Salzburg, Glaneck, Staufeneck, Teisendorf, Waging, Laufen** und **Tittmoning**; wo er im Ganzen einen unermeßlichen Vorrath und Reichthum für künftige, mit Holzmangel mehr kämpfende Zeiten, zu einer mehr allgemeinen Benützung, als sie gegenwärtig Statt findet, in Bereitschaft hält.

A) **Moorerde**, meistens von dunkelschwarzer Farbe; kommt in geringer Menge, aber doch in mehreren Torf=

lagern,

lagern, z. B. im Viehhauser Moore unweit Salzburg vor.

B) Sumpftorf, von mehr oder minder dunkelschwarzer, meistens aber von schwärzlichtbrauner Farbe; ist die beste Art des hierländischen Torfes; macht aber mehreren Theils nur die unterste, 2 — 3 Fuß mächtige Schicht eines Torflagers aus; z. B. im Loiger-Moore bey Salzburg.

C) Moortorf, von lichtgelblichtbrauner, zuweilen auch ins Graue fallender Farbe; ist eine der gewöhnlichsten Torfarten; z. B. im Adelstätter Moore im Staufeneckischen.

D) Haidetorf, gelblichtgrau, zum Theile auch röthlichtbraun; kömmt vielfältig in Begleitung der vorigen Art vor; z. B. am Stierling unweit Laufen.

E) Rasentorf, von gelblichtgrauer, auch dunkelockergelber Farbe; macht beynahe bey jedem Torflager die oberste Schicht aus. Oft brechen 2 oder 3 dieser Torfarten in einem und demselben Lager; und alle diese Torfarten zugleich finden sich im Torflager am Paß Thurm unweit Mittersill, dessen Mächtigkeit man mit einer 30 Fuß langen Stange noch nicht ergründen konnte.

Anmerkung. Zwar gehöret der Torf seinem Wesen nach mehr in das Gebieth des Pflanzen- als in das des Mineralreichs; aber der Ort seiner Erzeugung, und der Umstand, daß derselbe gewöhnlich, besonders wo er unmittelbar an seine aufgeschwemmte Unterlage gränzt, mit thon- oder mergelartigen Erdtheilen mehr oder weniger gemengt, und verunreinigt zum Vorscheine kommt, gestatten allerdings, demselben hier einen Platz anzuweisen.

Von

Von vulkanischen Stein - und Gebirgsarten ist
uns im Erzstifte noch nichts zu Gesichte gekommen.   Vor
ein Par Jahren wollte zwar ein Freund der Mineralogie
dergleichen Producte in Geschieben gefunden haben;   allein
wir können sie für nichts anderes, als Theils für Eisen-
und andere Schlacken, Theils für Bruchstücke von Ofen-
steinen, welche einen mehr und minderen Grad der Schmelzung erlitten hatten, ansehen. Und wirklich findet man in vielen Thälern, auch sogar auf Gebirgs - Gehängen, wo bey
gänzlichem Wassermangel die Schmelzung in einer Art von
Windöfen geschehen mußte, größere und kleinere Ueber-
bleibsel uralter Schmelzwerke, und Schlacken - Halden, wovon der Gang der Natur und der Zahn der Zeit eine
Menge einzelne Stücke heute noch abreißen, und in Strohm-
und Fluß - Bette bringen; und so bekommen einzelne Geschiebe davon sehr viel Aehnlichkeit mit Geschieben vulka-
nischer Producte.

I. Anhang.

Versteinerungen.

Von Versteinerungen, deren Bestimmung nach ihren
Gestalten, und deren Classification eigentlich in das Gebieth der Pflanzen und Thierkunde gehören, begnüge ich
mich hier, nur die Gattungen, ohne Rücksicht auf ihre Arten, anzuführen; mit der Bemerkung, daß sie in Salzburgischen Flötzgebirgsarten, und in Flötzkalkgebirgen hier
und da ziemlich häufig, und zwar unter verschiedenem Zustande ihres mineralogischen Verhaltens,

1) in Abdrücken,

2) vererbet;

3)

3) erhärtet;

4) inkrustirt, und

5) wirklich versteinert zum Vorscheine kommen.

a. Aus dem Thierreiche.

Vermiculiten; in Abbtenau.

Ichthyolithen; zu Wiesthal und Atneth unweit Oberalm.

Echiniten; im Achthal und zu Neukirchen im Teisendorfischen, auch zu Mattsee.

Pectiniten; eben daselbst, und am Tännengebirge bey
Brunneck; wie auch am Dürrenberge bey Hallein
und zu Unken.

Chamiten; im Teisendorfischen, zu Mattsee, Unken
und am Dürrenberge.

Pholaden; in Abbtenau.

Chochliten; eben daselbst.

Ammoniten; zu Wiesthal und Atneth; auch bey Brunneck am Tännengebirge. Auf der Straße von
Golling nach Brunneck ragt aus Flötzkalkstein ein
Ammonit hervor, dessen Durchmesser nicht unter 1
1/2 Fuß zu betragen scheint; und unmittelbar darneben
findet sich auch ein Pectinit von beynahe gleicher Größe.

Helieiten;

Nerititen;

Globositen;

Trochiten;

Strombiten;

Tur-

Turbiniten;

Bucciniten; und

Volutiten: alle diese Gattungen kommen in Abtenau, und besonders im Rusbach = Thale vor.

b. Aus dem Pflanzenreiche.

b) Von Erdgewächsen.

Phytotypolithen; bey Bergheim unweit Salzburg.

Bibliolithen, bey Tittmoning.

Dendriten (als Anhang zu den versteinerten Erdgewächsen); an verschiedenen Orten, Theils in Flötz=, Theils in Urgebirgen: z. B. auf dem Rathhausberge in Ga= stein; am Windingsberge bey Werfen auf Eisen= stein.

2) Von Seegewächsen.

Koralliolithen;

Fungiten;

Hippuriten;

Astroiten;

Entrochiten: welche Gattungen alle in Abbtenau sich vor= finden. Uebrigens trifft man auch am Untersberge, besonders bey den dasigen Marmorbrüchen; zu Filz= moos, und in der Scheffau am Tännengebirge ein= zelne Versteinerungen von Schaalthieren an.

II. Anhang.
Mineralische Wässer.

A) Warme Mineralwässer finden sich:

Zu Wildbad im Thale Gastein in 5 Quellen. Man kann hierüber nachsehen: v. Eckhl Salus rediviva a

fonte.

fonte. d. i. Heyl- und wundersames ꝛc. Gastei-
ner Wildbad. Salzburg bey Mayr, 1780 in kl. 8.
Mit ungleich mehr Befriedigung aber lieſt man: *Joſ.
Bariſani* Diſſ. inaug. chemico - medica de thermis
gaſteinenſibus. Vindob. ap. Kurzboek. 1780. 8.
Und ebendeſſelben: **Phyſikaliſch - chemiſche Unter-
ſuchung des berühmten Gaſteiner Wildbades.**
Salzburg, 1785. in 8.

Zu **Stegenwacht** im Thale Großarl; eine beträchtliche
Quelle am Ufer des Großarler Strohmes zwiſchen 2
Felſenwänden, wodurch ſich dieſer ſeinen Rinnſahl ge-
bahnt hat; faſt unzugänglich, bey Waſſergüſſen durch
überlaufendes Strohmwaſſer verborgen, und bis itzt
unbenützt.

B) **Kalte Mineralwäſſer**, welche als Geſundbrunnen
beſucht werden, finden ſich:

Zu **Aigen** unweit Salzburg; ward einſt nach dem Wildbade in Gaſtein am meiſten beſucht. Man ſehe hierüber: **Unterricht über das Geſundbad in Aigen
im Erzſtifte Salzburg.** Salzburg 1780. 4.

Zu **Unken**, von **Oberrain** gegenüber; wird wenig beſucht.

Zu **Badgraben**, unweit des Dorfes **Leogang** im Unterpinzgau; iſt ein ziemlich bekanntes Geſundbad.

Zu **Brixenbach**, unweit des Dorfes **Feuring** im Brixenthale: zählt nur wenige Gäſte.

Im Thale **Dux** im Zillerthale; wird nur von umliegenden
Einwohnern beſucht.

Zu **Burgwiese**, unweit **Mittersill** in **Oberpinzgau**;

Zu **Schwarzenbach**, von **Stuhlfelden** gegenüber im **Oberpinzgau**; und

Zu **Badhaus** unweit **Zell** im **Unterpinzgau**; diese drey Gesundbrunnen werden nicht allein von umliegenden Landleuten, sondern auch von vielen anderen Perso‍nen aus entfernteren Gegenden benützt.

Zu **Weichselbach** im Thale **Fusch** im **Unterpinzgau**; wird nach dem Wildbade in **Gastein** unter allen Ge‍sundbädern im Gebirglande am meisten besucht.

Im Thale **Untersulzbach** in **Oberpinzgau**; und

am **Brodlingberge** unweit **Tamsweg** in **Lungau**: von diesen zwey Mineralwässern wird gegenwärtig noch kein Gebrauch gemacht.

Im **Unken** ‍ **Thale** unweit von dem Dorfe **Unken** ist eine Salzquelle, oder Salzsohle mit etwas schwachem Ge‍halte am Kochsalze; bleibt zur Zeit aus Umständen noch unbenützt.

Eine Beschreibung des geognostischen Verhaltens dieser Mineralwässer gehöret in das Gebieth der mineralogischen Geographie; und eine Angabe ihrer Bestandtheile müßte noth‍wendig chemische Untersuchungen derselben voraussetzen: diese Voraussetzung findet aber bey jenen mineralischen Wässern, das Wildbad in Gastein ausgenommen, leider noch nicht Statt.

———

2)

2) Inländische Pflanzen.

Wir können, was das ganze Salzburgische Her-
barium betrifft, unsere Leser auf Schranks Primitias Florae Salisburgensis verweisen, welche bis auf
wenige Nachträge, die bey einer anderen Gelegenheit
erscheinen sollen, und bereits von einem geschickten inländischen Pflanzenkenner, Herrn Franz Anton von
Braune angekündiget worden sind, gewiß Genüge leisten werden. Wir schränken uns also hier bloß auf den
merkwürdigeren Theil der Salzb. Flora, auf die Alpenpflanzen ein, welche wir hier einzeln beschrieben liefern *).

Salz-

*) Der Herausgeber dieser Beschreibung hat dieses Verzeich-
niß der Gefälligkeit des hochf. Hn. Kammerdirektors Baron von Moll zu verdanken, der es unter seiner Aufsicht von Hn. von Braune zusammensetzen ließ. Die
Quellen hierzu waren Hn. B. von Moll's Papiere und
Erfahrungen auf seinen Reisen durch den größten Theil
der Salzburgischen Alpenkette; Hn. von Braunes eigene Hefte und Bemerkungen, vorzüglich auf den Gebirgen von Werfen; Schranks Primitiae Florae Salisburgensis; Plantae rariores Carinthiacae in Jacquins
Miscellaneis und *Collectaneis*, Funks Aufsätze in Hoppes botan. Taschenbuche für 1794; Rainers handschriftliche Briefe an Hn. Baron von Moll, und von Braunes
supplementa ad Primitias florae Salisburgensis in
Hoppes botan. Taschenbuche für 1795.

Salzburgische Alpenpflanzen.

Circaea alpina. Auf den meisten Alpen.

Veronica aphylla. Auf den Alpen im Zillerthale; auf dem Blüntecke in Werfen; auf dem Untersberge.

— — bellidioides. Auf den höchsten Alpen in der Zem gegen das Wareggerkarr; auf der Lasabergalpe im Lungau.

— — fruticulosa. Auf den Zemeralpen im Zillerthale; auf dem Untersberge.

— — frutescens. Auf den Zemmeralpen.

— — alpina. Ebendas.; ferner auf dem Zwiselberge im Pflegger. Abbtenau; auch auf dem Rauriser Goldberge, und auf dem Linthale im Pflegger. Werfen.

— — integrifolia. Auf den Alpen in der Zem.

— — pygmaea. Auf den höchsten Salzburgischen Alpen-gebirgen.

— — rotundifolia. Auf den höchsten Alpen in der Zem im Zillerthale.

Pinguicula alpina. Allenthalben auf Alpen; auch auf dem Ofenloch- und Kapuzinerberge bey Salzburg; selbst vor dem Linzerthore.

Valeriana montana. Im Zillerthale; im Salzgefälle, in der Abbtenau; in Werfen neben der Landstraf-se über dem Schloßberge.

— — celtica. Allenthalben auf den Lungauischen Al-pengebirgen in Menge.

Va-

Valeriana saxatilis. In Niederungen im Zillerthale; an der Strasse gegen den Radstadter Tauern; auch auf dem Untersberge.

Phleum alpinum. Auf den meisten Alpen zahlreich; auch auf dem Untersberge bey Salzburg.

Aira alpina. Im Zillerthale.

Poa bulbosa. Auf dem Rauriser Goldberge; auf den höchsten Alpen in der Zem; auf dem Windsfelde im Lungau, und auf dem Untersberge.

— — alpina. (Funk: ohne Angabe des Standortes.)

— — disticha. Auf dem Rauriser Goldberge; auf den höchsten Alpen im Zillerthale; auf dem Breitenekerkarr in der Zem.

Cynosurus sesleria. In der Abbtenau; in Werfen; um Salzburg auf dem Mönchsberge.

— — sphaerocephalus. Auf den Alpen Rarrthal, und Frosnitz.

Globularia cordifolia. Auf den Alpen am Heinzenberge im Zillerthale; auch in der Zem; in der Großarl; in Werfen am Burger-, und Schloßberge; am Leopfarrsteige; ferner auf dem Mönchsberge bey Salzburg; und auf dem Untersberge.

— — nudicaulis. Am Heinzenberge auf der Gerloswand; im Salzgefäll; auf der Heimhofalpe in der Abbtenau, und auf dem Untersberge.

Plantago alpina. Auf dem Tännengebirge, im Salzgefäll und in der Grimalpe, und allenthalben auf Alpen.

Al-

Alchemilla alpina. In den Waxecker Bergmädern in den Zem, im Zillerthale; auch auf dem Untersberge bey den Sennhütten.

Aretia helvetica. An hochgelegenen Stellen des Rauri-ser Goldberges.

— — alpina. Auf den höchsten Alpen in der Zem, auf Felsen am Rothenkopfe, und des Waxeckerkarrs.

Androsace Chamaeiasme. Allenthalben auf Alpen, z. B. auf dem Untersberge.

— — lactea. Sehr zahlreich auf den Abbtenauischen Alpen; auch auf dem Untersberge.

— — Halleri. Auf den höchsten Felsen des Brennkogls.

Primula farinosa. Im Zillerthale am Gerlossteine, zwischen Surt und Blümer; in Werfen am Haid-berge, in der Großscharten Alpe; ferner bey Trü-benbach, in der Nähe des Abbtsdorfer Moores, auch im Lazarethwäldchen bey Salzburg; und auf dem Untersberg-Moore.

— — glutinosa. Auf den höher gelegenen Alpen im Zil-lerthale, in der Zem; an der Gerloswand, auf der wilden Kriml; auf der Schilherhöhe, und Zinkwand im Lungau.

— — longiflora. Auf dem Waxeckerkarr im Ziller-thale, an der Salzache neben der Kalkwiese bey Werfen.

— — ciliata. Am Breitlänerschinder in der Zem, im Zillerthale.

— — Auricula. Allenthalben auf Kalkgebirgen: z. B. in den Hohlwegen bey Saalfelden; auf dem Tännengebirge, an der Rothenwand, und selbst

auf

auf Felsen an der Salzache neben der Kalchaubrücke in Werfen.

Primula integrifolia. Auf den Alpen in der Abbtenau;
in der Heimhofalpe; auf dem Blüntecke gegen die
Rettenbachalpe in Werfen.

— — minima. Auf den Alpen im Zillerthale; im Lungau auf der Schilherhöhe, auf dem Windsfelde;
auf dem Rathhaus- und Rauriser Goldberge; auf
dem Tännengebirge; auf der Zinkwand.

Soldanella alpina. Allenthalben auf Alpen; z. B. in Werfen in der Alpe Moosleben „ Blünteck, auch bey
Neumarkt; auf dem Untersberge; auf der Zinkwand im Lungau.

Azalaea procumbens. Auf dem Osterhorne in der Abbtenau; auf dem Gugelberge im Zillerthale; auf
dem Windsfelde im Lungau; auf dem Hagengebirge zu Schönbühl und Unterwengthal, auf der
Lasabergalpe im Lungau; auf dem Untersberge.

Campanula cenisia. Auf der Schilherhöhe im Lungau.

— — alpina. Auf der Schilherhöhe und am Drathberge; auf dem Untersberge.

— — barbata. Am Heinzenberge in der Zem im Zillerthale; auf den Bergen in der Gegend von Moßham,
auf dem Teufelshorne im Blühnbache, Pfleggerichts Werfen.

Phyteuma pauciflorum. Auf den Alpen in der Zem im
Zillerthale; und auf dem Rauriser Goldberge;
auf dem Mönchsberge (nach Hn. Rainer).

Phy-

Phyteuma hemiſphericum. In den Waxecker Bergmädern in der Zem im Zillerthale; im Lungau auf der Schilherhöhe; im Windsfelde, auf der Tofern.

— — orbiculare. In Tofern; zwiſchen Großarl und Gaſtein; im Zillerthale; auf der Schilherhöhe, auf Werwieſen im Lungau.

— — ovatum. Auf graſigen Niederungen der Zemeralpen.

Lonicera alpigena. Am Heinzenberge im Zillerthale; in der Bundſchuhalpe Roſenin; im Pfleggerichte Werfen, in der hintern Imelau am Feldzaune neben dem Wege nach der Rendlalpe; am Gehwege nach dem Blühnbache unter Zaiſmann, und am Burgerberge; auf dem Luganger in Tamsweg, und hinter dem Schloſſe Neuhaus bey Salzburg.

— — nigra. Am Gerlosſteine im Zillerthale; auch auf dem Blüntecke in Werfen.

Rhamnus pumilus. Am kahlen Felſen unter der Feſtung Werfen.

Ribes alpinum. In der Floiten, und Zem im Zillerthale; in Werfen auf dem Blüntecke; auf dem Mönchsberge bey Salzburg; in Saalfelden am Gerlingerberge; im Lungau in Hecken.

Theſium alpinum. Auf dem Rothahornkarr im Zillerthale; auf dem Tännengebirge in der Abbtenau; am Lindauſteige nächſt der Rendlalpe in Werfen; auf dem Mönchsberge (nach Hn. Rainer.)

Swertia carinthiaca. Auf den Alpen Karrthal und Froſsnitz; auf dem Rauriſer Goldberge.

Gentiana lutea. Auf den Alpen im Zillerthale; auf dem Berge Tofern; auf den Abbtenauischen Alpengebir-gen; auf dem Tännengebirge; auf den Schwarz-dientner Alpen; im Pinzgau und Lungau.

— — purpurea. Auf den Alpenlägern im Blühnbache; auf den Abbtenauischen Gebirgen.

— — asclepiadea. Auf den Bergen im Zillerthale; zwi-schen Grießen und Hochfilzen in der Leogang; in der Großarl; auf dem Tännengebirge; auf der Alpe Grünwald, Rendelalpe, und am Wege nach Maiß, bey Windbühel in Werfen.

— — acaulis. Im Zillerthale; auf dem Rauriser-Goldberge, in Moßheim; auf dem Tännengebir-ge, auf dem Blüntecke, in der Rendelalpe in Werfen. Auf bergigen Wiesen in Glem im Pinz-gau; auf dem Untersberge im Lungau am Wege nach Glanz.

— — pumila. Auf den Alpen im Zillerthale; auf dem Rauriser Goldberge.

— — proftrata. Auf den Alpen Karrthal und Frö-nitz; auf dem Untersberge.

— — bavarica. Auf den Alpen im Zillerthale; am Gerlosstein; auf dem Windsfelde; auf dem Rau-riser Goldberge; um Seekirchen bey Roith; um Neumarkt, auch auf dem Tännengebirge, und Osterhorn.

— — nivalis. Auf der Hinteralpe im Lungau auf Weideplätzen zwischen den Alphütten.

Athamantha pubescens. Auf dem Tännengebirge.

— — cretensis. Auf dem Rantenbrunn mit Aethusa Meum.

Laserpitium latifolium. Auf Alpen ; auf dem Mönchs- und Kapuzinerberge um Salzburg.

— — simplex. Auf den Alpen Karrthal und Frosnitz.

— — austriacum. Am Drathberge.

Phellandrium Mutellnia. Allenthalben auf den Alpen; z. B. auf der Schilberhöhe; am Drathberge; auf dem Tännengebirge; auf dem Rauriser Goldber- ge; in der wilden Kriml und auf dem Untersberg.

Aethusa Meum — — Auf hohen Gebirgen im Bundschu- he; ferner auf dem Kantenbrunn in Radstadt.

Scandix odorata. Auf dem Untersberge, und anderen Alpengebirgen; in der Rauris.

Imperatoria Ostruthium. Auf den Alpen im Zillertha- le; und allenthalben auf den Alpen; im Lungau, Pangau und Pinzgau; auch auf dem Untersberge.

Statice Armeria. Auf dem Windsfelde im Lungau, auf dem Rauriser Goldberge; auf dem Radstad- ter Tauern.

Sibbaldia procumbens. Auf dem Rauriser Goldberge.

Allium Victorialis. Auf den Alpen im Zillerthale, im Tux; auf den Alpengebirgen im Pinzgau; im Wolf- bache; in der Abbtenau; auf dem Sonntaghor- ne, S. Lofer, Alpe Eck, S. Golling.

Lilium Martagon. In den Waseckerbergmädern, und allenthalben auf Alpen, auch in Niederungen; selbst am Viehberge und Kapuzinerberge bey Salzburg.

Anthericum serotinum. Auf dem Tännengebirge; auf dem Radstadter Tauern.

— — calycinum. Allenthalben auf Alpen; auch auf dem Mönchsberge bey Salzburg.

Con-

Convallaria verticillata. Im Zillerthale, in Werfen in
der Kohlmannswiese, in der Großschartenalpe;
am Ratzensteine neben dem Saalhofe unweit Zell
im Pinzgau.

Juncus trifidus. Auf dem Berge Tofern; auf dem Tännengebirge.

Rumex scutatus. Auf Grawand in der Zem im Zillerthale; auf dem Tännengebirge.

— — digynus. Auf der Schilherhöhe.

— — alpinus. Allenthalben auf den Alpen um die Alphütten.

Triglochin paluſtre. Auf der Schilherhöhe im Larzen-
bache.

Epilobium montanum. Auf Alpen in Niederungen in der
Zem im Zillerthale, auf den Abbtenauiſchen und
Lungauiſchen Gebirgen.

Polygonum viviparum. Allenthalben auf Alpen; auch in
Werfen auf der Schlaminger Wieſe an der Salzache.

Pyrola ſecunda. In dem Walde Grawandſchinder in
der Zem, im Zillerthale, am Wege oberhalb der
Alpe Mooslehen in Werfen, am Leonardsberge
im Lungau; ferner in dem Hinterſee.

— — uniflora. Auf Alpen, in Werfen, im Burger-
und Hocheckwalde; auf dem Ofenlochberge bey
Salzburg.

Rhododendron ferrugineum. Auf den meiſten Alpen im
Zillerthale; in der Rauris; in der Hinteralpe
am Bundſchuh; auf dem Windsfelde, und Tofern-

Hhh2

gebirge;

gebirge; auch auf dem **Wengermitterberge** in
Werfen; am **Lafaberge** im **Lungau.**

Rhododendron hirſutum.   Im **Zillerthale;** auf dem **Radſtadter Tauern;** auf dem **Tännengebirge;** in den
Hohlwegen bey **Saalfelden;** in **Werfen** am **Bur-
ger- und Schloßberge, Blüntecke;** unter **Ralchau**
neben der **Ralchaubrücke;** ſelbſt am **Rapuzinerberge** bey **Salzburg.**

— — Chamaeciſtus.   Auf dem **Tännengebirge,** auf
dem **Teufelshorne;** auf dem **Blüntecke,** in der
Rendelalpe, in der **Grieshanting,** und an der
Salzache auf **Felſentrümmern;** am **Schloßberge,**
hinter der **Ralchaubrücke** in **Werfen.**

Saxifraga maculata.   Auf den **Alpen** in der **Zem** im
Zillerthale; in **Werfen** auf **Kalkfelſen** jenſeits der
Ralchaubrücke.

— — Cotyledon.   Auf dem **Untersberge** und in **Werfen** auf dem **Tännengebirge.**

— — caeſia.   Auf den **Alpen** in der **Zem;** im **Windsfelde** im **Lungau;** auf dem **Tofernberge;** auf
dem **Radſtadter-Tauern;** auf dem **Tännengebirge,** auch auf dem **Untersberge.**

Saxifraga bryoides.   Auf den **Alpen** in der **Zem** im **Zillerthale;** auf dem **Raurifer Goldberge;** auf dem
Hohenzinken.

— — mutata.   Auf dem **Untersberge.**

— — androſacea.   Auf **Alpenlägern** des **Rothahorn-
karrs,** und in der **Zem** im **Zillerthale;** auf der
Schilherhöhe im **Lungau,** auf dem **Windsfelde,**
und **Raurifer Goldberge.**

Sa-

Saxifraga oppositifolia. Auf der Gerloswand im Zillerthale; auf dem Windsfelde im Lungau, und
auf dem Berge Tofern.

— — autumnalis. Allenthalben auf Alpen: z. B. im
Grünmaiße in Werfen, auf dem Hofermitterber-
ge in der Klam an der Straße nach Gastein, und
im Wasserfalle in der Gastein.

— — aspera. Auf den Alpen in der Zem im Zillerthale;
auf den Lungauischen Alpen.

— — stellaris. Auf den Alpen in der Zem und Lungau, auf dem Berge Tofern, auf dem Mitterberge in Werfen, und den meisten Salzburgischen
Alpen; auch auf dem Untersberge; in der Zinkwand
im Lungau.

— — ascendens. Auf den Alpen in der Zem; in der
Kleinarl; auf dem Radstadter Tauern (nach
Linne).

— — cespitosa. Auf den höchsten Alpen in der Zem;
auf dem Teufelshorne bey dem Blühnbache und
Mitterberge in Werfen; auch auf dem Rauriser
Goldberge; am Preber im Lungau.

— — rotundifolia. Beym nothigen Wirthe im Tuxer-
thale; auf dem Radstadter Tauern; auf dem Berge Tofern; auf dem Blüntecke und Schloßmaiße
in Werfen; auf dem Untersberge.

— — burseriana. Nach Linne, auf dem Radstadter
Tauern.

Gypsophila repens. Auf dem Teufelshorne im Blühnbache; an der Salzache auf dem Griese neben der
Kalkwiese in Werfen; auch bey Salzburg auf

dem

dem Grieſe an der Salzache neben dem Wege nach Plain nächſt den Holzgärten.

Dianthus glacialis. Auf den Alpen Rairthal und Sros= nitz.

— — alpinus. Auf dem Rauriſer Goldberge; am Weißeneck im Lungau.

Cucubalus pumilio. Anf der Schilherhöhe und an der Zinkwand, und am Speickogel im Lungau; auch auf dem Untersberge.

Silene rupeſtris. Auf Bergen und Alpengegenden im Zil= lerthale; auf dem Radſtadter Tauern; auf den Lungauiſchen Alpen; auf dem Berge Tofern; auch auf dem Untersberge.

— — quadrifida. Auf den Lungauiſchen Gebirgen; auf dem Radſtadter = Tauern; auf dem Berge To= fern; bey Gaſtein; auf den Abbtenauiſchen Ge= birgen.

— — acaulis. Auf den Alpen im Zillerthale; auf dem Tappenkarr, in der Rauris; auf dem Tännen= gebirge, am vordern Bitſchenberge neben der Stiege; in der Alpe Grieshanting. Im Zederhau= ſe; auf dem Radſtadter Tauern; auch auf dem Untersberge.

Arenaria biflora. Auf den höchſten Alpen in der Zem am Rothenkopfe; auf der Schilherhöhe.

— — ſtriata. Auf dem Rothahornkarr im Zillertha= le; auf dem Windsfelde im Lungau; auf dem Rauriſer Goldberge; auf dem Teufelshorne.

Cherleria ſedoides. Auf der Schilherhöhe, auf dem Windsfelde im Lungau; auf dem Rauriſer Gold= berge im Hinterſee.

Sedum

Sedum rubens. Auf dem Teufelshorne im Blühnba=
che; auch auf dem Untersberge.

Cerastium alpinum. Auf den Ramsberger Alpen im
Zillerthale; auf dem Rauriser Goldberge.

— — strictum. Auf den Zemer = und Ramsberger
Alpen im Zillerthale.

— — latifolium. Auf dem Rauriser Goldberge.

Spergula saginoides. Auf den Abbtenauer Gebirgen.

Sempervivum hirtum. Auf dem Radstadter Tauern;
an Felsen auf den Alpen, und Niederungen im Ziller=
thale; auf dem Windofelde im Lungau; auf dem
Rauriser Goldberge.

Prunus chamaecistus. Auf dem Untersberge.

Mespillus chamaemespillus. Auf den Abbtenauer Gebir=
gen; auf dem Rapuzinerberge bey Salzburg;
auch auf dem Untersberge.

Pyrus Amelanchier. Auf den Salzburgischen Bergen
allenthalben; z. B. auf dem Bienhorn in Saalfel=
den, in den Hohlwegen daselbst, in Werfen; auch
am Rapuzinerberge bey Salzburg.

Rosa alpina. Am Drathberge; am Blüntecke in Wer=
fen.

Rubus saxatilis. Am Drathberge, im Blühnbache;
unter Zaismann.

Potentilla Salisburgensis. Auf den Alpen Karrthal und
Frosniz.

— — clusiana. Im Zillerthale; auf dem Windsfelde
im Lungau; auf dem Berge Tofern; auf dem Rau=
riser Goldberge; auf den Hohenzinken.

Po-

Potentilla aurea. Auf dem Untersberge.

— — grandiflora. Auf den Alpen in der Zem im Zillerthale.

— — cordata. Im Zillerthale; auf der Lankmayralpe im Tweng im Lungau.

Geum montanum. Auf den Alpen in der Zem im Zillerthale; in Menge auf den Wareckerbergmädern;
und dem Gerloostein; auf der Schilberhöhe im
Lungau, auf dem Windsfelde; auf dem Berge Tofern; auf dem Tännengebirge; am Preber und
Gstoder im Lungau.

— — reptans. Auf dem Brennkogel; auf dem heiligen
Bluter Tauern; an der Zinkwand im Lungau.

Dryas octopetala. Am Gerloostein; im Zillerthale,
auf dem Windsfelde im Lungau; auf dem Tännengebirge, in der Rendlalpe, bey der Lend;
auf dem Radstadter Tauern, und im Bundschuh.

Cistus grandiflorus. Auf den meisten Alpen; auch auf
dem Mönchberge.

— — canus. An der Gerloswand im Zillerthale; auf
dem Untersberge.

— — marifolius. Auf den meisten Alpen.

— — alpestris. Vom Gerloostein im Zillerthale, und
auf dem Windsfelde im Lungau.

Aconitum Napellus. Auf dem Berge Osterhorn: an der
Straße von Negerndorf nach Unternberg im Lungau; auch auf dem Untersberge.

— — tauricum. Auf dem Radstadter Tauern; auf
dem Windsfelde; am Rauriser Goldberge, auf
dem Windischmatreyer und heiligen Bluter
Tauern;

Tauern; auf dem Tännengebirge, auf dem Hundssteine in Saalfelden.

Aconitum neomontanum. Auf dem Tännengebirge Abbtenauer Seite.

— — cernuum. Auf dem Radstadter Tauern.

— — Cammarum. Auf dem Radstadter Tauern; im
Lungau.

— — Lycoctonum. Auf der Alpe Grawand in der
Zem im Zillerthale; auf dem Radstadter Tauern;
im Kalchaugraben, und Kalchaudße zu Werfen;
am Nonnberge bey Salzburg.

Anemone vernalis. Am Gerlossteine im Zillerthale;
Nauriser Goldberge.

— — alpina. Auf dem Blüntecke in Werfen, und auf
den meisten hohen Alpenlägern.

— — burseriana. Auf den Alpen in der Zem.

— — fragifera. Auf dem Hohenzinken.

— — narcissiflora. Auf den Abbtenauer Gebirgen.

Atragene alpina. Im Tux am Geislerjoch, im Ro-
thahorn; am Gehwege nach dem Blühnbach, auf
dem Blüntecke, und im Kalchaugraben in Werfen. Im Lungau zu Kendlbruck an der Straße;
auch auf dem Unteroberge.

Thalictrum minus. In der Zem.

— — aquilegifolium. Am Zellerberge und in der Zem
im Zillerthale; auch auf dem Linnthale in Werfen. Im Lungau in der kleinen Aue bey der Muhr;
auch hinter dem Dorfe Lesach: ferner auf dem Geisberge bey Salzburg.

Ra-

Ranunculus thora. Auf den Salzburgischen Alpen ziemlich selten.

— — auricomus. Auf den Alpen in der Zem.

— — aconitifolius. Bey Neumarkt in der Mooswiese; auf dem Radstadter Tauern.

— — platanifolius. In der Alpe Wareck in der Zem.

— — rutaefolius. Auf den höchsten Alpen in der Zem.

— — glacialis. Auf den Alpen des Wareckerkarrs in der Zem; auf dem Windsfelde im Lungau; am Rauriser Golbberge.

— — nivalis. Allenthalben auf Alpen; z. B. auf dem Untersberge.

— — alpestris. Im Rothahornkarr im Zillerthale; auf dem Windsfelde im Lungau; in der Kleinarl; im Tappenkarr; in der Alpe Mittenfeld in Werfen; auch auf dem Untersberge.

Trollius europaeus. Im Zillerthale, auf dem Tännengebirge; auf dem Teufelshorne; auf dem Blüntecke; auch in Niederungen.

Teacrium montanum. Im Tux; im Blühnbache; am Schloßberge, und in der Alpe Hufgang in Werfen.

Betonica alopecuros. Auf dem Radstadter Tauern, auf dem Rantenbrunn im Filzmoos, Gerichts Radstadt.

Stachys alpina. Auf dem Untersberge; am Ofenlochberge.

Thymus alpinus. Allenthalben auf Alpen.

Bartsia alpina. Auf den Alpen in der Zem, am Wege nach dem Scheibenkarrl, bey Schwemm; im Lungau hinter dem Dorfe Lesach, am Gangsteige.

Tozzia alpina. Am obern Heinzenberge, im Zillerthale.

Pedicularis rostrata. Allenthalben auf Alpen, z. B. auf dem Untersberge.

— — comosa. Auf den Alpen im Zillerthale; auch auf anderen Alpen.

— — recutita. Auf den Zemer Alpen; auf den Waxecker Bergmädern, auf dem Tofern, nächst Gastein; auf dem Untersberge.

— — tuberosa. Auf den Alpen in der Zem.

— — verticillata. Auf der Schilherhöhe im Lungau, auf dem Untersberge.

Antirrhinum alpinum. Im Zillerthale, am Ramsberge, am Briedlingkarrl; in der Schwemm; auf den Abbtenauer Gebirgen; auf dem Tännengebirge am hintern Bitschenberge; auf dem Hagengebirge am Schlung, Hochgschierhorn, Riß und Ruehstiel; auf dem Blüntecke im Schloßmaiße; an der Salzache neben der Burgeraue in Werfen; auch auf dem Hundosteine in Saalfelden; im Lungau zu Weißbriach, und im Zederhause.

Myagrum saxatile. Auf dem Tännengebirge; auf dem Linthale in Werfen; auch auf dem Untersberge.

Draba pyrenaica.
— — aizoides.   } Funk ohne Angabe des Standortes.

Lepidium alpinum. Auf den meisten Alpen; im Rothahornkarr, und auf dem Rothenkopfe und Waxecker eckerkarr in der Zem; ferner im Windofelde und auf der Zinkenwand im Lungau; auch auf dem Untersberge.

Biſcutella laevigata. Am Priedlingkarr auf dem Ramo= berge; auf der Tofern.

Dentaria enneaphyllos. Zwiſchen Brett und Gfeng; auf dem Tännengebirge in der Abbtenau; dem Ger= loosteine und Zillerthale; auf dem Blüntecke in Werfen; auch auf dem Kapuziner = und Ofenloch= berge bey Salzburg.

Cardamine bellidifolia. Auf dem Rothahornkarr im Zillerthale; an der Zinkwand im Lungau.

— — reſedifolia. Ebendaſelbſt.

Acabis alpina. Allenthalben auf Alpen, z. B. auf dem Untersberge.

Arabis Halleri. Auf den Alpen im Zillerthale.

— — coerulea. Auf den Alpen Karrthal und Trosnitz ober der Windiſchmattrey.

— — bellidifolia. (Junk, ohne Angabe des Standor= tes.

Geranium Pheum. Am Burgerberge und Schloßber= ge in Werfen; auf dem Radſtadter Tauern.

Polygala Chamaebuxus. Am Gerloosteine; auch um Salzburg.

— — *a* flore rubro. Auf den Widderoberg = Alpen in Werfen.

Hippocrepis comoſa. Im Zillerthale; im Blühnbache.

Hedyſarum obſcurum. Auf den Waxecker Bergmädern in der Zem, und an den Felſen der Gerloswand im Zillerthale. _ *He-*

Hedyʃarum alpinum. Auf dem Untersberge.

Phaca auſtralis. Auf den Waxecker Bergmädern im Zillerthale.

— — alpina. Ebendaſelbſt; auch auf dem Rauriſer Goldberge.

Aʃtragalus campeſtris. Auf den Alpen in der Abbtenau, auf den Alpen Rarrthal und Frosnitz.

— — alpinus. Auf den Alpen in der Zem; vorzüglich in den Waxecker Bergmädern.

Aʃtragalus montanus. Auf den Waxecker Bergmädern.

— — pubeſcens. Auf den meiſten Alpen.

Sonchus alpinus. Auf dem Tännengebirge; auf der Tofern.

Hieracium Taraxaci. Auf den meiſten Alpen.

— — aureum. Auf den Alpen im Zillerthale; auf dem Tännengebirge, auf dem Burgerberge und Blünt: ecke in Werfen.

— — alpinum. Auf den Waxecker Bergmädern; auf dem Tännengebirge; am Preber im Lungau.

— — pumilum. Auf den Alpen im Zillerthale.

— — auſtriacum. Auf den Alpen in der Abbtenau.

— — aurantiacum. Um das Zederhaus im Lungau; auf der Tofern; zwiſchen Großarl und Gaſtein.

— — villoſum.
— — incanum.   im Zillerthale; auch nach Funk oh: ne Angabe des Standortes.
— — ſaxatile.

Hypochaeris helvetica. Auf den Zemer Alpen; in der Sloiten; auf dem Naßfeldertauern; auch um Ga: ſtein,; und auf der Laſabergwieſe im Lungau.

Cir-

Cirsium spinosissimum. Auf dem Tännengebirge; auf dem Windsfelde im Lungau.

Cacalia alpina. Auf den meisten Alpen, z. B. auf dem Blüntecke, auch neben der Landstrasse oder dem sogenannten Neuwege über den Schloßberg in Werfen; auf dem Radstadter Tauern und Geisberge bey Salzburg.

Absinthium rupestre. Auf dem Berge Rothenkopf in der Zem im Zillerthale.

Artemisia glacialis. Auf dem Tännengebirge; in der Rauris; am Weißeneck im Lungau.

Gnaphalium alpinum. Auf den Alpen in der Zem im Zillerthale.

— — supinum. Auf der Schilberhöhe im Lungau.

— — Leontopodium. Auf den Waxecker Bergmädern, in der Zem, auf dem Radstadter Tauern; auf dem Hundssteine in Saalfelden; auf dem Tännengebirge, Hagengebirge, Blünteckgebirge, Teufelshorne in Werfen.

Tussilago alpina. Allenthalben auf Alpen.

— — sylvestris. Auf Alpenniederungen.

Senecio incanus. Auf dem Windsfelde im Lungau, in der Flachau, auf dem Tännengebirge, am Hohenthron, in der Großarl, im Zillerthale, im Wolfsbache in der Fusch; auf der Zinkwand im Lungau.

— — abrotanifolius. Auf den Abbtenauer Gebirgen; auf dem Hochenzinken, Teufelshorne und Blüntecke.

Se-

Senecio alpinus.   Auf Niederungen der Alpengebirge an feuchten Plätzen.

Aster alpinus.   Auf den Alpen im Zillerthale

Erigeron alpinum. Auf dem Tännengebirge, und Blüntecke, auf des Lankmayrs Hochalpe in Tweng, im Lungau; auch auf dem Untersberge.

Doronicum Pardalianches.   Auf den Alpen in der Zem am Schwarzenstein, auf dem Rauriser Goldberge; auf dem Blüntecke.

— — bellidiastrum. Auf dem Untersberge, Nonnberge und Schloßberge.

Arnica scorpioides.   Auf dem Tännengebirge.

— — Mollii.   In der Zem im Zillerthale.

— — montana.   Am Ramsberge; auf Niederungen der Alpen in der Zem; auf dem Radstadter Tauern; am Schaitberge im Lungau; auf den Abbtenauischen Bergen; außer dem Lazarethwäldchen auf der Wiese zwischen der Straße nach den Mooshöfen und dem Flusse Glan an einem Waldschächgen.

— — Bellidiastrum.   Auf dem Radstadter Tauern; auf dem Berge Tofern nahe bey Gastein.

— — glacialis.   Auf dem Naßfelder Tauern? (Wulfen.)

Cineraria alpina.   In der Zem im Zillerthale.

Pyrethrum alpinum.   Auf den höchsten Alpen in der Zem, im Breitkarr, und Waseckerkarr.

Matricaria atrata.   Auf der Schilberhöhe, zwischen der Hinteralpe, und zu Bundschuh im Lungau.

Anthemis corymbosa.   Auf den Alpen Rarrthal und Frosniz mit der Potentilla Salisburg.

An-

Anthemis alpina. Auf den höchsten Alpen des Waxecker-Karrs am Rothenkopfe mit Ranunc. glacial. *L.* und Arenaria biflora *L.*

Achillaea Glavennae. In der Zem am Greiner, auf dem Teufelshorne, Blüntecke und Tännengebirge in Werfen; auch auf dem Hundssteine in Saalfelden; und auf dem Untersberge.

— — atrata. Auf den Alpen in der Zem; auf dem Tännengebirge und Imelberge in Werfen.

Viola biflora. Auf den meisten Alpen; auch in Niederungen, z. B. in Werfen neben der Lohstampfe über der Kalchaubrücke, im Schlamingerfelde neben der Salzache; auch auf dem Untersberge.

Satyrium nigrum. Auf dem Waxeckerkarr, und anderen Alpen im Zillerthale; in der Zem, in der Kriml auf dem Tännengebirge, und Blüntecke in Werfen, auf dem Hundssteine in Saalfelden.

— — albidum. Auf dem Blüntecke in Werfen; auch auf dem Untersberge.

Ophrys alpina. Mit salix arbuscula auf dem Windo lde.

Carex brachystachys. Auf den meisten Alpen.

— — alpina. Um Salzburg.

— — atrata. Am Untersberge.

Betula ovata. Bey der Alpe Grawand, in der Zem im Zillerthale; auch auf dem Untersberge.

— — nana. Auf Moorgründen am Bundschuhe im Lungau.

Pinus cembra. Auf den meisten Gebirgen, vorzüglich im Zillerthale, in Saalfelden, Gastein, Lofer,

auf

auf der hohen Filing in Golling, und im Lungau allenthalben zahlreich.

Salix retufa.   Auf den Alpen zwischen Lungau und Pangau, im Windsfelde, Flachauer-Seite, und auf dem Rauriser Goldberge.

— — Myrfinites.   Ebendafelbft.

— — arbufcula.   Zwischen Lungau und Pangau, auf dem Windsfelde Flachauer Seite.

— — reticulata.   Auf dem Rauriser Goldberge.

Empetrum nigrum.   Auf dem Untersberge; im Hinterlengthale auf dem Hagengebirge in Werfen.

Rhodiola rofea.   Auf den Alpengebirgen in Saalfelden; in der Rauris; auf der Gensgitfchalpe im Lungau.

Juniperus minor, montana.   Allenthalben auf Alpengebirgen, z. B. auf dem Hofer = Mitterberge, Widdersberge, Blüntecke, auch in Niederungen unter gemeinem Wachholder in Werfen.

Veratrum album.   Allenthalben auf Alpen, z. B. auf dem Blüntecke in Werfen; auf dem Untersberge.

Ofmunda Lunaria.   Im Zillerthale; und auf den meiften Alpengebirgen, z. B. auf dem Blüntecke in Werfen; auch auf dem Ofenlochberge bey Salzburg.

— — fpicat.   Auf der Lankmayralpe in Tweng im Lungau; auch im Zillerthale.

Polypodium Lonchitis.   In Tweng im Lungau; auch auf dem Untersberge, und auf dem Blüutecke in Werfen.

Lycopodium alpinum.   Auf dem Berge Ofterhorn in der Abbtenau.

- Jii ·

Ly-

Lycopodium helveticum.   Auf dem **Mönchsberge.**

Lichen islandicus.   Auf Alpengebirgen, z. B. auf dem **Tännengebirge,** und in der **Rendlalpe** in **Werfen;** auf der **Filzen** nächst der **Dientt.**

— — deustus.   An Felsen auf dem **Radstadter Tauern.**

— — croceus.   Auf dem **Wareckerkarr** im **Zillerthale.**

— — Azaleae.   An den Stämmchen und Aesten der Azalea procumb.

— — tauricus.   Auf dem **Naßfelder =** und **Radstadter Tauern. (Wulfen.)**

Byssus iolithus.   Ueberall im Gebirge auf Granittrümmern und Geschieben.

— — cobaltiginea.   Nächst der **Klause** bey **Werfen** auf **Kalkfelsen. (Wulfen.)**

Von Getreidearten werden gebaut **Weitzen, Roggen** oder **Korn, Gerste** und **Haber;** allein nirgends in so großer Menge, daß ein wichtiger Handel ins Ausland damit getrieben werden könnte. Das flache Land bauet beynahe, außer seinem Nothdürftigen, ein Drittheil für die Gebirglande, welche selten die Bedürfnisse des eigenen Hauswesens hervorbringen. Gerste wird am wenigsten, **Weitzen** überall im flachen Lande, aber in vielen Gebirgthälern gar nicht (weil er dort selten zur Zeitigung gedeiht), **Roggen** und **Haber** beynahe überall und am häufigsten gebauet. Erbsen und Feldbohnen gibt es allenthalben; auch seit einiger Zeit an mehreren Orten im flachen sowohl als Gebirglande **Kartoffeln,** zu deren Anbaue die hochf. Hofkammer eigens aufgemuntert hat. Türkischen **Weitzen** sieht man hin und wieder im Pinzgau und Zillerthale, und in den Gärten des flachen Landes. **Hirse, Hai-**

de oder Brein wird seltener im Gebirge, aber sehr schön im flachen Lande, z. B. auf den Walser Feldern angetroffen. Hopfen wird nirgends in Menge gebaut; Flachs und Hanf trifft man überall an; doch sind sie zu einem Handelszweige nirgends, das Pfleggericht Taufen ausgenommen, das viel Hanf bauet, häufig genug vorhanden.

Der Weinstock ist, in Gärten und an Gebäuden ausgenommen, nirgends anzutreffen.

Von Baumfrüchten kommen in freyer Luft alle diejenigen fort, welche in dem benachbarten Bayern und Oesterreich gedeihen. Nur in Glashäusern gedeihen die sogenannten wälschen Früchte, Pomeranzen, Mändeln, Feigen. Marillen und Pfirsiche sieht man auch häufig an Wänden. Am Obste ist Lungau ganz ungesegnet. Dort wachsen nur saure und süße Kirschen, die aber erst um Bartholomäi reif werden.

Gartenfrüchte werden von allen Arten gebaut, besonders auf dem flachen Lande. Artischocken und Spargel gedeihen auch im Freyen in guten Mistbetten, die Melonen hinter Gläsern, und die Ananas in Treibhäusern. An Sommergewächsen und Blumen ist nirgends Mangel. Auf den Gebirgen findet man eine unglaubliche Menge heilsamer oder medicinischer Kräuter und Wurzeln, worunter Enzian, Speik und Süßholz den Vorzug verdienen.

Von Holzarten hat man alle; die Eichen und Palmen sind aber überall selten, im Gebirge beynahe nirgends zu finden. Dafür hat man besonders gute und starke Lerchen, und auf den höchsten Gebirgen auch Zirmbäume. Linden und wilde Castanien werden itzt überall häufiger zu Alleen gebraucht. Maulbeerbäume sieht man itzt nur

um die Hauptstadt, aus dem Auslande von einigen Be-
ßern von Seidenwürmern hierher verpflanzt.

An Schwämmen ist überall Ueberfluß. Maurachen
und Fliegenschwämme sind in allen Wäldern; aber die
Trüffeln sind selten; vielleicht nur, weil man wenige
Trüffelhunde hat, und sie überhaupt nicht überall zu suchen versteht.

3) Inländische Thiere.

Wir folgen hierin keinem der naturhistorischen Sy-
steme; sondern zeigen die im Erzstifte einheimischen
Thiere in einer uns natürlich scheinenden Ordnung an:

An zahmen, vierfüßigen Thieren hat das Erzstift
keinen Mangel. Pferde werden auf dem flachen sowohl
als im Gebirglande viele gezogen. Die Pinzgauischen
und angränzenden Pangauischen Pferde werden wegen
ihrer Höhe und Stärke zum Schifzuge, und zu dergleichen Arbeiten sehr gesuchet, und theuer bezahlet. Lungau hat große Ochsen und Kühe, welche den Steyermärkischen sehr ähnlich sind. Schafe, Ziegen und Schweine sieht man überall; doch letztere in geringerer Anzahl.
Büffel wurden noch vor wenigen Jahren in der Hauptstadt Salzburg zu schweren Fuhren gebraucht, und in der
sogenannten Zistel, einem hochfürstlichen Meyerhofe auf
dem Geisberge, fortgepflanzet. Allein der itztregierende
Landesfürst hat sie ganz wieder aus dem Wege räumen
lassen. Der Hunde sieht man überall in der Stadt und
auf dem Lande eine große Menge. Unter den Haus-
hunden sind bey weitem die zahlreichsten die sogenannten
Trutzel (Canis domesticus *L.*, le vrai chien de la Na-
ture

ture nach Büffon), insgemein der Schäferhund genannt, die man von verschiedenen Größen hat. Die Hauskatzen (felis catus *L.*) sind überall zu Hause.

Von wilden vierfüßigen Thieren findet man Hir: sche 1), von den kleinen bis zu den größten, Rehe 2), Gemsen 3), Hasen 4), Kaninchen 5), Bären 6), Wöl:

1) Cervus Elephas *Lin.* Die Anzahl dieser Thiere ist im flachen Lande beträchtlicher, als im Gebirglande, be: sonders im Pinzgau, woran verschiedene Verhältnisse Ursache seyn mögen. Die Wilddiebe, (Wilderer, Wild: bretschützen) stellen ihnen hier, wie überall, sehr nach. Man sieht hin und wieder auch weiße Hirsche. Die so: genannten Hirschkranl (Hirschkronen) auch die Hirschza: cher (Hirschthränen, oder eine gewisse Art Bezoar, die man, höchst selten, im Magen der Hirsche findet) werden sehr hoch geschätzet, und denselben sogar übernatürliche Kräfte zugeschrieben.

2) Cervus capreol. *L.* ist zahlreicher als der Hirsch an: zutreffen; doch ebenfalls den Nachstellungen der Wild: diebe sehr ausgesetzt.

3) Capra rupicapra *L.* hier insgemein das Gams, oder in vielen Gegenden des Gebirges der Latschbock genannt. Es ist hier allenthalben auf den hohen Felsengebirgen an: zutreffen. Man kann sie in Schaaren zu 20 bis 30 auf auf den steilsten Höhen beysammen sehen, obgleich immer viele von Jägern und Wilddieben jährlich geschossen werden. Man bereitet ihnen sogenannte Sulzen oder Salzsteine. Wenn sie hordenweise auf bewachsenen Berg: höhen weiden; so versieht eines dieser Thiere gleichsam die Wache, und giebt, wenn es Jemanden sich nähern sieht, einen pfeifenden Laut, den es durch den in den

Mund

Wölfe 7), Luchse 8), Dachse 9), Füchse 10), Marder 11), Iltis 12), Otter 13), Eichhörnchen 14), Wald=

Mund gesteckten Huf hervorbringen soll, als das Zeichen der Flucht von sich, worauf alles über die Felsenzacken mit Pfeilesschnelle dahin jagt, daß Erdschollen und Steine über die Bergabhänge hinabrollen. Die Gemsenjagd ist demnach sehr gefährlich. Die Jäger bedienen sich, um sie auszuspähen, der Fernröhre, auch der sogenannten Gemseklemmen, um sie lebendig zu fangen. In Parke eingeschlossen, und in Niederungen lassen sie sich nur kümmerlich erhalten. Die Männchen werden im Gebirge deßhalb Latschböcke genannt, weil sie sich in jenen Gegenden aufhalten, wo der Alpenkiefer, und die Zwergfichte (hier Latschach genannt) wachsen. Man schießt Gemsen zu 60 und auch mehreren Pfunden: sie werden auch zerwirkt in kleinen Fäßchen verschickt. Feine Haarbälle, die vielfältig in dem Magen dieser Thiere gefunden, und hier Gamskugeln (Aegagropilae) genannt werden, hält der gemeine Mann sehr hoch. Der Gamsbart ist eine beliebte Hutzierde der Pinzgauer.

4) Lepus timidus *Lin.* Im flachen Lande zahlreicher als im Gebirge, wo ihm sogar von den Füchsen sehr nachgestellt wird. Im Gebirge sieht man weiße Hasen, deren Balg sehr geschätzt wird, und die man Berghasen nennet.

5) Lepus cuniculus *L.* Hier der Könighase genannt. Wird meistens nur in Ställen, und kleinen Einfängen fortgepflanzet.

6) Ursus Arctos *L.* Diese kommen gegenwärtig höchst selten zum Vorscheine; und werden im Lungau nur zu Winterszeiten hin und wieder gesehen. Einst hielt man in

Waldkaͤtzen 15), Murmelthiere 16), Wieſel 17), Igel 18), Ratten, Maͤuſe von allen Arten 19), Fledermaͤuſe

in dieſem Lande ſogar Baͤrenjagden, wovon auch der an der Hauptſtadt ſo nahe liegende Untersberg beruͤhmt war. Allein man fand es raͤthlicher, dieſe Thiere nach und nach, ſo viel moͤglich, ganz auszurotten.

7) Canis vulpes *L.* Dieſes Thier iſt zwar nich einheimiſch; durchſtreift aber von Zeit zu Zeit die Gebirgsgegenden; und uͤberfaͤllt die Wollenherden. Sobald man einen ſolchen uͤberlaͤſtigen Gaſt erblickt, wird ihm eifrigſt nachgeſtellt.

8) Felis Lynx *L.* Mit dieſen verhaͤlt es ſich, wie mit den Woͤlfen. Man faͤngt ſie auch mit Schlageiſen. Die Schinken der Luchſe werden fuͤr eine gute Speiſe gehalten, und ihre Sporen (Klauen) fuͤr ein Mittel wider das Beſchreyen oder Vermeinen. Man umzirkelt auch damit die ſogenannten Bletzen oder Zitterachen (Erhoͤhungen der erhaͤrtrten Oberhaupt), damit ſie ſchnell heilen.

6) Urſus meles *L.* wird zahlreich angetroffen; der Bauer braucht deſſen Haut uͤber die Pferdkummete.

10) Canis vulpes *L.* Ueberall ſehr zahlreich.

11) Muſtela Martes *L.*, hier in der Sprache des gemeinen Mannes Mada genannt. Iſt nicht ſelten.

12) Muſtela Pictorius *L.* iſt hier noch haͤufiger als der Marder zum großen Leidweſen der Bauersfrauen anzutreffen.

13) Muſtela lutea *L.* Flußotter. Man trifft ſie ſehr ſelten an.

dermäuſe überall und häufig ꝛc. Man hat in einigen Gebirgsgegenden des Zillerthales vor Zeiten auch Steinböcke
ge-

14) Sciurus vulg. *L.* Eicheler oder Eichkätzchen genannt,
ſind ſehr häufig und von verſchiedenen Farben anzutreffen.

15) Felis Macul. *L.* Iſt in mehreren Gebirgwaldungen
zu Hauſe.

16) Mus marmota *L.* hier Mangelkatze genannt. Dieſe
Thiere von unbeträchtlicher Größe findet man auf den
hohen Felſengebirgen, wo ſie ſich zwiſchen Steinritzen
ihr Lager bereiten. Da ſie ſehr ſcheu ſind, ſo ſind ſie
ſehr ſchwer zu erhaſchen; und nur durch Liſt und lan-
ges Lauern zu bekommen. Das Fett dieſer Thiere wird
ſorgfältig geſammelt und verkauft. Ihr Ruf iſt, wie
das Pfeifen eines Menſchen.

17) Muſtela Erminea *L.* hier Härml genannt; ſehr häufig.

18) Erinaceus Europ. *L.* nicht zahlreich: man hat zweyerley Arten, den Hundsigel und Sauigel. Beyde ſind
Feinde der Mäuſe.

19) Mus Rattus *L.* iſt ziemlich ſelten; dafür der Mus
muſculus *L.* (die Hausmaus), auch die Feldmäus (Mus
terreſtris) ſehr zahlreich. Auch die Haſelmaus (Mus
avellan. *L.*), hier Biel- oder Buimaus genannt, iſt in
den Berggegenden allgemein bekannt, und wird für giftig gehalten. Der Europäiſche Maulwurf (Talpa
Europ. *L.*), hier die Scheere genannt, iſt allenthalben ſehr häufig und verheerend. Es giebt dagegen eigene Scheerenfänger, welche ſie gegen eine kleine Be-
lohnung in Schlingen und Fallen zuſammenfangen.
Die gemeine Fledermaus (veſpertilio murin. *L.*) iſt
überall anzutreffen.

geheget; allein diese sind von aberglaubischen Menschen, die den Knochen dieser Thiere Wunderkräfte zuschrieben, und von Wilddieben nach und nach ganz ausgerottet worden.

Beynahe alles zahme Geflügel besteht in Gänsen, Enten, Hühnern, Tauben und Stubenvögeln. Fasanen werden in der Nähe der Hauptstadt in etlichen eingeschlossenen Fasangärten, zu Hellebrunn, Cleßheim, Weitwerth und Leopoldskrone unterhalten. Im ersteren Lustorte hat man die schönen Arten der Silber- und Goldfasanen in einem bedeckten Einfange beysammen. In den Stadtgräben werden einige Schwäne unterhalten. Truthähne oder kalekutische Hähne (Meleagr. Gallo Pavo *L.*) werden hier seltener gefunden; aber niemahls im Freyen: man nennt sie hier wie in den benachbarten Ländern Indiane oder Pipbähne, mit einer figürlichen Benennung auch Consistorialvögel.

Das wilde Geflügel ist überall sehr häufig, besonders in dem Gebirge. In diesem ist der Bartgeyer (Falco palumbar. *L.*), hier Gamsgeyer genannt, zu Hause *); auch sieht man vielfältig den Taubenfalk, den Sternhabicht

---

*) Vultur barbatus *L.* Man nennet ihn hier Gemsengeyer, vermuthlich, weil ihn die Jäger den jungen Gemsen nachstellen gesehen haben: er bewohnt die höchsten Gebirge, und kann nur gegen Ende des Herbstes durch List, indem man ihm Aas zum Fraße vorwirft, aus einem Hinterhalte erschossen werden. Man erzählt von blutigen Gefechten zwischen Jägern und solchen Geyern, wenn sie nur wundgeschossen sind. Ihre sehr genaue Beschreibung steht im I. Th. 20. Br. der naturhistorischen Briefe von Schrank und Moll.

habicht (Asterias), den Uhu, Strix Bubo *L.* *), die
Nachteule (Strix Aluco *L.*), den Raben (Corv. corax.
L.) **), die schwarze Krähe (Corv. corone *L.*) ***),
die Saatkrähe (Corv. frugileg. *L.*), die Dohle oder Ne-
belkrähe (Corv. monedula *L.*) ****), die Bergdohle (Corv.
Pyrrhocorax *L.*), die Elster (Corv. Picá *L.*), den Nuß-
heher (Corv. gland. *L.*), den Gebirgheher (Corv. caryo-
catactes *L.*), der so groß als die Elster, und an Flügeln
und Steiße schwarz ist, die Goldbrossel (Oriol. galb. *L.*),
den gemeinen Guckguck (Cucul. canor. *L.*), den kriegeri-
schen Specht (Picus Mart. *L.*) †), den Grünspecht (Picus virid. *L.*) ††), den bunten Specht (Picus maj. *L.*),
hier Baumhäckl genannt, den Baumlaufer (Sitta Europ.
L.), hier Baumklaner, den Mauerspecht (Certhia mu-
rar. *L.*), hier Wandschopper, den gemeinen Wiedehopf
(Upupa Epops *L.*), die gemeine Wildente (Anas Boschus
L.), hier die Stockante †††), den Fischer (Pelecanus
Piscat. *L.*), den rothhalsigen Taucher (Colymb. Septemtr.

L.

*) Wird von den Gebirgbewohnern die Habágoas genannt.

**) Der Birgrab genannt.

***) Insgemein die Kron genannt.

****) Die Dachl in der Sprache des Volkes; so wird auch
   die Bergdohle die Birgdachl genannt.

†) Man nennt ihn hier die Hohlkron, vermuthlich weil er
   bis auf die rothe Kopfplatte an der Farbe einer Krähe
   ähnlich ist, und Höhlungen in die Nadelholzbäume macht.

††) Hier der Gußvogel genannt, weil man dafür hält, daß
   er Ueberschwemmungen vorherbedeute.

†††) Diese sind im Pinzgau vorzüglich zahlreich; besonders
   um Zell in sehr großen Schaaren zu mehreren Hunderten.

L.), hier und in Bayern das **Tuckäntl**, den grauen Rei-
ger, (Ardea ciner. *L.*), die **Rohrdommel** (Ardea Stellar.
L.), hier die **Mooskuh**, den Waldschnepf (Scolopax
rusticola *L.*), den Moßschnepf (Scolopax Glottis *L.* Letzterer wird zahlreicher angetroffen, als ersterer), den Kie-
bitz (Tringa Vanell. *L.* sehr selten), das Auerhuhn (Tetrao Urogall. *L.*), das Haselhuhn (Tetrao Bonasia *L.*),
das Steinhuhn (Tetrao Tetrix *L.*), hier **Birghuhn**, oder
der **Schildhahn** (die Bauernbursche tragen ihre gekrümm-
ten Schwanzfedern als Zierde auf den Hüten), das
Schneehuhn (Tetrao Lagop. *L.*), hier das **Kreßhannl**
genannt, das graue Rebhuhn (Tetrao perdrix *L.*), die
Wachtel (Tetrao coturnix *L.*), die Wildtaube (Columba
Oenas *L.*), im Gebirge sehr häufig, und dem Sämanne
sehr verhaßt), den Staar (Sturnus vulg. *L.* Diese Vö-
gel sind im Gebirge sehr zahlreich, und fliegen immer in
großen Schaaren, welche die Pinzgauer **Reschten** oder **Kar-
ten** nennen, und immer in Begleitung von einigen Krähen,
welche gleichsam Spähe halten, und das Zeichen zur Flucht
geben) endlich den Krammetsvogel und den Wasserstarr,
hier die **Bachamsel** (Sturnus cinct. *L.*) Von den Singvö-
geln hat man hier die Acker- und Steinlerche, die Misteldrossel (die **Zurr** im Zillerthale), die Sing-, die Ring-,
und die Bergdrossel, die Schwarzmerle oder Amsel, den
Krumurschnabel, den Kernbeißer, den Gimpel, den Grünfink (hier **Grünling**), den Bergfink und Büchenfink (der
Bergfink heißt hier **Igawitz**, im Zillerthale **Pöank**),
den Distelfink (**Stieglitz**), den Goldammer (**Ammerling**)
den Zeisig (das **Zeisel**), den Hänfling (das **Bergzeisel**),
die Baumnachtigall (die **Braunellerl**), die Grasmücke,
den Schwarzkopf (hier **Schwarzblättl**), den Rothschwanz
(hier **Rothbranterl**), das Rothkehlchen, den Zaunkönig
(Zaun-

(Zaunschlüpferl); den gehaupten Zaunkönig (Kinigl), die Haubenmeise (Schopfmoas), die Kohlmeise, die Blaumeise, die Tannenmeise, die Sumpf oder Röhr-meise (Rothamsel) ꝛc. Canarienvögel werden sehr vielfältig in den Häusern auferzogen und fortgepflanzt. Die nahe an den Wohnungen der Menschen sich aufhaltenden Sperlinge (Spatzen), weißen, gelben, und Wasserbach-stelzen (im Pinzgau Haarröllerlen genannt) und die Haus- Mauer- und Rauchschwalben *) trifft man überall in großer Anzahl an.

Von Amphibien hat man hier die gemeine Kröte (Rana Bufo *L.* hier **Bröadling**, oder **Protz**), den To-ser (Rana bombina *L.* hier **Höppinn**. Die Jungen oder Larven sind unter der Benennung **Huefnagerl** im Gebir-ge bekannt **), den braunen Landfrosch (Rana temporaria *L.*), den grünen Wasserfrosch (Rana esculenta *L.*), den Laubfrosch (Rana arborea *L.*), den schwarzen Molch (Lacerta Salamandra *L.*), den gefleckten Molch (Salamandra maculosa Laur. Beyde Arten werden hier **Wegnarren** genannt). Die grüne Eidechse (Lacerta agil. *L.* im Ge-birge **Hadachsel** genannt), eine Art Lacerta seps *L.*, welche aber noch nicht genau beschrieben, und im Gebirge unter dem Nahmen **Birgstutzen** bekannt und gefürchtet ist***).

Die

*) Die Mauerschwalbe, Hirundo Apus *L.* wird hier Speyer, und die Rauchschwalbe Unser- Lieben Frauen- Vogel ge-nannt.

**) Eine Beschreibung hiervon findet man im 20. Br. der naturhistorischen Briefe I. B. S. 309.

***) Die Alpenbewohner erzählen von diesen Thieren aller-ley Mährchen, welche vermuthlich größten Theils Kin-der

Die Blindschleiche oder Bruchschlange (Anguis frag. *L.*),
die gemeine Natter (Colub. nutrix *L.*); hier der Höck=
wurm genannt: Hält sich die Natter in den Häusern
auf, so nennt man sie den Hauswurm, auch den Bi=
samwurm, wenn sie, wie gewöhnlich, den Bisamgeruch
hinter sich läßt.   Auf dem Dornauberge im Zillerthale
findet man auch die Viper (Coluber Berus *L.*), wovon
das sogenannte Vipernöhl bereitet wird.

Von Fischen hat man hier das Neunauge (Petromy-
zon fluviat. *L.*), die Quappe oder Ruthe (Gadus lota *L.*),
den Flußbarsch (Perca fluviat. *L.* im Gebirge Anbeiß, im
flachen Lande insgemein Schraz genannt), die Forelle
(Salmo fario *L.*; hier Ferche), die Hauchforelle oder den
Huch (Salmo Hucho *L.*), den Salbling (Salmo alp. *L.*;
er befindet sich in den meisten Bergseen), die Lachsforelle
(Salmo Trutta *L.*), die Aesche (Salmo thymall. *L.*; hier
insgemein die Aasch genannt), die Flußbrachse (Cyprin.
Brama *L.*), die Flußbarbe (Cyprin. Barbus. *L.*; hier
Barm), die Schleihe (Cyprinus Trinca *L.*; hier Schlein),
den Dickkopf oder Alat (Cyprin. cephal. *L.*; hier Alt,
den Hecht (Esox Lucius *L.*); von den kleineren Fischen,
den Kaulkopf (Cottus Gobio *L*, der Kopp); den Gründ=
ling (Cyprin. Gobio *L.* den Grundl), den Spierling
(Cyprin. Aphia *L.* die Pfrille), den Haseling (Cyprin.
Dobula *L.* den Hasel), den Weißflosser (Cyprin. Grisla-
gine

ber des Schreckens sind.   Die Birgstuzen haben 4 kur=
ze Füsse, und sollen beynahe die Dicke eines Armes,
und die Länge einer Elle haben, wenn die Furcht nicht
jedes Maß vergrößerte.   Man hält sie für sehr giftig,
und sie sind, so viel man aus den sehr verschiedenen Be=
schreibungen abnehmen kann, ein Mittelding zwischen
Eidechse und Schlange.

gine *L.*) die Laube, den Rothauge (Cyprin. Erythroph-
talmus *L.*), den Nasenfisch (Cyprin. Nasus *L.* die Nasen.

Die Menge der inländischen Insekten ist sehr groß:
wir führen nur die vornehmsten und bekanntesten an: Der
Dreckkäfer (Roßkäfer, Scharzkäfer Scarabaeus sterco-
rarius *L.*), der Johannskäfer (Scarabaeus, Horticula *L.*).
der Maykäfer (Scarabaeus Melolontha *L.*), der Julius-
käfer (Sonnenwendkäfer Scarab. solstitialis *L.* Ist allenthalben bekannt, und manchesmahl unzählig zu finden.),
der Goldkäfer (Scarab. auratus. *L.*), der Hirschschröther
Schmiedkäfer Lucanus Cervus *L.*), das Speckkäferchen
(Dermestes. Lardarius *L.*), das Pelzkäferchen (der Schaab.
Dermestes Pellio *L.*), der Sonnenkäfer (im Gebirge Unser lieben Fraun-Kuhel. Coccinella *L.*), das gemeine
Goldhähnchen (Chrysomela vulgatissima *L.*), der rothe
Kornwurm (Curculio frumentarius *L.*), der schwarze Korn
Rüßlkäfer (Curculio granarius *L.* Diese beyden Insekten
sind unter der Benennung Kornwurm oder schlechtweg
der Wurm bekannt), der deutsche Rüßelkäfer Curculio
germanus *L.*), der Nüsse-Rüßelkäfer (Curculio Nucum
L. Er ist in den Nüssen nicht selten zu finden), der Holz-
bock (Cerambyx Aedilis *L.*), der Bisambock (Cerambyx
Moschatus *L.*), der nächtliche Leuchtkäfer (St. Johanns-
wurm. Johannskäferl. Lampyris Nocticula *L.*), der
Glanzkäfer (Lampyris splendidula *L.*), der dunkle Springkäfer (Elater obscurus *L.*), der schwarze Springkäfer
(Elater niger *L.*), der Feldsandläufer (Cicindela campestris *L.*), der gefleckte Sandläufer (Cicindela hybrida *L.*),
der Lederkäfer, oder der große Erdkäfer (Carabus coriacus
L.), der weißaugige Erdkäfer (Carabus Leucophthalmus
L.), der gemeine Mehlkäfer, wovon eigentlich der Wurm
oder der sogenannte Mehlwurm (Tenebrio molitor *L.*)

al-

allenthalben bekannt ist, der große Ohrwurm (Ohrhöhle,
Forficula Auricularia *L.*), der kleine Ohrwurm (Ohrhöh-
ler, Forficula minor *L.*), der Kackerlack (der Schwab
Blatta orientalis *L.*), die Maulwurfsgrille (die Gwer,
Gschwer, Aengerling Gryllus (Acheta) Gryllo Talpa *L.*),
das Heimchen (die Hausgrille. Gryllus (Acheta) Domestica *L.*), die Feldgrille (Gryllus (Acheta) campestris *L.*),
der große Grashüpfer (Heuschreck. Gryllus tettigonia,
viridissimus *L.*), der knarrende Grashüpfer (Gryllus (Lo-
custa) Stridulus *L.*), die geohrte Cikade (Cicada aurita
L.), die Bettwanze (Cimex lectularius *L.*), die Wasser-
mücke (Cimex Lacustris *L.*), Ulmenlaus Aphis Ulmi *L.*),
Hollunderlaus (Hollalaus. Aphis Sambuci *L.*), Vogel-
kirschenlaus (Aphis Padi *L.*), Rosenlaus (Aphis Rosae
L.), Kohllaus (Aphis Brassicae *L.*), Maßholderlaus
(Aphis. Aceris. *L.*), der deutsche Apollo (Papilio Apollo
L.), der deutsche Weißling, oder Weißdornfalter (Papilio
Crataegi *L.*), der gemeine Kohlweißling (Krautwurm,
Pfeifmutter. Papilio Brassicae *L.*); der Rübenweißling,
Schmetterling (Papilio Rapae *L.*), der citronenfärbige
Schwarzdornschmetterling (Papilio Rhamni *L.*), das Pfauen-
auge (Papilio Io *L.*), die Heupapilion (Papilio Pamphi-
lus *L.*), diekleine Aurelia (Papil. Urticae *L.*), die Atalan-
te (Papil. Atalanta *L.* Diese sind die hier allgemeinsten Pa-
pilionen, welche überhaupt unter den Benennungen Weinfalter und Pfeifmutter bekannt sind), der Goldafter-
Nachtvogel (Phalaena Chrysorchoea *L.*), die Lichtphaläne
(Phalaena Lucernaria *L.*), gemeine Wassernymphe (Moos-
fräule (Libellula vulgatissima *L.*), Fußnymphe (Libellula Virgo *L.*), der Rosenbohrer (Cynips Rosae *L.*), der
Eichblattbohrer (Cynips quercusfolii *L.*), der Büchenblatt-
bohrer (Cynips fagi *L.*), der Bandweidenbohrer (Cynips

fasalicis viminalis *L.*), der langgeschwänzte Raupentödter (Ichneumon, manifestator *L.*), die Glutwespe (Goldflie-ge. Chrysis ignita *L.*), die Horniffe (Vespa crabro *L.*) die gemeine Wespe (Vespa vulgaris *L.*), die Honigbiene (Bien oder Imp. Apis mellifica. *L.*), die Erdhummel (Apis terrestris *L.*), die Gartenhummel (Apis hortorum *L.*), die Wiesenhummel (Apis pratorum *L.*), die große oder Pferdanieße (Wald = oder Bäramoaßn Formica herculeana *L.*), die röthlichte Ameise (Formica rufa *L.*), die braune Ameise (Formica fusca *L.*), die kleine rothe Ameise (Formica rubra *L.*), die Ochsenbremse (Engering Oestrus bovis *L.*), die Bach = Langfußmücke (Tipula ri-vosa *L.*, die Feld = Langfußmücke (Tipula pratensis *L.*), der Erde = Langfuß (Tipula terrestris *L.*; diese beyden letz-tern Insekten sind unter der Benennung Schnacken be-kannt), die Brechfliege (Musca vomitaria *L.*), die Fleisch-fliege (Musca carnaria *L.*), die Stubenfliege (Musca do-mestica *L.*), die Dreckfliege (Musca scybalaria *L.*), die Dungfliege (Musca stercoraria *L.*), die Ochsen = oder Pferdfliege (Brem. Tabanus bovinus *L.*), die Singschna-cke (Culex pipiens *L.*), der Hüpfer (die Stanz. Empis), der Wadenstecher (Conops calcitrans *L.*), der Wandschmied (Schmiedl. Termes fatidicum *L.*), die Käsemülbe (Kas-wurm. Acarus siro. *L.*), die Hundsmilbe (Hundszeck. Acarus reduvius *L.*), die Kühmilbe (Zeck. Acarus rici-nus *L.*), die Sammetmilbe (Himmelkuhel. Acarus ho-losericus *L.*), die langbeinige Spinner (Schneiders Pha-langium opilio *L.*), die Kreuzspinne (Aranea diadema *L.*), die Haußspinne (Spinnerinn. Aranea domestica *L.*), der Flußkrebs (Cancer astacus *L.* *).

Aus

*) Er ist in Pinzgau, vorzüglich im Zillersee sehr zahlreich zu finden, und es gibt deren viele, welche die Größe

von

Aus der Classe der Gewürme sind folgende die merk=
würdigsten und zahlreichsten: der Wasserfaden (das Was=
serkalb Gordius aquaticus *L.*), der Bandwurm (Spul=
wurm, Ascaris vermicularis *L.*), der Darmwurm (Wurm,
Ascaris lumbricoides *L.*), der Erdwurm (Regenwurm,
Lumbricus terrestris *L.*), der Blutigel (Fußegel, Hirundo medicinalis *L.*), der gemeine Blutigel (Moos= oder
Roßegel, Hirundo sanguisorba *L.*), die schwarze Schne=
cke (Waldschnecke, Limax ater *L.*), die Ackerschnecke
(die nackte Schnecke, Limax agrestis *L.*), die Links=
schraube (Popl oder Pöpl, Helix perversa *L.*), die
Gartenschnecke, (Helix nemoralis *L.*), die Waldschnecke
(Helix lucorum *L.*), die Weinbergsschnecke. (Helix po-
matia *L.*) *).

Sta=

von einer Spanne erreichen. Sie sind wegen dieser ih=
rer Größe, ihrer schönen Farbe und ihrer Schmackhaf=
tigkeit allenthalben bekannt; daher auch alle Jahre
mehrere Tausende gefangen, und in entlegene Orte
verschicket werden.

*) Diese Schnecke bewohnet Hügel, Berge und Wälder
hier und da ziemlich zahlreich; sie wird auch allent=
halben aufgesuchet, und zur Speise benützet.

Statistik des Erzstiftes.

Bevölkerung.

Die Volksmenge dieses Erzstiftes ist wahrscheinlich seit mehreren Jahren immer unrichtig angegeben worden. In den meisten Erdbeschreibungen sowohl als statistischen Verzeichnissen wird die Anzahl aller Einwohner des Erzstiftes auf 250000 angegeben, so daß bey einem quadratischen Inhalte des ganzen Landes von 240 Meilen der Bewohner einer Quadratmeile ungefähr 1041 wären — eine wirklich noch kleine Zahl, wenn man z. B. die Bevölkerung des Herzogthums Würtemberg damit vergleicht, welches auf einer Geviertfläche von 155 Meilen 605321 Menschen, also auf einer Geviertmeile 3905 zählt. Unter den kleineren Fürstenländern ist Mecklenburg-Schwerin dem Erzstifte am Flächeninhalte gleich, indem es, wie dieses, 240 Geviertmeilen enthält. Allein die Bevölkerung desselben beläuft sich auf 270000 Menschen; und auf einer Geviertmeile leben 1125 Menschen. Der Unterschied dieser Bevölkerungen ist freylich in der Ungleichheit des bewohnten Erdstriches, der mehr oder weniger Flächen, mehr oder weniger Gebirge hat, mehr oder weniger cultivirt ist, hauptsächlich zu suchen. Allein das Erzstift kennt noch andere Ursachen seiner Entvölkerung, worunter die vielfältigen Auswanderungen der Nichtkatholischen, vornehmlich die unter Erzb. Firmian, nicht die unbeträchtlichsten sind.

Eine

*) Man sehe II. B. 7. bis 91. Seite Von den Einwohnern der Hauptstadt ꝛc. überhaupt. Wo mag H. B. F. Hermann Prof. der Technologie ꝛc. seine Nachrichten geschöpfet

Eine bestimmte geometrische Aufnahme des Erzstiftes ist noch niemahls unternommen worden: man hat also den angegebenen Geviert = Inhalt den Geographen, und ihren Längen = und Breiten = Theilungen zu verdanken, womit man aber auch bis auf sehr geringe Unterschiede zufrieden seyn kann. Wonach wir aber die inländische Bevölkerung bis auf einen hohen Grad von Wahrscheinlichkeit bestimmen können, sind die Volkszählungen bey den Landgerichten sowohl, als in den Kirchspielen, wovon wir seit einigen Jahren mehrere Verzeichnisse gesammelt haben. Diesen zu Folge steigt die gegenwärtige inländische Bevölkerung nicht über 200000 Menschen hinan, wovon das flache Land beynahe eben so viele Einwohner als das Gebirgland zählet, obgleich dieses, um ein sehr Beträchtliches größer ist. Auf die Geviertmeile des ganzen Landes kommen also überhaupt 833$\frac{1}{2}$ Menschen, doch so, daß in Betrachtung der eben angeführten großen Ungleichheit in der Bevölkerung des flachen = und Gebirglandes die Anzahl der auf einer flachen Meile lebenden Menschen gegen jene auf einer Gebirgsmeile merklich anwächst, und die Bevölkerung der letzteren verhältnißmäßig abnimmt, wie man aus der Zahlen = Differenz gar leicht bestimmen kann °).

Wir

schöpfet haben, da er in seinen Bemerkungen auf einer Reise durch Oesterreich, Salzburg ꝛc im J. 1781, welche im II. Jahrg. IV. Quart. der Physikalischen Arbeiten der einträchtigen Freunde in Wien gedruckt sind, den ☐ Inhalt des Erzstiftes auf etwa 300 ☐ Meilen, und die Bevölkerung auf nicht viel über 300,000 Köpfe angab?

°) Daß die gebirgigen Gegenden bey einer größeren quadratischen Fläche dennoch immer weniger bevölkert sind, ergibt sich aus allen statistischen Verzeichnissen der Volks-

Wir besitzen zweyerley Verzeichnisse der inländischen Bevölkerung, erstens von Seite der Geistlichkeit, zweytens von Seite der Landesgerichte: sie sind zwar bey den noch immer sehr schwankenden Begriffen von Volkszählungen etwas verschieden, allein dennoch in so weit übereinstimmend, als sie den Hauptsatz bekräftigen, daß die inländische Volksmenge nicht über 200000 Menschen hinansteigt.

Das Erzstift ist in Hinsicht seiner kirchlichen Verfassung in 13 Dekanate getheilt, welche nebst der unmittelbaren geistlichen Gerichtsbarkeit über die untergeordneten Kirchspiele auch die Obliegenheit auf sich haben, die ihren ganzen Bezirk betreffenden Berichte zu sammeln, und an das Metropolitan-Consistorium zu Salzburg einzusenden. Auf diese Weise erhält das seit dem Jahre 1784 in der Hauptstadt errichtete Intelligenz-Comtoir die vierteljährigen

mengen in Europa. So hat z. B. Helvetien einen Flächeninhalt von 955 ☐ Meilen, und dennoch nur 2 Millionen Menschen, also 2094 auf einer ☐ Meile; dahingegen der Kirchenstaat, der ihm an der Quadratfläche am Nächsten kommt, auf einer Fläche von 900 ☐ Meilen 2,200,000, und auf einer ☐ Meile 2333 Menschen zählt. Und dennoch ist der Kirchenstaat gegen andere Staaten eben nicht der volkreichste. Ferner zählt Trier auf einer Quadratfläche von nur 150 Meilen, Lüttich von nur 105, und Baden von sogar nur 52 Meilen, 200,000, also gleichviel Menschen, wie das Erzstift Salzburg, woraus unwidersprechlich erhellet, daß die Größe der Bevölkerung nach Verhältniß des gegebenen Flächeninhaltes nicht allein von einer größeren Menge inländischer Fabriken, Manufacturen und anderer Industrie-Anstalten; sondern auch, und zwar vornehmlich von der örtlichen Lage selbst abhängt.

jährigen Verzeichnisse der Gebohrnen, Getrauten und Ge=
storbenen des ganzen Erzstiftes, nebst der jedes Mahl wie=
derhohlten Angabe des sämmtlichen Bevölkerungsstandes.
Da nun das Erzstift in politischer Hinsicht in 37 Pfleg=
und Landgerichte, hingegen in seiner kirchlichen Verfassung
nur in 13 Dekanate abgetheilt ist, so sieht man leicht ein,
daß die beyderseits eingesandten Verzeichnisse sehr ungleich
ausfallen; aber doch in der Hauptsache übereinkommen
müssen, weil beyde den nämlichen Flächeninhalt unter sich
theilen. Doch ist dabey zu bemerken, daß die dekanatli=
chen Verzeichnisse deßhalb nicht überall für ganz richtig an=
genommen werden können, weil sie sehr vielfältig die frem=
den Eingepfarrten, welche in Gränzgegenden mit den in=
ländischen vermengt sind, nicht gehörig absondern, was
doch von den politischen Stellen nothwendig geschehen muß.
Ferner gibt es angränzende ausländische Dekanate des
Chiemseeischen und Passauischen Kirchsprengels, denen In=
länder einverleibt sind; deren Verzeichniß also auch in kei=
nem kirchlichen inländischen Berichte vorkommt.

Zu Folge einer Durchschnittzählung der dekanatlichen Ver=
zeichnisse von mehreren Jahren befände sich die inländische
Bevölkerung überhaupt und in runden Zahlen, wie folgt:

Im Dekanate		Menschen
Altenmarkt	. . . .	19000
Hallein	. . . .	21300
Köstendorf	. . . .	10700
Laufen	. . . .	14400
Mühldorf	. . . .	1600
Piesendorf	. . . .	10800
Saalfelden	. . . .	15500
Seekirchen	. . . .	3800
Tamsweg	. . . .	13400

Im

Im Dekanate	Menschen
Taxenbach	14700
Teisendorf	11700
Tittmoning	8200
Zell im Zillerthale	6000
In den keinem Dekanate untergebenen Kirchspielen Gmein, Bergheim, Anthering und Windischmaterey	10800
In den Kirchspielen des Chiemseeischen Bißthums im Zillerthale, und im Pfleggerichte Itter	5900
In den Kirchspielen des Passauischen Bißthums Mattsee, Obertrumm, Seeham, Loachen, Schlehdorf und Straßwalchen	5300
Im Pfleggerichte Lengberg	780
In der Hauptstadt Salzburg, ihrem Burgfrieden, und dem Land- und Hofurbargerichte Glan ungefähr	15000
Anzahl der befreyten Stände, Geistlichen, Dikasterianten, Studenten, Soldaten 2c. ungefähr *)	3000
Summe	191880

Diesen kirchlichen Verzeichnissen zu Folge ergäbe sich
ein Abgang von 8120 Menschen, mit welchen die Summe der inländischen Bevölkerung vermehret werden müßte. Allein wir können nicht läugnen, daß uns das Schwankende der einzelnen dekanatlichen Bevölkerungs-Angaben
in der Folgezeit immer aufgefallen ist, so daß die Volksmenge einige Jahre um einige Tausende tiefer stand; andere Jahre wieder um mehrere Tausende stieg, wozu wahr

lich

*) Folgendes stadtgerichtliche Verzeichniß vom Jahre 1792
gibt hierüber sehr viel Licht:

Ta-

lich keine auffallende Veranlassung vorhanden war. Man kommt demnach der Wahrheit am Nächsten, wenn man sich an die politischen Verzeichnisse hält, welche zum Theile bereits in dieser Beschreibung bey jedem Pfleg- und Landgerichte angegeben; zum Theile bey einer im J. 1794 zur Bestimmung des Wehrstandes vorgenommenen Volkszählung an den hochfürstl. Hofrath eingesandt worden sind.

So

Tabellarische Uebersicht der in dem hochfürstl. Stadtgerichte Salzburg und dem Land- und Hofurbargerichte Glan nach Angabe der Geistlichkeit befindlichen Volksmenge.

Kirchspiele	Erwachsene.	Kinder von 1 bis 10 Jahr.	Summe.
Domkaplaney . .	2499	278	2777 *)
Bürgerspital Kaplaney	3084	360	3444
Kaplaney jenseits der Brücke . . .	3375	339	3714
Pfarre Nonnthal .	642	211	853 **)
Pfarre Müllen und Maxglan . .	1794	270	2064 †)
Pfarre Gnigl . .	660	178	838)
Pfarre Siezenheim .	577	80	657) ††)
Summe .	12631	1716	14347

*) Unter diesen Summen sind die Befreyten, Studenten, Dikasterianten, Soldaten ꝛc. nicht begriffen.

**) Soviel nämlich den stadtgerichtlichen Bezirk betrifft.

†) Unter dieser Angabe ist auch das Arbeits- und Leprosenhaus begriffen.

††) Soviel den stadtgerichtl. Bezirk betrifft.

So wie wir keinem dieser beyden Verzeichnisse den Vorzug vor dem anderen einräumen können; so sind wir auch weit entfernt, eines sowohl als das andere für ganz zuverläßig anzugeben, weil wir nicht wissen können, von wem und wie jene Zählungen gemacht worden sind. Wir setzen beyde hierher.

1) Bevölkerung nach den für diese Beschreibung eingesandten Berichten.	2) Bevölkerung nach den an den hochfürstl. Hofrath eingesandten Berichten.

a) Im flachen Lande:

Mülldorf	1300	1300
Waging	3574	3600
Tittmening	12057	9358
Laufen	10460	10460
Staufeneck	6357	6357
Teisendorf	4500	3958
Salzburg	18000	18000 *)

1) Be:

*) Die eingesandte Volksmenge der Hauptstadt war folgende:

Viertel.	Summe der sämmtl. Personen.	Summe der Männl. ins Besondere.	Summe der Männl. v. 16 — 59 Jahr.
Getreidgassen - Viertel	2383	1145	781
Kay - Viertel	2527	1150	772
Markt - Viertel	1119	500	361
Gstädten - Viertel	863	357	236
Oberbrück - Viertel	1431	587	359
Unterbrück - Viertel	1025	461	329
Stein - Viertel	621	269	183
Mirabell - Viertel	584	279	198
Nonnthal - Viertel	538	210	130
Müllen - Viertel	681	316	196
Mönchberg	75	21	15
Festung und alle militärischen Gebäude	772	484	326
Summe	12619	5779	3886

Allein

1) Bevölkerung nach den für diese Beschreibung eingesandten Berichten.		2) Bevölkerung nach den an den hochfürstl. Hofrath eingesandten Berichten.
a) Im flachen Lande.		
Neuhaus	4466	4466
Neumarkt	6186	6054
Straßwalchen	1713	1909
Thalgau	4338	4338
Mattsee	4589	4589
St. Gilgen	1977	1713
Glaneck	4690	4600
Hallein	5563	4926
Golling	7163	7163
Summe a)	96933	a) 92791
b) Im Gebirglande:		
Abbtenau	4660	4675
Werfen	5758	5758
Goldeck	3898	4000
Radstadt	7592	7470
St. Johann	2968	2892
Wagrain	1800	1628
Großarl	2669	2634
Gastein	3835	4090
Rauris	1885	2800
St. Michael	5592	4800
Tamsweg	8366	8519
Taxenbach	4765	4800
Zell im Pinzgau	6450	6355
Mittersill	8615	8615
		2) Be=

Allein hierunter waren weder die befreyten geistlichen und weltlichen Stände, die Studenten ꝛc. noch das Ur=barsgericht Glan begriffen, mit denen man also die feh=lende Zahl ergänzen muß.

1) Bevölkerung nach den für 2) Bevölkerung nach den an
diese Beschreibung eingesand= den hochfürstl. Hofrath ein=
ten Berichten. gesandten Berichten.

b) Im Gebirglande:

	1)	2)
Sqalfelden	6361	6361
Lofer	2466	2719
Windischmaterey	4745	3500
Lengberg	795	780
Zell im Zillerthale u.		
Fügen	14000	13253
Hopfgarten	6352	5758
Summe b)	103572	b) 100817

Der Bevölkerungsstand des ganzen Erzstiftes
ist demnach nach

Nro. 1) 200495, und nach Nro. 2) 193608.

Unterschied 6887.

Dieser Unterschied, welcher sich bey Nro. 2) ergibt,
wird aber so ziemlich aufgehoben, wenn man die Anzahl
der in den befreyten Hofmarken Bischofshofen, Fischorn,
Koppel, Lampodingen und Wolfersdorf, Leo=
poldskrone, Mauterndorf, Sighartstein, Teng=
ling und Törring, Thurn, Triebenbach und Ur=
sprung befindlichen Menschen, welche an den hochfürstl.
Hofrath besonders eingegeben, aber bey Nro. 1) beygezählt
worden ist, nebst den überall zerstreuten Befreyten des geist=
lichen und weltlichen Standes hinzuzählt, welche ebenfalls
unter Nro. 1) schon begriffen sind. Zudem, wer bürget uns
auch dafür, ob nicht in der ersten sowohl als zweyten Zäh=
lung hier und da ein Verstoß sich eräugnete, besonders, nach=
dem die Verzeichnisse in einer sehr kurzen Frist gemacht wer=

den

den mußten, und die Weise, wonach sie verfertiget werden
sollten, weder genau vorgeschrieben, noch von den Einsen-
dern angegeben ward? Nach allen diesen Betrachtungen ist
also die runde Zahl der Bevölkerung 200000 die wahrschein-
lichste, und auch den allgemeinen politischen Berechnungen die angemessenste: wir führen ein Par von diesen
letzteren an.

1) Den an den hochf. Hofrath zugleich mit der Be-
völkerungsangabe von 1794 überreichten Berichten zu Folge beläuft sich der Wehrstand des Erzstiftes (das männl.
Geschlecht von 16 bis 59 Jahren einschließlich) auf 46187
Köpfe, welches etwas mehr als der vierte Theil der ganzen Bevölkerung ist; wie er es auch seyn muß, wenn man
Kinder und Jünglinge bis an 16 Jahre, das ganze weibliche
Geschlecht, die alten Männer von 60 Jahren an, und
die befreyten Stände davon wegzählet. Selbst bey den einzelnen Gerichten trifft dieß genau zu. Z. B. im Pfleggerichte Laufen ist die Volksmenge 10460, der Wehrstand
2704; im Pflegger. Werfen die Volksmenge 5758 und
der Wehrstand 1316, im Pflegger. Mattsee die Volksmenge 4589, und der Wehrstand 1176, im Pflegger.
St. Michael im Lungau die Volksmenge 4800, und
der Wehrstand 1144, im Pfleg- und Stadtgerichte Hallein die Volksmenge 4926, und der Wehrstand 1000
u. s. w. In denjenigen Gerichten, wo dieses Verhältniß
nicht vorkommt, ist die Abweichung ungezweifelt außerordentlichen Ursachen zuzuschreiben.

2) Man kann überhaupt annehmen, daß in dem
ganzen Erzstifte jährlich einige über 5500 sterben, welches
auch mit den jährlichen Verzeichnissen in den Salzb. In-
telligenzblättern (nach ihrer nothwendigen Ergänzung in
Hin-

Hinsicht auf die Hauptstadt, und die außerdiöcesanischen Ortschaften ꝛc.) so ziemlich übereinkommt. Nun wird insgemein auf 36 Lebende 1 Gestorbener gezählet, das ist, aus 36 Lebenden stirbt jährlich Einer. Vermehrt man nun 5500 mit 36, so kommt die Zahl der Lebenden heraus, welche der Hauptsumme 198000 so ziemlich gleich kommt.

Die Bevölkerung des Erzstiftes ist, allen Erfahrungen und den jährlichen Verzeichnissen zu Folge, in der Abnahme, ob man gleich nicht unbemerkt lassen muß, daß diese Abnahme seit einigen Jahren verhältnißmäßig kleiner wird, weil die Regierung ernstliche Maßregeln ergriffen hat, derselben Einhalt zu thun°).

Einwohner.

Alle Einwohner des Erzstiftes können füglich in folgende Classen abgetheilet werden:

1) Der regierende Landesfürst,

2) der hochfürstl. Hofstaat,

3) die hochfürstl. Beamten,

4) der inländische geistliche sowohl als weltliche hohe Adel,

5) die Erbämter des Erzstiftes und der Landadel,

6) die hohe Landschaft,

7) die Geistlichkeit

8) der Kriegsstand,

9)

____
°) Vergl. S. 91. II. B. der Beschreibung der Hauptstadt Salzburg.

9) der Handelsstand,

10) der Bürgerstand,

11) der Bauernstand.

Von den hierarchischen sowohl als politischen Würden und Vorzügen des regierenden Landesfür=sten, welcher zugleich des heil. R. R. Fürst und Erz=bischof ist, findet man in der Beschreibung der hochf. erzbischöfl. Haupt = und Residenzstadt Salzburg II. Bande S. 93 u. ff. ausführliche Nachricht.

Der hochfürstl. Hofstaat besteht aus dem von dem Landesfürsten selbst ernannten Ministerium, und den verschiedenen Stäben, denen dasselbe vorgesetzt ist. Die hochf. Minister sind der Obersthofmeister, ter Oberstkammerer, der Obersthofmarschall, der Oberststallmeister, der Oberstjägermeister und der Leibgardehauptmann.

Den Stab des Obersthofmeisters machen aus, der hochfürstliche Leibmedicus, die Truchsesse, gegen=wärtig 14 an der Zahl, die 3 Hofkapläne, nebst dem Kapellbiener, der Hoffourier und die Hofmusiker.

Den Oberstkämmererstab, die hochf. Kam=merherren (gegenwärtig 30 an der Zahl) der Kam=merfourier, der Gallerieinspector, die Garderobiers, die Leibkammerdiener (gegenwärtig 3 dienende), die Antekammera = Kammerdiener, die Kammerportiere, die Kammerheitzer, und Kammerlakays.

Den Obersthofmarschallstab, das Personal der Hofküche, Silberkammer *) und Confectstube.

Den

____

*) Beyde, die Hofküche und Silberkammer, haben zugleich ih=re unmittelbaren Oberaufseher in den Personen eines Oberstküchenmeisters, und eines Oberstsilberkämmerers,

Den Oberststallmeisterstab **), die hochf. Edel=
knaben (itzt 7 an der Zahl) nebst ihren Hofmeistern und
Dienern, die Exercitienmeister, nämlich der Oberbe=
reiter und Gestüttinspector, der Unterbereiter und Cam=
pagne=Bereiter, der Bastin= und Leibcampagne=Berei=
ter, der Hofscholar, die Zeichen = Sprach = Tanz = und
Fechtmeister, die hochf. Futter = und Gestüttmeisterey,
das ganze Personal des Hofmarstalls, die Hof= und Feld=
trompeter, die Laufer, Hoflakays und Heyducken.

Das Oberstjägermeisterey = Amt hat einen
Oberstjägermeister, einen Viceberstjägermeister, einen
Oberstforst = und Wildmeister, unter denen alle Beam=
te des Jagdwesens, Büchsenspanner, Zerwirchmeister,
Fasanjäger, Meisterjäger und Jägerknechte stehen.

Die hochfürstl. Leibgarde hat einen Leibgarde=
hauptmannn, und einen Leibgardelieutenant, denen 1
Premier = und 2 Secondwachtmeister, 1 Auditor, 1
Rechnungsführer, 30 Karabiniers, 20 Trabanten und
8 Reitknechte untergeben sind.

Die hochfürstliche Garderobe, die Futtermeisterey, und das
Gestüttwesen, das Oekonomische der Jägermeisterey, und
die Hofkellerey, und Hofgärtnerey sind der Hofkammer
einverleibt.

Zum hochfürstlichen Hofstaate kann man auch die
Ritter des Ruperti = Ritterordens zählen, welche
aus dem inländischen Adel von Su. hochfürstl. Gna=
den unmittelbar ernannt werden. Sie bestehen aus
einem Commandeur, 5 präbendirten Rittern, 4 Rit=
ter = Exspectanten, und einem Ordensverwalter (S.
Beschreibung der Hauptst. Salzburg II. B. S. 221 ꝛc.)

Fer=

*) Dem Oberststallmeister ist ein Viceoberststallmeister beyge-
geben.

Ferner gehören auch hierzu die hochfürstl. geheimen Räthe, deren Anzahl gegenwärtig sich auf 18 beläuft. Sie genießen den Rang nach den Kammerherren; haben aber übrigens keine geheimen Geschäffte.

Die hochf. Beamte, unter welche die verschiedenen Regierungs-Zweige getheilt sind, befinden sich zum Theile in der Hauptstadt, zum Theile durch das Land zerstreut. Unter die ersteren gehören die hochf. geheime Kanzley und die Dikasterien; die übrigen sind die Pfleger, Landrichter und übrigen Landbeamte.

Die geheime Kanzley steht unter der Direction des Hofkanzlers, welcher einen Archivar, der zugleich Sekretär ist, einen Registrator und Taxator, einen Concipisten, 4 Kanzellisten und einen Cursor unter sich hat. Unter der nämlichen Direction befindet sich das hochfürstl. Hofpostamt, ein dem Erzstifte im J. 1665 von Kaiser Leopold bestätigtes Regale. Es wird von einem Verwalter, einem Controleur und einem Schreiber versehen, und steht im Oekonomischen unter der Hofkammer.

Die hochfürstl. Dikasterien sind:

1) In geistlichen Geschäften — das Consistorium, welches aus einem Präsidenten, der ein Domherr ist, einem Director, Kanzler, Sekretär und einigen Räthen besteht, denen ein Registrator, ein Protokollist, ein Expeditor und 4 Kanzleyschreiber beygeordnet sind. Alle Consistorialräthe sind zugleich Chorherren eines Stiftes, Maria-Schnee genannt, dessen Pfründen sie anstatt des Soldes genießen.

Mit dem Consistorium ist seit 1788 eine Buchhalterey der milden Orte verbunden, welche einen eigenen Inspector, Buch-

Buchhalter, Oberrevisor, 2 Revisoren, einen Expeditor und Cursor hat.

Der Erzbischof ernennt auch Titular = geistliche Räthe, welche weiter nichts als den Rang genießen.

2) In politischen Geschäften

a) der Hofrath; er besteht aus einem Präsidenten (einem Domherrn), dem Hofkanzler, dem Director, mehreren (itzt 19) Hofräthen, 6 Sekretarien, einem Registrator und Taxator, einem Expeditor, 8 Kanzellisten, und 1 Rathsdiener.

Es gibt auch mehrere Titularräthe, welche hier gewöhnlich nur Räthe genannt werden, und den Rang nach den wirklichen Räthen haben.

Unter dem hochfürstl. Hofrathe steht das Collegium medicum, das aus einem Director und 5 Beysitzern besteht; ferner das Advokaten = Collegium, das 5 Advokaten zählt.

b) die Hofkammer; aus einem Präsidenten (einem Domherrn) Vicepräsidenten, Director, mehreren (itzt 21) Räthen, worunter 4 Bergräthe sind, 8 Sekretarien, 1 Registrator, 1 Protocollisten, 1 Ingrossisten, 1 Expeditor und Taxator, 19 Kanzellisten und 1 Cursor.

Unter der Hofkammer stehen die Oberstfischmeisterey, die Oberstwaldmeisterey, das General Einnehmer = und Hofzahlamt, die Kammeral = Hauptbuchhaltung, die Hauptbuchhaltung im Berg = und Münzwesen, das Münzamt, die Haupthandlung, das Hauptmauthamt, das Garderobeamt, das Hofungeldamt, das Hofkastenamt, das Hofkelleramt, das Hofbauamt, und die Hofgärtnerey; ferner alle

alle Pflegämter und Gerichte in dem ganzen Lande, wie auch alle Berggerichte und Verwesämter.

c) Die Deputation der auswärtigen Geschäffte, welche aus dem Oberſtkämmerer, dem Hofkanzler und einem Hofkammerrathe, einem Referendar, einem Sekretär und Regiſtrator, dann einem oder zwey Kanzelliſten beſteht.

d) Der Hofkriegsrath; dieser hat einen Vicepräſidenten (der Präſident war ehedem auch ein Domherr), einen Director, 5 Räthe, einen Sekretär und Auditor, einen Regiſtrator, einen Expeditor und 2 Kanzelliſten, wovon einer zugleich Cursor iſt.

Uebrigens zählet man im ganzen Lande 28 Pfleger, nämlich zu Abbteuau, Neumarkt (Alt- und Lichtenthann), Zell im Pinzgau (Caprun), Teiſendorf (Raſchenberg), Zell im Zillerthale (oder Kropfsberg, womit auch das Pflegamt Fügen verbunden iſt), St. Gilgen (Hüttenſtein), Glaneck (Hellbrunn), Golling, Hallein, Ytter (Hopfgärten), Laufen, Saalfelden (Lichtenberg), Lofer, Mattſee, St. Michael, Mitterſill, Mühldorf, Neuhaus (Gnigl), Radſtadt, Staufeneck (Plain und Glan), Straßwalchen, Tamsweg, Taxenbach, Waging (Tättelham), Thalgau (Wartenfels), Tittmoning, Werfen und Windiſch-Materey; 7 Pflegscommiſſäre, nämlich zu Abbtenau, Neumarkt, Goldeck, St. Johann, Lengberg, Mühldorf und Staufeneck; 1 Stadtſyndikus und Landrichter (zu Salzburg), 9 Landrichter, nämlich zu Gaſtein, Großarl, Laufen, Mitterſill, Neuhaus, Radſtadt, Rauris, Wagrain und Windiſch-Materey, und in jeder Stadt einen Stadtrichter nebſt mehreren Gerichts- und

Lll

Stadt-

Stadtſchreibern, Ungeldern, Bergrichtern, Mauthnern, Bergverweſern, und übrigen Unterbeamten.

Auch auf ſeinen ausländiſchen Beſitzungen hat das Erzſtift einen Vicedom in Kärnthen, welcher jederzeit der Biſchof zu Lavant iſt, nebſt einem Vicedomamts-Verweſer, einen Pfleger zu Altenhofen in Kärnthen, einen Pfleger zu St. Andre ꝛc. in Kärnthen, einen Pfleger zu Haus und Gröbming, einen Pfleger zu Maria-Sahl, beyde in Steyermark, einen Pflegscommiſſär zu Arnſtorf in Deſterreich, und noch 5 bis 6 Pflegverwalter, nebſt mehreren Unterbeamten.

Der inländiſche geiſtliche ſowohl als weltliche ſogenannte h o h e Adel beſteht größten Theils aus eingewanderten Geſchlechtern, und iſt nicht ſehr zahlreich. Den geiſtlichen hohen Adel macht das Domcapitel aus, welches aus 24 Domherren (Fürſten oder Grafen) beſteht, wovon einer Dompropſt, und einer Domdechant iſt; übrigens aber (außer einem Grafen von Künburg und einem Grafen von Lodron) keinen einzigen gebohrnen Inländer in ſeinem Schoße zählt. Der weltliche hohe Adel beſteht größten Theils aus den hochfürſtlichen Miniſtern, einigen Oberbeamten, den Hofcavaliers und Räthen, aus den a) reichsgräflichen und b) reichsfreyherrlichen Geſchlechtern, a) Arco, Firmian, Galler, Kinigl, Künburg, Lamberg, Lehrbach, Lodron, Lützow, Platz, Ueberacker, Waldſtein, Wicka; b) Auer, Dücker, Gemmingen, Kürſinger, Moll, Motzl, Negri, Papius, Petermann, Reichersberg, Rheling, Schmidt zu Schernberg, Zillerberg ꝛc., worunter aber nur etwa 17 Familien oder Ehegenoſſenſchaften ſich befinden.

Dieſer **hohe** Adel genießt (mit ſehr wenigen Ausnahmen) nebſt dem Offizierkorps allein den Zutritt zu den

Hof-

Hofgesellschaften, welche dreymahl in der Woche gehalten zu werden pflegen, und wird von Zeit zu Zeit zur hochf. Tafel gezogen.

Der eigentliche inländische Adel wird in 3 Klassen getheilt: 1) in die 4 Erbämter (den Erblandmarschall, den Erbschenk, den Erbkämmerer, und Erbtruchseß), welche von den alten inländischen Geschlechtern Lodron, Künburg, Törring (Grafen) und Lamberg (Fürsten) erbrechtlich versehen werden, 2) in die Erbausfergen, oder Lehenträger des Salzburg. Salzausführungsamtes, die alten inländischen Geschlechter von Gutrather, Cammerlohr, Dücker und Auer, und 3) in die Landleute, welche eigentlich Patrizier sind, und gewisse Vorzüge und Freyheiten genießen. Die Anzahl der letzteren beläuft sich auf einige und 30, worunter die Altengutrath und Gutrath, Antrettern, Dücker, Seyertäg, Grimming. Kammerlohr, Kleinmayern, Lasser, Lürzer von Zehenthal, Mölk, Mozl, Negri, Platz, Pichl, Prank, Rehlingen, Schiedenhofen, Staudacher und Zillerberg (alle mit dem Prädikate von, viele als Barone und Grafen) sich in den hochfürstlichen Diensten, und die meisten in der Hauptstadt befinden *).

Die

*) Eine genaue Beschreibung von allen 3 Klassen des inländischen Adels findet man im II. Bande der Beschr. der Hauptstadt Salzburg auf S. 347. und ff. Auf dem Lande trifft man außer einem oder dem anderen Oberbeamten und einigen Familien, welche den Sommer über ihre Landgüter, deren Anzahl aber sehr klein ist, bewohnen, Niemanden vom hohen Adel an.

 Die

Die hohe Landschaft, oder das landschaftliche Collegium besteht aus Verordneten des größeren und des kleinen Ausschußes. Erstere versammeln sich ijährlich einmahl zu Anfange des Frühjahres auf dem jährlich gewöhnlichen Landtage; die zweyten monathlich einmahl. Die Verordneten des größeren Ausschußes sind 1) aus dem Prälatenstande, der Fürstbischof zu Chiemsee, der Domdechant, als Gewaltträger des Domkapitels, der Abbt zu St Peter, zugleich General - Steuer - Einnehmer aus dem Prälatenstande, und der Propst zu Högelwerth; 2) aus dem Ritterstande, der Erblandmarschall, der Commandeur des Ruperti - Ritterordens, und noch 6 Ritter aus der Landtafel, wovon einer Generalsteuereinnehmer aus dem Ritterstande ist, 3) der Landschaftkanzler 4) vier Verordnete aus dem Bürgerstande, wovon einer stäts von Salzburg aus dem Stadtrathe, und zugleich Generalsteuereinnehmer, einer von Hallein, und die übrigen zwey abwechselnd von den Städten und Märkten des Erzstiftes sind. Die Abwechselung der städtischen Verordneten geschieht, sowie jene der märktischen, alle 3 Jahre. Abwechselnde Städte sind 4, Radstadt, Laufen, Tittmoning und Mühldorf; und abwechselnde Märkte 23.

Das untergeordnete Personal der Landschaft besteht aus einem Sekretär und Kassirer, einem Buchhalter, einem Registrator, einem Steuercontrolor und 6 Kanzellisten. Bey dem landschaftlichen Bauamte ist ein Bauverwalter angestellt, der zugleich Kastner und Pensionsverwalter ist.

Die Geistlichkeit dieses Landes besteht aus der sogenannten höheren und niederen Geistlichkeit, welchen Unterschied der Benennung Geburt und Einkünfte eingeführt haben.

Die

Die höhere Geistlichkeit macht das Domcapitel zu Salzburg aus, welches aus 24 Domherren von durchgehends gräflichen oder fürstlichen Geschlechtern besteht, unter denen immer mehrere Bischöfe, ein infulirter Propst und ein infulirter Domdechant sich befinden.

Zu der niederen Geistlichkeit werden alle diejenigen gezählet, welche zu der eben genannten nicht gehören, ob gleich dieser Unterschied für Männer von wirklichen Verdiensten etwas zu verschwinden scheint.

Das Erzstift hat

a) ein **Consistorium**, unter dessen Gerichtsbarkeit die ganze Geistlichkeit des Landes steht. (S. oben). In der Kanzley des Consistoriums befinden sich 3 Weltgeistliche, zwey als Registratoren, und einer als Protokollist.

b) 5 Collegiatstifte: 1) das Coll. Stift zu Maria-Schnee in der Hauptstadt, aus 11 oder 12 Personen bestehend, 2 — 5) die Coll. Stifte zu Laufen, Mühldorf, Seekirchen und Tittmoning, erstere zwey aus 8; letztere zwey aus 7 Chorherren bestehend. -

c) 3 Hofkapläne und 3 Stadtkapläne: den letzteren sind 6 Gehülfen zugegeben.

d) 19 Choryskarien der Domkirche.

e) ungefähr 12 Weltgeistliche (Beneficiaten, Präfecten, Hofmeister und andere), welche in verschiedenen anständigen Beschäfftigungen in der Hauptstadt wohnen.

f) hochf. Alumnen im sogenannten Priesterhause zu Salzburg, welchen ein Regent, ein Subregent, und ein Spiritual vorgesetzt sind; ungefähr 50 Personen an der Zahl.

g)

g) im übrigen Lande 13 Stadt- und Rural-Dekane, 19 Pfarrer, 17 Pfarrvikare, 89 Vikare (mit eigenem Herbe versehene, übrigens den Pfarrern oder Dekanen untergebene Seelsorger), 18 Beneficiaten, und ungefähr 144 Helfpriester, die zu Kirchenthal befindlichen 12 Geistlichen mit gerechnet. (Also sind im ganzen Erzstifte ungefähr 440 — 41 Weltgeistliche.)

h) 8 Gemeinden von Religiosen in der Hauptstadt, nämlich, Benedictiner zu St. Peter 35 (11 oder 12 in dieses Stift mit Profession gehörige Geistliche sind immer zu Wieting, Dornbach, und in der Abbtenau in der Seelsorge ausgesetzt), Cajetaner 7, Augustiner 12, Franciscaner 14, Kapuziner 14, Benedictinnerinnen 40, Ursulinerinnen 24, Klarisserinnen 26; in allen nebst den 4 Benedictinern an der Plainer Wallfahrt und 14 Professoren des näml. Ordens an der Universität 100 männliche, 90 weibliche Religiosen.

i) 7 Gemeinden von Religiosen im übrigen Lande, nämlich Benedictiner zu Michaelbeuern 28, regul. Augustiner zu Högelwerth 13, Augustiner Eremit. zu Tittmoning und Hallein ungefähr 24, Kapuziner zu Mülldorf, Laufen und Radstadt ungefähr 30, nebst 3 Missionen der Benedictiner zu Schwarzach 6, der Kapuziner zu Werfen 4, und der Franciscaner zu Hundsdorf 4, in allen 109 Religiosen.

Im ganzen Erzstifte befinden sich also ungefähr 440 Weltgeistliche, und gegen 300 Religiosen; also überhaupt ein Personal von 740 Geistlichen. Bey einer Bevölkerung von 200000 Menschen ist also nur der 270ste Mensch ein Geistlicher, welches in einem ganz geistlichen Staate merkwürdig ist.

Der

Der Kriegsstand, oder das hochfürstl. Militär be=
steht zu Friedenszeiten a) aus einem Bataillon von 600
Mann, das man das Stadtkomando nennt, in 6 Com=
pagnien, jede zu 100 Mann ohne die Offiziere getheilt ist,
die Stadtwachen zu versehen hat, täglich eine Anzahl von
125 Mann auf die Parade gibt, von einem Obersten, der
zugleich Stadtcommandant ist, einem Oberstlieutenant, ei=
nem Oberstwachtmeister, 3 Hauptleuten, 3 Capitäns, 6
Ober = und 6 Unterlieutenants, und 2 Fähnrichen comman=
dirt wird, und einen Stabsauditor mit Hauptmannsran=
ge, einen Regimentsauditor, einen Rechnungsführer, und
einen Regimentschirurgus, alle 3 mit Lieutenantsrange hat.
b) aus dem Landcommando, das 220 Mann, insge=
mein alte, aus dem Stadtcommando ausgemusterte Sol=
daten zählt; und von einem Obersten, der zugleich Lando=
berster ist, einem Hauptmanne und 4 Lieutenants com=
mandirt wird. Dieses Landcommando hat die Festungen
zu Salzburg und Werfen, den Mönchberg zu Salzburg,
und die Gränzpässe zu besetzen. c) aus dem Artillerie=
korps, welches aus einem Hauptmanne, einem Lieute=
nant, 2 Stückkorporalen und 19 Gemeinen besteht; übri=
gens den Befehlen des Commandanten der hohen Festung
zu Salzburg, wo es einquartirt ist, untergeben ist. Uni=
form, Exerzierart und Mannszucht sind überhaupt ganz,
wie bey der kaiserl. königl. Armee *).

Das sämmtliche hochf. Militär mit Einschluße der
Offiziers besteht demnach in Friedenszeiten aus 876 bis
880 Köpfen.

Die

---

*) Sieh Beschreib. von der Hauptst. Salzb. II. B. S. 355.
u. ff.

Die hochf. Leibgarde, aus 30 Carabiniers und 20 Trabanten, 8 Reitknechten, einem Hauptmanne, einem Lieutenant, 1 Premier-Wachtmeister mit Hauptmanns-range, 2 Secondwachtmeistern mit Oberlieutenantsrange, einem Auditor und einem Rechnungsführer bestehend, ist hierzu nicht gezählt, indem sie unter ihrem eigenen Com-mando steht, und schon oben beschrieben worden ist. Zählt man aber auch diese 65 Köpfe dazu, so macht das sämmtl. hochfürstl. Militär über 941 Mann aus, über welche der hochfürstl. Hofkriegsrath gesetzt ist. Das Oekono-mische ist unter der Direction der Landschaft.

Der Handelsstand ist in der Hauptstadt und in ei-nigen Städten und Märkten des Erzstiftes, obgleich nicht mehr so blühend, wie vor Zeiten, wo noch beynahe der ausschließliche Handel nach und von Italien in Salzburg sich befand, dennoch immer sehr ansehnlich, und in guten Vermögensumständen. Die Hauptstadt zählt 5 Spedi-tionshandlungen, die ehemahls Hafnerische, itzt Triend-lische, die Mayrische, Casp. Freysaufische, Raym. Aßwangerische und Spathische, 15 Schnittwaaren-13 Spezereyhandlungen, 2 Galanterie-, 4 Eisen- und 2 Buchhandlungen, ohne die übrigen Kleinwaaren-Früchte-Geschmeid-und Papierhandlungen zu zählen. Im übrigen Erzstifte sind nicht minder beträchtliche Tuch-Spezerey-und Eisenhandlungen zerstreuet, worunter Hallein nach der Hauptstadt unstreitig den Vorzug hat. Der Handels-stand ist überall dem Bürgerstande einverleibt, dessen Interesse mit dem seinigen innigst verbunden ist.

Der Bürgerstand wird eigentlich derjenige genannt, welcher das Bürgerrecht einer Stadt oder eines Marktes erhalten hat, bürgerliche Gewerbe treibt, und durch ge-

wisse

wisse bürgerliche Freyheiten für die Bürden schadlos ge=
halten wird, die er zur Erhaltung der ganzen bürgerlichen
Gesellschaft trägt.

Uneigentlich zählet man alle Einwohner der Städ=
te und Märkte zu dem Bürgerstande, welche keinen Feld=
bau treiben, und sich an Kleidung und Sitte von dem ge=
meinen Landmanne unterscheiden, ob sie gleich das Bür=
gerrecht nicht erhalten haben. Die eigentliche Bürger=
schaft des Erzstiftes besteht in der Hauptstadt aus unge=
fähr 500 Köpfen, zu Mühldorf ungefähr 150, Tittmo=
ning 112, Laufen 104, Hallein 200, Radstadt 60, —
also zusammen aus ungefähr 1126 städtischen Bürgern.
Rechnet man hierzu die Bürgerschaft aus den 22 Märkten
des Erzstiftes (50 Bürger auf jeden Markt im Durchschnitte
gezählt), also 1100 in allen; so beläuft sich die eigentliche
Landesbürgerschaft auf 2226 Köpfe.

Die Bürger genießen überall die Freyheiten einer
Schützengesellschaft und bürgerl. Milizen bey öffent=
lichen Feyerlichkeiten. Die zu Salzburg hat eine Infan=
terie und Cavalerie, welche vortrefflich organisirt sind *).

Der Bauernstand macht mehr als 3 Fünftheile der
erzstiftischen Bevölkerung aus. Der Bauer im flachen Lan=
de ist im Durchschnitte weniger vermöglich, als der im
Gebirglande: allein beyde sind, im Ganzen betrachtet,
wohlhabend; besonders haben sie in den letzten Jahren der
Theurung sich überaus ansehnlich emporgeschwungen, in=
dem während dieser Zeit die meisten verschuldeten Güter
schuldenfrey geworden sind.

Nn

*) S. Beschreib. der Hauptstadt Salzburg II. B. S. 369.

Regierungs-Anstalten.

Das Haupt und der Mittelpunct der sämmtlichen Staatsverwaltung ist der Landesherr. Er ernennt, wenn es außerordentliche Fälle erheischen, eine geheime Conferenz *), oder beruft die Landstände außerordentlich **) zusammen.

In ordentlichen Fällen gelangen die Regierungsgeschäffte an die Dikasterien, oder, wenn dem Landesherrn unmittelbare Bittschriften überreichet werden, so pflegen sie von Ihm um Gutachten an dieselben hinüber gegeben zu werden. In Gnadensachen behält er die Entscheidung sich selbst vor.

Die geheime Kanzley besorgt die geheimen Staats- und Cabinetsgeschäffte, vorzüglich die Reichstags- und Kreisgeschäffte. Was der Fürst unmittelbar beschließt, wird von ihr ausgefertiget. Das Consistorium hat unter der Oberaufsicht des Erzbischofes selbst, der sich alle Protokolle desselben vorlegen läßt, über die gesammte Geistlichkeit, alle Kirchengüter und milden Stiftungen des Landes zu wachen. Alle Geschäffte desselben sind in Pastoralia, Judicialia und Oeconomica getheilt ***). Der Hofrath hat in Justiz- und Jurisdictions-, in Polizei- und Criminalfällen zu entscheiden, ist auch zugleich eine Revisionsstelle ****) Die Hofkammer hat über die ganze Oekonomie des Landes die Aufsicht. Unter ihr stehen alle Pflegämter und Gerichte in dem ganzen Lande, wie auch alle Berggerichte und Verwesämter, die einzigen Fälle ausgenommen, welche von dem Hofrathe

*) S. Beschr. der Hauptst. II. B. S. 231.

**) Ebendas. S. 256.

***) Ebendas. S. 237.

****) Ebendas. S. 241.

rathe allein zu entſcheiden ſind. Die Deputation der auswärtigen Herrſchaften führet nach den auswärts beſtehenden Landesgeſetzen die Oberdirection im Kammeral-ſowohl als Juſtiz-Polizey-und Kirchenweſen über diejenigen inneröſtereichiſchen Immediat-Herrſchaften des Erzſtiftes, wovon dieſes noch das Grundeigenthum, doch ohne Landeshoheit, gerettet hat. Der Hofkriegsrath hat die Gerichtsbarkeit über alle dem Soldatenweſen unterworfene Perſonen. Das Oekonomiſche des Militärs beſorgt die Landſchaft. Die Landſchaft oder das landſchaftliche Collegium beſorgt die Steuer-Einnahme des ganzen Landes, hat alle Befeſtigungswerke, Päſſe, Caſernen, Pulverthürme, Thore, Blockhäuſer, Barrieren Wachſtuben, überhaupt alle Soldaten-und Landesbefeſtigungsgebäude zu unterhalten, und für den Unterhalt des Militärs in allen Stücken zu ſorgen ꝛc.

In den Städten haben eigene Stadtrichter, welche von dem Landesfürſten aufgeſtellt ſind, auch unmittelbar von ihm abhangen, die Polizengeſchäffte zu verwalten, und den Rathsſitzungen der Ortsmagiſtrate vorzuſtehen. In der Hauptſtadt führt der Stadtrichter den Titel Stadtſyndikus, iſt zugleich Landrichter im Urbaramte Glan, und hochf. wirkl. Hofrath. In den Märkten ſind Marktrichter (obgleich nicht in allen Märkten), welche zwar der Ortsmagiſtrat aufzuſtellen hat; die aber in allen Juſtiz-und Polizeyfällen von den Pfleg-und Landgerichten, in deren Bezirk ſie gehören, unmittelbar abhangen, ſo wie ihre Maziſtrate ſelbſt, denen nirgends mehr als einige kleinere, der Landesoberaufſicht unpräjudicirliche Freyheiten und Fälle der niederen Gerichtsbarkeit zugeſtanden ſind. Das Perſonale der Gerichts-Ober-Mitterſchreiber und Acceſſiſten ernennt die hochf. Hofkammer an allen ihr unmittelbar untergebenen Amtsſtellen des Landes, und beſoldet es.

Jede

Jede Stadt, so wie jeder Markt, hat einen Magistrat. Zu Salzburg, Laufen, Hallein, Tittmoning und Radstadt sind ein Bürgermeister und 12 Räthe (in Hallein und Laufen nur 11); in Mühldorf (welche Stadt sich etwas mehr der Verfassung des benachbarten Bayerns nähert) zwey Bürgermeister, 7 Räthe, und 16 Viertelmänner. Die Märkte haben ihre Magistrate von sehr ungleicher Anzahl und Benennung; Mazing hat 4 Vorsteher, die der Pfleger ernennt, und wovon immer zwey mit Feldbaue versehen seyn müssen (man nennt sie auch Bürgermeister), Teisendorf — einen Ober= und einen Unterführer und 12 Ausschüsse, Neumarkt — einen Ober= und einen Unterkämmerer und 4 Ausschüsse (oder das Kammeramt, welches die Gemeinde wählt), Seekirchen — keinen eigenen Magistrat, Straßwalchen wie Neumarkt, Golling, 2 Bürgermeister, wovon der erste der verrechnende ist, und 2 Ausschüsse, Kuchl — keinen Magistrat; Abbtenau — zwey Bürgermeister, Werfen 2 Bürgermeister, (den Ober= und Unter=), und 4 Ausschüsse, St. Veit — 2 Bürgermeister, St. Johann — 2 Bürgermeister und 4 Ausschüsse; Wagrain — einen Bürgermeister und 6 Ausschüsse; Hof in Gastein wie St. Johann; St. Michael — einen alle 2te Jahre aus dem Rathe neu zu erwählenden Marktrichter und 10 auch 12 Rathsglieder, Mauterndorf — einen alle 3 Jahre neu zu erwählenden Marktrichter, und 8 Rathsfreunde, nebst 2 Gemeinderednern; Tamsweg wie Mauterndorf; Tarenbach — 2 Bürgermeister, und 2 Ausschüsse; Zell im Pinzgau — einen Bürgermeister und 6 Ausschüsse, oder Räthe; Mittersill, Saalfelden und Lofer wie Zell; Windischmatrey — einen Marktrichter und 3 Ausschüsse; endlich Hopfgarten — einen Ober= und einen Unterführer nebst 6 Ausschüssen.

Die

Die Bauerngemeinden im ganzen Lande sind Theils in Obmannschaften (wie in den Pflegger. Mühldorf, Tittmoning, Straßwalchen, Mattsee und Rauris), Theils in Viertel (wie in den Pflegger. Waging, Laufen, Staufeneck, Teisendorf), Theils in Schrannen und diese in Rügate (wie in den Pfleg-gerichten Neuhaus, Neumarkt, Thalgau, St. Gil-gen), Theils in Rotten (wie in den Pflegger. Gla-neck, Hallein, Golling und Windischmatteren), Theils in Rieden, und diese in Rotten (wie in den Pfleg-und Landger. Abbtenau, Goldeck, Wagrain, Groß-arl und Lengberg), oder in Viertel, und diese in Rot-ten (wie im Pflegger. Werfen), oder in Zechen, und diese in Rotten (wie in den Pflegger. Radstadt, St. Johann, Zell im Pinzgau, Saalfelden), oder in Kreuztrachten, und diese in Zechen (wie im Land-gerichte Gastein), oder in Schrannen, und diese in Hauptmannschaften (wie in den Pflegger. St. Michael und Tamsweg), oder in Kreuztrachten und diese in Rotten (wie in den Pflegger. Taxenbach und Mittersill) oder in Kreuztrachten, und diese in Vier-tel (wie im Pfleggerichte Hopfgarten), oder in Ze-chen, und diese in Häuser (wie im Pflegger. Lofer) endlich in Aemter, und diese in Hauptmannschaf-ten (wie in den Pflegger. Zell im Zillerthale und Fü-gen) abgetheilt. Jede Schranne, Rotte, Kreuztracht, Hauptmannschaft, Riede, Zeche, und jedes Amt, Viertel, Rügat haben ihre eigenen Ausschüsse und Rott-Rug-Hauptmänner und Viertelmeister, wel-che den ihnen zugetheilten Gemeinden anzusagen, und die gemeindlichen Geschäffte zu besorgen haben.

Die letzte Abtheilung der Rotten, Rügate ꝛc. ist überall in Höfe, Lehen, Huben, Herdstätten, Lägeln, Vierteläcker oder Anschläge, Viertelhö-fe, Viertellehen, Sölde und Kleinhäuschen, Zu- oder Viertelhäuschen, deren Bedeutungen bey

den

den verschiedenen Pfleggerichten selbst nachgesucht wer=
den müssen. Die einzelnen Urbarstücke werden Ite=
me genannt.

Auf diese Weise ist der ganze Staat gehörig orga=
nisirt, und der Landesherr mit dem Lande genau in
Verbindung gebracht.

Topographische Skizze.

Das Erzstift enthält innerhalb seines ununterbro=
chenen Umfanges 5 Städte, Salzburg, Hallein,
Laufen, Tittmoning und Radstadt, und eine sechste,
Mühldorf, ganz von Bayern umgeben. In Kärn=
then besitzt es die zwey Städte Friesach und St. An=
dre im Lavantthale, worüber es aber die Landesho=
heit verloren hat.

Märkte zählt es 23, nämlich Golling, Kuchel,
Waging, Straßwalchen, Neumarkt Teisendorf und See=
kirchen im flachen; Werfen, Tamsweg, St. Mi=
chael, St. Johann, St. Veit, Hof in Gastein, Zell
im Pinzgau, Mittersill, Saalfelden, Taxenbach,
Hopfgarten, Lofer, Abbtenau, Mauterndorf, Win=
bischmatrey und Wagrain im Gebirglande.

Hofmarken sind 11, nämlich Koppel (Fürst=Chiem=
seeisch), Lampoding und Wolkersdorf (Lodron = Secun=
dogenitur), Leopoldskrone (Graf=Firmianisch), Sig=
hartstein (Graf = Ueberackerisch), Thurn, (Graf=
Plaßisch), Törring und Tengling (Graf=Törringisch),
Trübenbach (des Hn. von Schidenhofen) und Ur=
sprung (Bar. Rehlingisch), im flachen; Mautern=
dorf (domcapitelsch), Fischorn und Bischofshofen
(fürstl. chiemseeisch) im Gebirglande.

Dörfer, in der eigentlichen Bedeutung des Wor=
tes, hat das Erzstift bloß im flachen Lande. Was
im

im Gebirglande unter diesem Nähmen vorkommt,
sind größten Theils 5 — 6 Bauerngüter, die in einer
geringen Entfernung von einander stehen, und also unter eine gemeinschaftliche Benennung gebracht sind.
Im flachen Lande sind ungefähr 347, und im Gebirglande 215 — in allen 562 Dörfer, und einige
tausend kleinere Ortschaften.

Kirchen und öffentliche Kapellen zählt man
im flachen Lande ungefähr 203, im Gebirglande 137,
in allen 340; bewohnbare Schlösser im ersteren 57,
im zweyten 35 — in allen 92.

Herrschaftliche Bräuhäuser sind im Erzstifte
5, nämlich 4 hochfürstliche zu Kaltenhausen, Lofer, Henndorf und Teisendorf; das Baron - Reh-
lingsche zu Ursprung und das Schnedizenische zu Lueg,
bey St. Gilgen. Außerdem haben noch Bräuhäuser die Augustiner zu Müllen an der Hauptstadt, zu
Hallein (itzt ohne Betrieb), und zu Tittmoning, und
die regulirten Chorherren zu Högelwerth. Alle übrigen
sind Privatgewerbe, deren Anzahl beträchtlich ist.

Staatswirthschaft.

Es ist kaum ein geistlicher Staat anzutreffen, welcher alle Finanzquellen in so genauer Verbindung besitzt, wie das Salzburgische Erzstift. Die Kasse des
Landesfürsten ist zugleich die Kasse des Staates, und
aus jener fließen alle Ausgaben des letzteren, wie sie
immer Nahmen haben mögen, die einzige Steuerkasse
der Landschaft ausgenommen, welche von der landesfürstlichen getrennt ist, und also auch ihre eigen n Ausgaben zu bestreiten hat.

In die landesfürstliche Kasse, welche unter dem
Generaleinnehmer steht, fließen alle Einkünfte von den

aus-

ausländiſchen Herrſchaften und Gütern, welche man zwiſchen 70 und 80000 fl. berechnet, und alle Gefälle von den zur Landeshoheit gehörigen Regalien °), in die landſchaftliche die Steuern, und in außerordentli‐ chen Fällen die ſogenannten Aufſchläge oder Acciſe ⁺). Letztere Caſſe ſteht ebenfalls unter oberſter Aufſicht des Landesfürſten. Was von der Kammeralkaſſe nach Ab‐ zuge der Ausgaben erübriget wird, fällt dem Landes‐ fürſten als Lehensfrucht zu; daß alſo die hochfürſtliche Chatoulle mit der Kammeralkaſſe beynahe eine und die‐ ſelbige iſt.

Die Einkünfte der Kammeralkaſſe ſind von den ſtatiſtiſchen Schriftſtellern verſchiedentlich angegeben wor‐ den. Schlözer hat im 62ſten Hefte ſeiner Staatsan‐ zeigen S. 243 — 247 dieſelben, einem bey dem kaiſerl. Reichshofrathe im J. 1783 übergebenen Revenüen‐Etat des Erzſtiftes gleichlautend, auf 2338793 Fl. angegeben, ohne die Einkünfte aus den ausländiſchen Herrſchaften da‐ zu zu rechnen. Allein ob gleich in der Hauptſumme viel‐ leicht, nicht zu weit gefehlt ſeyn dürfte, ſo ſind doch gewiß die zugleich angegebenen theilweiſen Summen zu unrichtig, als daß man der ganzen Angabe einen unbedingten Glau‐ ben beymeſſen könnte. Einige andere haben die Staats‐ einkünfte des Erzſtiftes unter 2 Millionen, wieder andere über 3 Millionen berechnet. Verlangt man aber einen Ausſpruch des Verfaſſers in dieſer Sache; ſo glaubt er, ohne ſich in eine partielle Angabe jedes einzelnen Finanz‐ zweiges einzulaſſen, nicht ſehr zu irren, wenn er die An‐ gabe der 2 Millionen für zu niedrig, und jene von 3 Mil‐ lionen

---

°) Sieh Beſchr. d. Hauptſt. II. B. S. 148 u. ff.

⁺) Ebendaſ. S. 154 in der Anmerk.

lionen für zu hoch erklärt *).   Genaue Finanztabellen
sind übrigens, wie bekannt, Staatsgeheimnisse, die freylich

*) In Merians *Topographia Bavariae* lesen wir S. 99
   folgende seltsame Angabe, der wir aus guten Gründen
   nichts beysetzen wollen: „Es schreibet Galeatius Gual-
   dus libro 4. hist. pag 94. im Jahr 1632., daß des
   Herren Erzbischoffs allhie jährlich Einkommen bey die
   dreyhundert tausend Thaler ertrage. Wie dann dieses
   Erzstiffts Monatlich einfacher Reichs-Anschlag ist 60 zu
   Roß, 277 zu Fuß, oder an Geld 1828 Gulden, und zu
   Unterhaltung des Cammer-Gerichts, wie ich gelesen,
   jährlich nach dem erhöhten Anschlag 375 fl. den Thaler
   zu 69 Kreutzer gerechnet. Welcher hohe Anschlag son-
   der Zweifel von denen sehr stattlichen Bergwercken, die
   es in diesem Land hat, herkommen wird. Dann sonsten
   auf dem Reichstag zu Regenspurg die Saltzburgische Gesandten bey ihrem Voto contributionis, Anno 1640
   den 12. Novembris, unter anderem eingebracht, daß,
   was von Land und Leuten dem Erßstifft Saltzburg auf
   des Reichs Boden zustehe, ein rauh gebürgig, unfruchtbar und wenig einträgliche Landschafft seye, darinnen
   kein Weinwachs, des Getrayds, zur Leibs-Nahrung
   nicht genug, die Viehezucht das meiste, und doch wenig ersprießliche vermögen: Der Residenß-Stadt Saltzburg Vermögen bestehe in Gewerb, welches der Zeit,
   wie man aller Orten erfahre, beynahe darnieder gelegt;
   in den übrigen fünf kleinen Städtlein seye, ausserhalb
   der blossen mühesamen täglichen Nahrung wenig zu er-
   ringen: Von anderen des Stiffts Gütern in Oesterreich,
   Steyer, und Kärndten, müsse man daselbst auch contri-
   buiren. Siehe Herrn Johannem Limnæum in f. an-
   not. ad capitulationem Imper. Fernandi III. Besie-

lich nicht immer gehörig bewahret; doch ſelten zur Bekannt-
machung mitgetheilet werden, weßhalb der Verfaſſer ſich
auch nicht darum umgeſehen hat.

Die Einkünfte einzelner Finanzzweige, z. B. Ungeld,
Salzverſchleiß, Bräuhäuſer und Bergwerke ꝛc. könnten
vielleicht im Durchſchnitte ſo ziemlich zutreffend angegeben
werden. Allein wozu, da ſie ſo ſehr unbeſtändig ſind;
und womit ſollten wir die Authentizität ſolcher Angaben be-
legen? Es iſt, wie wir in der Beſchreibung der Hauptſtadt II. B. S. 247 bemerkten, nur eine Sage, daß alle hochfürſtl. Berg - und Hüttenwerke jährlich einen reinen
Gewinn von 227000 fl. geben, wovon das Salzwerk zu
Hallein 150000, die übrigen Werke 77000 betragen ſollen.
Allein wir wiſſen ſoviel gewiß, daß wenigſtens die letztere
Angabe von den Einkünften der Bergwerke nicht alle Jahre gleich, und vielleicht in einer Durchſchnittrechnung von
mehreren Jahren, in denen die Bergwerke zu Rauris,
Hirzbach, Ramingſtein, Schellgaden, Leogang,
Kirchberg, und die mit dem Bergweſen verbundene
Haupthandlung ſelbſt wahren Verluſt erlitten, um meh-
rere Tauſende zu hoch angeſetzt iſt. Nur in die Zukunft
hat man die ſchmeichelhafte Ausſicht, daß dieſer Finanz-
zweig bey der gegenwärtigen überaus verbeſſerten Verfaſſung des ſämmtlichen Bergweſens allmählich eine reichere
Ausbeute gewähren werde.

Die

he von dem, was geſagt worden, über die oben angezo-
gene Autores, auch P. Bertium de rebus germanicis,
Caſpar. Ens delicias apodemicas per Germaniam,
Stephani Pighii Herculem prodicium, Munſteri Coſ-
mographiam, Caſparum Bruſchium, Dreſſeri Städt-
Buch, Scoti Itinerarium, und Martini Zeillers Teut-
ſchen Reißbuchs erſten und andern Theil.‟

Die Einkünfte der zweyten Hauptkaſſe, der Landſchaft:
lichen, ſind die Steuern, und die in außerordentlichen
Fällen, und mit landesherrlicher Bewilligung zu erheben:
den Aufſchläge und Acciſen, worüber aus jedem der 3
Stände (Prälaten: Ritter: und Bürgerſtand) eigene Ein:
nehmer aufgeſtellt ſind. Der iztregierende Landesfürſt fand
bey ſeinem Regierungs: Antritte das inländiſche Steuerwe:
ſen in einer ſo ſchlechten Verfaſſung, daß er es eine ſeiner
erſten Regentenſorgen ſeyn ließ, daſſelbe, ſobald nur mög:
lich, zu verbeſſern. Im J. 1778 erſchien wirklich eine
ganz neue Steuerverfaſſung, welche von Finanzkennern
für ein Meiſterſtück gehalten wird, und von Seite des
Rechts den Beyfall des Reichshofraths in einem deßhalb
ergangenen Concluſum vom 22. July 1782. davon getra:
gen hat *). Dieſer Verfaſſung gemäß iſt anſtatt der Ver:
mögensſteuer eine dauernde Grund: und Güterſteuer bey
dem Landmanne und deſſen Inhaben eingeführt, und letz:
teres nebſt Häuſern und Gewerben in eine pflichtmäßige
Peräquation (oder Gleichſtellung) gebracht worden. Nur
der dritte Theil des erhobenen Güterwerthes iſt mit der
Grundſteuer dergeſtalt belegt, daß z. B. derjenige Unter:
thau, welcher auf 3000 Fl. Grundwerth peräquirt worden
iſt, nur auf den dritten Theil, oder auf 1000 Fl. mit der
Steuer beleget wurde. Dieſer Grundanlage zu Folge
wurde jedes Hundert des peräquirten dritten Theils des
Grundvermögens mit 8 Schilling laufender Steuer, mit
Ausnahme der Zulehen, welche, ſo lang ſie als Zulehen
be:

*) Dieſes Concluſum iſt in Zauners Sammlung der wich:
tigſten Urkunden S. 18 und ff. abgedruckt, auch in Reuß,
deutſcher Staatskanzl. VI. Th. S. 211, und in der all:
gem. Juriſt. Bibliothek. II. B. S. 450 zu finden.

beseffen werden, ein Sechstheil mehr abzureichen haben,
auf 2 Fristen, zu St. Georg und St. Martin, beleget.
(Dieses neue Steuermandat ist in Siebenkees neuem
Jurist. Magazin I. B. S. 435 — 445. und in dem Göt-
ting. histor. Magazin V. B. II. St. S. 181 — 189
ausführlich zu lesen. H. Meiners hat im letzteren sogar
einen kurzen, aber, einiger eingeschlichenen kleinen Fehler
ungeachtet, sehr merkwürdigen Vorbericht über das
Steuerwesen im Salzburgischen vorangesetzt. Ein
Auszug dieses Mandats befindet sich in Zauners Auszug
der wichtigsten Salzburgischen Landesgesetze I. K.
S. 201, nebst den nachgefolgten Zusätzen und Erläute-
rungen.)

Der ganze inländische Steuerfuß wird im ganzen
Erzstifte auf mehr als 12,230000 Fl. angeschlagen, woraus
man auf die betreffende Peräquationssumme ungefähr
schließen kann.

Einer in der Beschreibung der Hauptstadt Salzburg II. B. S. 265 befindlichen Angabe zu Folge, welche aber, wie wir wissen, nicht ohne Widerspruch geblie-
ben ist, sollen sich die sämmtlichen Einkünfte der Landschaft nach einem 10jährigen Durchschnitte in den neuesten
Zeiten auf die Summe von 317166 Fl. belaufen haben,
und zwar benanntlich

Die Georgi-Steuer . . .	130740 Fl.
Die Martini-Steuer . . .	140736
Die Rüstgelder	11250
Die Abzuggelder *) . . .	3440
Die grundherrschaftlichen Decimationen	31000
Summe	317166

Wir

*) Diese Gelder, die sogenannten Nachsteuern sind so wie die
Rüstgelder vor Zeiten unter die Kameralgefälle gezählet,

Wir nehmen zwar diese Summe, die ohnehin in einzelnen Theilen gar sehr der Veränderung unterworfen ist, eben nicht für zuverläßig an; können uns aber auch nicht vorstellen, daß der wahre Befund jener Einnahme gar so sehr verschieden seyn sollte *).

Die

let; aber nachher ganz der Landschaft überlassen worden. S. in Zauners Samml. Nachsteuer. Dafür hat im J. 1730 die Landschaft die Kammerzieler, 1826 Fl. 18 Kr. im 20 Fl. Fuße in zwey Fristen an das Kammergericht zu Wetzlar zu zahlen übernommen.

*) Es ist sehr merkwürdig, den Zustand der Landschaft, der Steuereinnahme und des Decimationswesens im Erzstifte vor dem Antritte der itzigen Regierung kennen zu lernen. Wir glauben, daß dieß nicht besser geschehen könne, als indem wir hier folgendes kleines handschriftliche Promemoria mittheilen, welches bey Gelegenheit des wegen der neuen Steuerverfassung mit dem Domcapitel entstandenen Prozesses, und über die landesherrliche Decimation zu Salzburg von Hand zu Hand umhergegangen, und im J. 1784 im Journal von und für Deutschland, April, öffentlich gedruckt erschienen ist:

„Es ist bis zur Evidenz wahr, daß von den ältesten Zeiten des Erzbißthums bis in die Regierungsjahre Erzbischof Wolf Dietrichs die Landesherren keinen Beytrag nach einem bestimmten Fuße, oder aus einer strengen Schuldigkeit, sondern bloß gutwillig aus Gnaden geleistet.

Also war es auch, nach aufgehobener Versammlung der Landstände, einzig Erzbischof Wolf Dietrich, und seine Nachfolger, welche maaßgebend bestimmten, was das Land beyzutragen habe. Dieses zogen sie zur Cammer, und ließen es durch selbe zu den Landesoblagen verwenden.

In

Die Landschaft hat seit 1781 auch den sogenannten Hieronymus-Fond in der Weise eines Amortizations-Fon-

In der Ao. 1620 errichteten Landschafts-Fundations-Urkunde selbst ist gar nichts weder von einer zeitlich noch ewigen Verbindlichkeit des Landesherrn zu einer Cameral-Decimation begriffen.

Nur in dem eod. ao. errichteten Landtagsabschiede erbietet sich Erzbischof Paris auf 3 Jahre lang, den 10ten Theil seiner Einkünfte zu reichen. Er schlug solchen überhaupt auf 30000 Fl. an, ohne daß jemand dem widerredet, oder eine Einsicht der Cameral-Rechnungen gefodert hätte. Man vertraute ganz in seine landesherrliche Angabe.

Diese 30000 Fl. versprach Erzbischof Paris auch nach dem Ausgange der 3 Jahre auf fernere 2 Jahre zu zahlen; er ließ sie aber im Jahre 1629 in Ausstand erwachsen, und solche sodann abschreiben.

Im Jahre 1635 moderirte Erzbischof Paris die 30000 Fl. wegen Abnahme seiner Cameralintraden auf die Hälfte herab, und erklärte anbey, so oft es die Landesnoth erforderte, daß der Prälaten- und Ritterstand sich angreifen sollte, alsdann wolle auch er, und seine Nachkommen sich gleichergestalt mitleidig erzeigen, und dero gebührende Portion proportionabiliter mittragen.

Hiermit zahlte Erzbischof Paris und sein Nachfolger Guidobald pro Decima ein mehres in den damahls üblichen zwey Fristen nicht, als jährl. 15000 Fl.

Ao. 1674 wurde beschlossen, daß den 2 Steuer- und Decimations-Terminen der 3te beyzufügen sey; und so erklärte sich Erzbischof Max. Gandolph, daß er auch den 15000 Fl. den 3ten Termin mit 7500 Fl. beysetzen

des zu verwalten.   Die Entstehung und Absicht desselben
ist in folgender Verordnung enthalten,   welche bey dieser
                                                          Ge:

zahlen wolle 22500 Fl., jedoch mit Vorbehalt seiner Lan:
desherrl. Freyheit.

Ao. 1691 reichte man mit den bisherigen 3 Terminen
nicht. Es wurde also der 4te beliebt. Erzbischof Jo:
hann Ernst setzte hiemit obigen   22500 Fl.
weitere   .   .   .   .   7500 =
dazu, und so wurde die Cameral = Deci-
mation nach und nach erhöhet auf   .   30000 =
Auf die nämliche Weise verhielt es sich mit den Decima-
tionen der übrigen Stände.

Ao. 1674 setzten sie ihrer Ao. 1635 regulirten Gabe
den 3ten Termin, und Ao. 1691 den 4ten hinzu. Dadurch ward das Domcapitel von den Anfangs auf zwey
Termine dargebothenen 9000 Fl. nach und nach auf 4,
und beym 4ten Termin auf 5000 Fl. erhöht.

In effectu ward daher bey sämmtlichen Decimanten
die ursprüngliche Decima nach und nach von dem 10ten
in den 5ten Theil verwandelt.

Nun kam es endlich unter dermaliger Regierung Erzbischofs Hieronymi zur neuen Contributional = Reforme.

Hiebey wurde der Rustical = Contribuent aus seinem
Real = Inhaben nur mit dem 6ten Theile seiner Nutzung
in die unmittelbare Steuer gezogen; denn so viel beträgt
40 Xr. jährl. Steuer von einem Gutswerth von 100 Fl.;
wenn er aber Capitalien besitzet, so leidet er eine mit:
telbare Steuer mit 6 Xr. Abzug von jedem Zinsgulden,
welches nur den 10ten Theil beträgt.

Bey dieser Bewandtniß konnten Landesherr und Stände mit bestem Fug darauf antragen, daß sie nicht allein
                                                         mit

Gelegenheit von dem regierenden Landesfürsten erlassen worden ist:

„Hier=

mit ihrer mittelbaren Contribution bey den Capitalien, sondern auch bey ihrer unmittelbaren Dominical = Reali= täts = Steuer wieder in den 10ten Theil, oder wahre De= cima zurückgesetzet werden.

Dem Rusticalstande gehet dadurch nicht die geringste Unbilde zu: denn die Stände tragen in allen Ländern eine mindere Quotam, und sind auch im Erzstifte von je her mehr privilegirt gehalten worden.

Ueberdem ist hiedurch auf das Rusticale keine höhere Gabe in totali gegen jenes, was sie vormals nach den unentbehrlich gehaltenen 5 Terminen hätten reichen sol= len, aufgelegt worden. Die 5 Termine betrugen
=   =   =   =   =   =   =   235108 Fl. 25 Kr.
und nach dem Steuerfuße bezah=
len sie   =   =   =   =   =   242598   =   32 =
Folglich um einzige   =   =   7490   =   10 =

So gerade und so so knap auf einige tausend Gulden ließ es sich nicht zutüpfeln; man mußte auf einiges Sur= plus antragen, weil man nicht wußte, ob nicht durch die Superrevision eine stärkere Moderation bey ein und anderm Individuo erfolgen würde.

Zudem sind auch die Zulehen darunter begriffen, de= ren mehrere Gabe 7000 Fl. beträgt, die aber sich min= dern, und größten Theils wieder wegfallen kann, sobald die Zulehen in Hauptbesitze verwandelt werden.

Endlich ist einiger Surplus nicht überflüßig, weil die Landschaft mit drey Millionen Schulden behaftet ist, auf deren allmälige Tilgung man endlich in mittelmäßi= gen Jahren denken muß, und nicht immerfort in das
Wei=

„Hieronymus von Gottes Gnaden ꝛc. Mit dem Antritte Unsrer Regierung haben Wir die einem jeden Re:
genten

Weite, wo etwa wiederum extraord. Auslagen sich er: geben, spielen kann.

Wenn es also nicht unbillig ist, daß sämmtliche deci: mable Stände von dem 5ten Theile auf den 10ten rück: gesetzet worden, so wäre es ja sehr unbillig und unge: recht, wenn man den Landesherrn allein bey der seit An: no 1635 von dem 10ten auf den 5ten Theil, oder altero tanto erhöhten Gabe hätte stehen lassen.

Aber so, wird man einwerfen, hätte er wenigstens die Anno 1635 vom Erzbischofe Paris pro Decima an: erkannte Gabe der 15000 Fl. bezahlen, und sich nach diesem Maaßstabe auch für die künftigen Mehrungen her: angeben sollen.

7777 Fl. wären zu wenig, sie machten nur den 10ten Theil der Urbarial = Einkünfte aus. Erzbischof Paris hätte sich zu den 10 von sämmtl. Cameral = Revenüen er: boten, und nicht das bloße Urbariale für decimable er: achtet.

Dieser Einwurf würde allerdings ein großes Gewicht haben, wenn die jetzigen Cameral = Umstände mit jenen des Erzbischofes Paris und Guidobalds in einem glei: chen Verhältnisse stünden.

In Acten liegen die Zeugnisse und Beweise, daß zu Zeiten Paridis und Guidobalds die monatlichen Ausla: gen um die Hälfte geringer, als jetzo gestanden, und daß die Einnahme keinesweges seitdem solchen Zuwachs oder Mehrung erhalten habe, daß sie über die gewöhn: liche Auslage einen Ueberschuß gebe.

Paris und Guidobald hatten jährliche Ausbeute; der: malen zeigt sich ein Deficit, und wenn man nicht hätte
mit

genten heilige Pflicht vereinigt, das Beste Unsrer Unterthanen zu wirken. Um diesen Mittelpunkt drehten sich alle
Unsre

mit Ernst durch die Accise zu retten gesucht, so wäre
ein voller Banquerott in wenigen Jahren eine unver-
meidliche Folge gewesen.

Bey dieser Lage und Verhältniß des Cameral-Zu-
standes ist es die platte Unmöglichkeit, von allen Ca-
meral-Einkünften die Decimam darzugeben. Erzbischof that mehr denn genug, daß er die Urbarialge-
fälle dazu preis gab: die Decima der übrigen ist durch
die Staatsauslagen schon absorbirt, und wo nichts übrig
bleibet, davon kann man nichts reichen.

Gleichwie also Erzbischof Paris, Anno 1635, 15000
Fl. zum Grunde der Decimation, und der bey künftigen Mehrungen zu regulirenden proportionablen Portion
gelegt, so erschöpfen auch Se. hochfürstliche Gnaden damit alles, wenn Sie 7777 Fl. pro baß sowohl der dermaligen Gabe, als auch der künftigen Mehrungen der
Decimations-Reichnisse annehmen, und Sich erklären,
daß, wenn die Noth erfodert, daß die übrigen Stände
sich höher angreifen, alsdann auch Se. hochfürstl. Gnaden verbunden seyn wollen, obige Gabe proportionirlich
zu erhöhen.

Zu einem weiteren können Sie sich aber stricto jure
unmöglich verbinden lassen.

1. Ist es ohnehin eine Frage, ob der Landesherr de
rigore juris zur Decimation verbunden? Da aber Se.
hochfürstl. Gnaden sich nichts desto minder zu obigen
7777 Fl. und deren proportionirlichen Erhöhung verbind-
lich erklären, und der vorhin jedesmal bedungnen Landss-
fürstl. Freyheit sich begeben, so gehet dadurch dem Lande

Unsre Bemühungen, und lediglich nach diesem Zwecke hatten Wir Unser unverrücktes Augenmerk gewendet. Wir wid-
meten

de und der Landschaft ein sicheres, verlässiges unwidersprochenes Recht zu, welches selbe bisher noch nicht hatten.

2. Ist es den Ständen, und zur Richtigkeit ihres Etats besser gerathen, eine mindere Cameral-Decimam auf die sie eine sichere Rechnung machen können, und wobey sie nicht immer Gefahr der Ausstände — und Abschreibungen laufen.

3. Ist nicht vorzusehen, wie die Cameralumstände sich so ausserordentlich verbessern können.

Bey dem Salz riskirt man, bey immer mehr höher steigenden Erzeugungskosten, ehe mehr zu verlieren, als zu gewinnen. Bey den Bergwerken hat es eben keinen Anschein grösserer Ausbeute, oder da sich etwa eine ergibt, so ist es auf keine Dauer; etwa nur ein oder anderes Jahr.

Bey den Bräuhäusern lässt sich wiederum kein höheres Conto machen: wo also die Cammer eine notable Besserung erhalten könnte, wären es Aufschläge, Licenten oder Accise, die man im Erzstifte sonst als Cameral-Gefälle angesehen hat. Allein das Conclusum vom 31ten August 1779 schob hier den Riegel vor, da es solche nur als landschaftl. Gefälle behandelt.

Se. hochfürstl. Gnaden liessen ihres Orts dieses Conclusum auch wirklich in rem judicatam erwachsen, und gaben durch dieses Benehmen allein zu erkennen, wie fern sie vom Eigennutze wären, und wie Sie für das Land und die Unterthanen väterlich denken, und selbst gern solchen Verfügungen beypflichten, welche solche vor unnöthig eigenmächtiger Ueberbürdung und Erpressungen des Landesfürsten sicher stellen.

4.

meten Unsre Stunden der Verbesserung der Rechtspflege,
und der Verfeinerung der Unserm Lande anpassenden Poli-
zey.

4. Im J. 1635 sagte man nicht: wenn die Noth fo-
dert, die Decimationsgaben bey Prälaten und Rittern
zu erhöhen; so soll Erzbischof 30000 Fl. und mehr geben: sondern es hieß, daß er solchen falls seine gebührende Portion proportionabiliter mit tragen helfen wolle;
folglich, weil jetzo 7777 Fl. so wie Anno 1635 es die
15000 Fl. waren, alles sind, was die Cammer geben
kann, so wird man paritate argumenti mehr nicht auf-
bürden können, als daß, wenn andere Decimanten auch
sich höher angreifen, auch Erzbischof seine Portion proportionirlich mit trage; das ist: wenn die übrigen Decimanten ihre dermal fixirte Quotam um einen Termin
erhöhen, also auch Erzbischof seine dermal auf 7777 Fl.
regulirte Portion, oder Quota, proportionirlich mit andern erhöhen wolle.

In ein mehreres stricto jure den Landesfürsten zu
verbinden, würde gegen Billigkeit, und die Analogie der
Handlung von Anno 1635 selbsten laufen.

5. Je strenger man die Landesfürsten fesselt, desto
härter kommen Sie an die Erfüllung. Man muß etwas
ihrer Fürsten-Ehre und Großmuth überlassen. Diese
spornet sie mehr, als angelegter Zwang.

Wollte man den Erzbischof auf das äußerste treiben,
und auf 15000 Fl. jährliche Gabe (denn 30000 Fl. können wohl unmöglich mehr in der Frage seyn) verbinden,
so würde er solche endlich bezahlen; allein er würde sich
auch mit den Ausgaben in die Umstände des Erzbischofes
Paris zurücksetzen, und vieles Personale reduciren müssen, wobey das Land wiederum auf einer andern Seite
empfindlich verliert, was es auf einer andern zu gewinnen scheint.

7.

zeyanstalten, und dann beschäfftigten Wir Uns, das ver-
lorne Ebenmaß zwischen den Einnahmen und den Ausgaben wieder zu finden.

Nle-

7. Alle obstehende Gründe und Umstände haben die
Stände reif geziemend abgewogen; folglich genugsamen
Stoff gefunden, sich mit der Urbarial-Decimation von
7777 Fl. zu begnügen, wegen dessen künftigen Mehrungen aber auf kein strenges Recht anzutragen, sondern den
Hulden und Gnaden ihres Landesfürsten sich zu überlassen. Und da

8. Se. hochfürstl. Gnaden dieses wirklich bald darauf bey erster möglicher Gelegenheit erfüllet, und 400000
Fl. auf einmal der Landschaft zu einem Amortizations-
Fond gewidmet haben, welches eine sichere jährl. Rente
von 16000 Fl. gibt, so würde es höchstselben zu schmerzlich
fallen, wenn man Sie dem unerachtet bey künftigen allgemeinen Mehrungen der Decimanten in einem höheren
Grade, als nach der dermal erfundenen Portion der
7777 Fl. im strengen Wege verbinden wollte. Die Folge davon würde und müßte

9. diese seyn, daß Se. hochfürstl. Gnaden obige
400000 Fl. von der Landschaft wiederum reclamiren müßten; denn nur in Ansicht ihres getreuen und schiedli-
chen Betragens, nämlich, daß Sie sich mit der Fatirung
des Urbarialis zu Frieden gestellet, und die weitere Hülfe nicht aus strengem Recht, sondern aus Landesfürstl.
Gnade zugemuthet hat, haben Sie sich zu obiger Schen-
kung bewegen lassen, und das ständische Vertrauen
respective damit vergolten. Hört aber diese Bewegur-
sache auf, und man wollte sich mit dem, was Sie theils
durch jährl. 7777 Fl. und durch das Erbiethen, solche.
bey künftigen Decimations-Mehrungen gleichfalls proportionirlich zu erhöhen, thun, und durch 400000 Fl. in

voraus

Niemand kann die Folge verläugnen, daß ein Land seinen eigenen Umsturz wirke, wenn die Ausgaben gegen die Einnahme höher stehen, und wenn man diesem Mißverhältniß durch außerordentliche, das ist, solche Mittel steuern will, welche, wie Wir in Unserm Accispatent vom 19ten Herbstmonats 1775 bereits bemerkt haben, das Uebel zum Scheine bedecken; in sich selbst aber vergrößern, und unheilbar machen.

Die Hauptrichtung, welche Wir Unserm Vorhaben gaben, dessen Grundsätze Wir mit Uns auf den Fürstenstuhl gebracht, bestand darin, daß Wir den Staat durch das bezeichnete Ebenmaß decken, zugleich aber dem Unterthane durch ein Gleichverhältniß (einen gegen den andern betrachtet) jene Leistungen erleichtern möchten, welche eine Folge jenes Schutzes und jenes Bandes sind, welchen der Unterthan, und der Ingesessene in dem Lande genießt, und durch welches Unsre Lande an Se. kaiserl. Majestät und das Reich angeknüpft zu seyn die Ehre haben.

In der Wesenheit ist es zwar nur eine, dermal aber eine in Unserm Lande getheilte Kasse, welche des Fürsten und des Landes Nothdurft überträgt, und die unter dem zweyfachen Nahmen einer Kammeral- und einer Landschaftskasse bekannt ist. Wir blieben in der Ausführung Unsers Vorsatzes dieser Abtheilung getreu; Wir behandelten den Zustand der ersten und der zwoten zwar abgesondert; in dem allgemeinen aber knüpften Wir den Entwurf der nöthigen Hülfe zusammen. Als Wir unter getreuer Beywirkung unsrer Landstände und Unterthanen der erstern die erste Hülfe gaben, wandten Wir Unsre Absicht unter einem dar-

voraus gethan haben, noch nicht sättig, und eine strengere Bürde, als die Stände selbst verlangen, aufladen, so müssen Se. hochfürstl. Gnaden auch auf das geschenkte zurückgreifen, und mit ihren eigenen getreuen Landständen darüber in Contracte gerathen.

Anstatt Ruhe und Richtigkeit für die Hinkunft zu befestigen, welches das einzige Ziel Sr. hochfürstl. Gnaden war, würde nur neuer Anlaß zum Zwiste und Irrung Erzbischöfen und Ständen selbsten geleget."

darauf, um der letztern niemahls läſtig zu werden; und als
Wir bey der Steuereinrichtung die nach dem denkwürdi-
gen Ausſpruch des ſel. Erzbiſchofes Paris von Lodron ſchon
vor mehr als 150 Jahren vermißte Gleichverhältniß die
individuellen Summleiſtungen ſuchten, ſo ſuchten Wir dieſe ohne Beſchwerung des Unterthans in dem Ebenmaße
aller Contribuenten, und in der Verbannung unächter
Verſchleiſungen, oder gewiſſenloſer Begünſtigungen, welche mit dem Schweiße der Bedrückung bemackelt ſind.
Schon zu der Zeit, als Wir durch Einführung der wirth-
ſchaftlichſten Mäſſigung, welche Wir auf Unſre eigene Per-
ſon und Bedürfniſſe erſtreckten, der erſten einen Schwung
gaben, wandten Wir die Mittel einer gleichen Mäßigung
auch bey der Steuerkaſſe an, und auf ſolche Weiſe verei-
nigten Wir immer eine Handlung unzertrennt mit der andern.

Unſre ſogenannte Kammeraldecimation wollten Wir
nicht mit einer Hand aus einer Kaſſe heben, und in die
andre in der ſichern Vorausſetzung hinüberlegen, daß,
weil hierdurch die erſte unbedeckt würde, Wir gleich wieder
von der andern die Hülfe verhältnißmäßig zurücknehmen,
und alſo auch dieſe wieder entblößen müßten. Wenn wir
alſo aus der erſten jenes hinübergaben, was dieſe ertra-
gen könnte, ſo war die erſte beſorgt, und die zwote des
Beyſtandes überhoben, welchen ſie der erſtern auf alle Fälle hätte zurückleiſten müſſen.

Aus dieſem Standorte betrachten, zu Unſerm aus-
nehmenden Vergnügen, Unſre getreuen Landſtände und
Unterthanen alle Unſre dahin ſich beziehenden Handlungen,
und dieſen und keinen andern Endzweck hatten auch dieſelben. Aber aus eben dieſem Endzwecke floß die natürliche
Folge, daß man dieſen geſonderten Kaſſen nicht nur das
Ebenmaß, ſondern mittelſt Tilgung der angehäuften Schul-
denlaſt den Schwung wieder geben ſollte, daß nach und
nach auch der Contributionsſtand herabgeſetzt, und der
Unterthan und das Land erleichtert werden könnte.

Bey der Kammeralkaſſe erreichten Wir dieſe Abſicht
durch die Accisgefälle, und bey der Landſchaftskaſſe ſuchten
Wir ſolche in einem Ueberſchuſſe des jährlichen Beytrages
zu finden. Nur mit Unſerm großen Bedauern mußten Wir
bis-

bisher geschehen laſſen, daß Wir einen ſolchen Ueberſchuß
vermiſſen, und bis auf jene Hülfe, welche Wir in Auffin=
dung einiger Kapitalien mit 3 von Hundert antraffen,
Wir nicht weiter, als zur Bedeckung der gewöhnlichen Aus=
gaben mit der gewöhnlichen Einnahme vorſchreiten konn=
ten, wenn Wir dem Unterthan keine neue Gabe auflegen
wollten. Eine ſolche Operation widerſteht Unſern Geſin=
nungen; Wir dachten auf erleichternde Mittel, und Wir
geben die Hoffnung der Rettung nicht verlohren.

Auf einmal hat es die Güte des Allmächtigen geord=
net, daß Wir Uns mit des Herrn Kurfürſten zu Pfalz,
Liebden über mehrere rückgeſtandene Forderungen vor
der Hand in einer Präliminar=Abrede vereiniget haben;
und dieſe Vereinigung war für Uns der erſte glücklichſte Au=
genblick Unſrer Regierung, welcher Uns eben dieſe ſo em=
ſig geſuchte, ſo ſehnlich gewünſchte Mittel an die Hand
gibt, unſern Entwurf mit einem guten Ende zu krönen.

Unſre getreue Landſchaft hat jene Milde nicht vergeſ=
ſen, mit welcher Wir derſelben bereits 50000 fl. von Unſ=
rer Kammer zur Abledigung theils Schulden, theils aus=
ſtehender Extraordinari=Poſten haben bezahlen laſſen. Und
bey der belobten Handlung mit des Herrn Kurfürſten zu
der Pfalz Liebden wegen des Herzogthums Bayern wa=
ren wir ſo glücklich, daß jene 30653 Gulden, welche Unſ=
re Landſchaft von rückgebliebenen Römermonaten an Weyl.
Kaiſers Karl des 7ten Majeſtät ſchuldig war, und jene
47593 Gulden, welche Unſre Landſchaft von dem letzten
Preußiſchen Reichskriege liquidationsmäßig an Bayern zu=
rück zu erſtatten gehabt hätte, gänzlich abgeſchrieben, und
getilgt worden, durch welche zwey Poſten Unſre getreue
Lande eine Summe von 128246 Gulden gewonnen haben.

Da Wir aber, damit nicht zufrieden, Unſerm Lande
Gutes zu thun niemahls müde werden; da uns jede Gele=
genheit die willkommenſte iſt, die Gutthaten nicht zu be=
ſchränken, ſondern Wohlthaten auf Wohlthaten zu häufen;
da Wir jenes, was Wir als Landesfürſt erobern, in der
angenehmſten Eigenſchaft eines Vates des Landes zum
Wohlſtande deſſelben mit Freuden verwenden: ſo haben
Wir mit wonnevollem Vergnügen den Tag begrüßt, wel=
cher Uns zur Abledigung der von Unſers Erzſtifts wegen an
das

das Haus Bayern gemachten Forderungen eine Aversal-Summe versichert hat.

Beseelt von reinsten Gesinnungen weihen Wir dieser segenreichen Ereigniß Unsre lebenslängliche Dankfeyer, und übergeben Unserm getreuen Lande in der Gestalt einer unwiederruflichen Schankung nicht nur allein die bedungenen 385000 Gulden zahlbarer baherischer Wechselscheine; sondern Wir werden demselben sogleich, als der Hauptvertrag ausgewechselt seyn wird, noch 15000 Fl. baares Geld zu dem Ende beylegen, daß außer den schon bezeichneten 128246 Fl., und also einer eine halbe Million mit 28246 Gulden übersteigenden Summe dermal Unsre Lande ein sicheres Kapital von 400000 Gulden gewinnen, welches zur Erleichterung des Landes und der Landschaft in jener Weise verwendet werden soll, wie Wir solche bey dem künftigen großen Landtage näher zu bestimmen Uns vorbehalten.

Vor der Hand geht Unsre landesväterliche Absicht dahin, daß diese 400000 Gulden, was davon gleich nach den ausgewechselten Verträgen eingehet, und an den Wechselscheinen von Zeit zu Zeit eingehen wird, in eine besondere von den Ordinari-Steuergeldern abgesönderte Kasse gelegt, und unter besondern Schlüsseln, und einer besondern Rechnung, auch eines besondern Rechnungsführers, welcher aus dem Mittel der Landschaftsverordneten uns vorgeschlagen werden mag, bewahret und besorget werde.

Man soll die dem Lande aufliegenden lästigsten Schulden von Zeit zu Zeit damit abledigen, und aus der Erträgniß einen Amortizationsfond zur Bezahlung landschaftlicher Schulden formiren. Bloß dahin sollen die jährlichen Nutzungen von diesen 400000 fl. verwendet werden; und bloß dahin soll man sorgen, daß, wenn hiedurch die landschaftlichen Schulden nach und nach fallen, und die Zinsausgaben leichter werden, diese Erleichterung den Steuerkontribuenten in der Folge der Zeit mittelst thunlicher Abschreibung ein- oder des andern Schillings zu Hülfe gehen, und unter keinem Vorwand anderstwohin verwendet werden soll.

Die Rechnungen sollen Uns, und in der Zeitfolge jedes Jahr Unsern Regierungsnachfolgern in das Kabinet gelegt

Nnn

legt

legt werden, und nur Uns und diesen soll es vorbehalten
seyn, daß, wenn etwa Unsre Lande durch Kriege, Theurung oder andre Unglücksfälle in einen Nothstand gerie-
then, welchem durch eine Extraordinari-Landsteuer abge-
holfen werden müßte, Wir oder Sie in solchen außerordentlichen Fällen gestatten können, daß Unser getreues Land
aus den Nutzungen dieses Kapitals, doch niemahls von dem
Kapital selbst eine zeitliche Hülfe für einen solchen Fall
nehme, und also auch hier wiederum der Steuerkontribuent,
so viel es thunlich ist, überhoben werde.

Dieses ist Unsre bloß zum Besten Unsrer Lande abzwe-
ckende Verordnung; dieses ist Unsre Gabe, welche Wir
dem großen Gotte zur Verherrlichung der eintretenden Ju-
belfeyer des zwölften Jahrhunderts Unsers Erzstiftes opfern
wollen; und dieses ist Unser Wille, welchen Wir Unserm
getreuen Lande zur Erkenntlichkeit jener Treue, jener Be-
reitwilligkeit und jenes Eifers bringen, mit welchem dasselbe Unsre bestgemeinte landesväterliche Absichten unterstützet, und mit Thaten befördert hat. Noch forthin zählen Wir auf ein gleiches Attachement an Unsre Person,
und an Unsre das Beste des Landes bezielenden Verordnungen; lediglich der Fall, wenn man diesen zuwiderhan-
deln, wenn man Unsre in Rücksicht auf beyde Kassen ver-
einigte Anstalten bey der Kammeralkasse vor der Zeit unter-
brechen, mithin Uns nöthigen würde, in dem genauen
Verbande einer Kasse gegen die andere jenes von Unserm
Lande zurückzunehmen, was man dieser zu ihrer Selbstkas-
sirung entwenden würde, würde uns zur Ausnahme die-
nen; ein Fall, welcher bey der bekannten Treue und den
Umständen Unsrer Lande wohl niemahls eintreffen kann,
und an welchen Wir also Unsre Schankung in der Gestalt
der einzigen auflösenden Bedingniß wohl anbinden können.

Uebrigens betrachten Wir die Unsrer getreuen Landschaft
zu der bezeichneten Absicht mit 385000 Gulden auszuhän-
digenden Wechselbriefe in so ferne als die Unsrigen, daß
Wir derselben Abführung in eben jener Weise beschirmen
werden, als wenn solche Uns selbst noch ausstünden.

Mit diesen reinigkeitsvollen Gesinnungen treten Wir
froh die Reise an das allerhöchste Hoflager Sr. röm. kaiserl. Majestät an, Wir werden dort das treuvolle Betragen

gen Unsrer ergebenen Stände selbst eben so erheben, als
sicher erwarten, daß dieselben in ihrem vaterländischen Eifer nicht nur allein niemahls erkalten, sondern auch während Unsrer Abwesenheit das Beste Unsrer Lande zu bera-
then, mit jener Wärme sich angelegen seyn lassen werden,
mit welcher Sie sich Zeit Unsrer Regierung zur heilvollen
Erhaltung dieses Endzweckes tapfer und mannhaft, auch
da, wo man gegen solche grundlose Anfälle wagte, ausge-
zeichnet haben. Salzburg den 16ten Jäner 1781."

Die im J. 1775 eingeführte Accise oder Besteue-
rung aller Getränke ist im J. 1789 wieder aufgehoben
worden. (Man lese über die deßhalb ergangenen Verordnungen, und dadurch veranlaßten Streitigkeiten Reußens
Staatskanzley VI. Th. S. 221, und IX. Th. S. 201;
auch in Zaunero Sammlung II. und III. B. unter den
Wörtern Accise und Accise-Aufhebung. Man kann
ferner das Benöthigte über Ungeld und Accise im II.
Bande der Beschreibung der Hauptstadt Salzburg
finden.)

Die Einkünfte des Domcapitels sind hier, wie
überall, von allen übrigen des Erzstiftes abgesondert, und
unter eigener Verwaltung. Ueberall durch das Erzstift
sind dessen Güter und Unterthanen zerstreuet. Unter
den Besitzungen des Domcapitels sind der Markt und
Burgfriede Mauterndorf, und die fünf Thäler Tweng,
Weißbriach, Göriach, Muhr, und Kendlbruck
im Lungau die vorzüglichsten, worüber es eine mehr
oder minder beschränkte Hofmark-Gerichtsbarkeit besitzt.
In der Hauptstadt selbst zählt das Domcapitel nebst dem
Capitelhause, und den Wohnungen des Capitelsyndikus
und Kastners 15 sehr schöne Canonicalhöfe, und außerhalb der Stadt etliche Schlösser und Meyerhöfe *).
Der Dompropst genießt für sich allein die Einkünfte
                                                    von

*) S. I. B. der Beschreib. der Haupist. Salzburg.
Nnn 2

von der Herrschaft und dem Schloße Windischmate‑
rey, wozu das Domcapitel eigene Dompropstische Un‑
terthanen bestimmt hat; ferner hat er außerhalb der
Stadt an der österr. Straße den Genuß eines schönen
Gartens und Lustschlößchens, Röggelbrunn genannt.

Wenn man annimmt, daß die hiesigen Domherren we‑
nigstens 3000 Fl. jährliche Präbende genießen, und die
Anzahl der Präbenden auf 25 (der Domdechant genießt ei‑
ne doppelte), also auf eine Summe von 75000 Fl. fest‑
setzt; ferner für Gebäude, Beamte, Chorgeistliche, Spi‑
talbesorgungen und alle übrigen Domcapitelschen Ausgaben
eine Summe von 100000 Fl. rechnet; die ganze Summe
von 175000 aber (welche mit allen besonderen Einkünften
und ausländischen Unterthanen, der Oblay, des Domde‑
kans, Dompropstes ꝛc. nicht viel von 200000 Fl. abstehen
dürfte) als Interesse eines zu 4 Procent angelegten Capi‑
tals betrachtet; so kann man das sämmtliche Vermögen
des Domcapitels auf mehr als 5 1/2 Millionen Rhein‑
Gulden berechnen *).

Hierüber ist eine nicht unbeträchtliche Anzahl von
Beamten aufgestellt. In der Hauptstadt wohnt der Ca‑
pitelsyndikus, welchem alle andere Beamte in Jurisdic‑
tionssachen untergeben sind. Er hat einen Sekretär, zwey
Kanzellisten und einen Copisten bey sich, und verwaltet
auch das Domcapitelsche Amt Glaß. Ferner sind hier ein
Urbarscommissär mit einem Schreiber; ein Rentmei‑
ster,

*) Vergleicht man hiermit das kleine Fürstenland Berchtes‑
resgaden, dessen sämmtliche Einkünfte im J. 1792 auf
183052 Fl. 41 1/2 Kr. und Ausgaben auf 156486 Fl.
18 1/2 Kr. berechnet wurden, so kann man sich von dem
Reichthume des Salzb. Metropolitan‑Capitels einigen
Begriff machen.

ster, welcher zugleich Verwalter der Oblay, und des Beneficiums St. Martins ist, und einen Schreiber unter sich hat; ein Domkastner *), welcher das dompropsteyische Lehensekretariat, die Verwaltung Anthering und Pebrarn, die Kirchenverwaltung der Domcapitelschen Pfarre zu Siezenhelm, die Verwaltung der Beneficien St. Johanns in aula und St. Erentrudis zugleich versieht, und einen Schreiber nebst einem Accessisten unter sich hat; ein Bauverwalter, welcher zugleich dombekanischer Obverwalter ist; endlich ein Spital-Obverwalter **) mit einem Schreiber. Auf dem Lande hat das Domcapitel folgende Aemter und Verwaltungen:

1) Das Pfleggericht zu Mauterndorf im Lungäu. Hier sind ein Pfleger, ein Mauthgegenschreiber, der zugleich Gerichtsschreiber ist, ein Ober- und ein Mitterschreiber nebst 1 Accessisten. Hierunter befinden sich die Aemter der Anwaldschaft, A. Muhr, A. St. Michael, A. Göriach, A. Weißbriach, A. Altenhofen, A. Sondergut, A. Groß- und Kleinkendelbruck, A. Judendorf, A. Altmauterndorf, A. Neumauterndorf und Tamsweg, das Burgrechtbuch Mauterndorf, verschiedener Lungauischer milder Orte, und freyeigenen Unterthanen, von welchen die Vogtey und Fertigung dem Domcapitel zugehört. Der Gerichtschreiber hat die Verwaltungen der Oblay, der Dompropstey, einiger Domcapitelschen Beneficien, auch der milden Orte allein zu besorgen.

2) Die Verwaltung zu Seehaus, 4 Stunden von Salzburg an der Münchner Strasse. Diese hat die Aemter

---

*) Unter dem Rent- und Kastenamte sind auch die rings um die Städt gelegenen Burgrechts-Güter enthalten.

**) Obverwalter soll etwa so viel heißen als Oberverwalter.

ter Thundorf, Saaldorf, Petting, Pietling, Freyt-
ling und die Törringischen, Kuenischen und Lamber-
gischen Güter zu versehen. Der Beamte hat einen Schreiber unter sich.

3) Die Verwaltung und das Kastenamt zu Traun-
stein in Bayern. Hier ist ein Beamter (mit einem Schreiber), welcher die anwaldschaftlichen Aemter Miesenbach,
Grabenstätt, Obing und Hierzing, und die dortigen dom-
propstenlichen Güter zu verwalten hat.

4) Das anwaldschaftliche, oblayische und domprop-
stenische Amt zu Kuchel. Der Beamte hat auch die Kuenischen Unterthanen zu verwalten, und einen Schreiber bey
sich.

5) Die Verwaltung zu St. Veit im Pongau.
Der Beamte hat die anwaldschaftlichen, dombechantlichen
und oblayischen Güter, und verschiedene Zehende z. B. zu
Mitterstein, Ytter, Ebbs und Buchberg (in Tyrol), und
einige anwaldschaftliche Thöringische Unterthanen zu verwalten, und einen Schreiber bey sich.

6) Die Verwaltung am Schober in Abersee; ein
anwaldschaftliches und oblayisches Amt. Der Beamte versieht zugleich mit einem Handschreiber einige Güter des
Stiftes zu st. Peter.

7) Die Verwaltung zu Neukirchen im Pinzgau,
ein anwaldschaftliches und oblayisches Amt in Ober- und
Unterpinzgau, nebst dem St. Erhard-Spitalischen Amte
Plesendorf. Es wird von einem Beamten nebst einem
Schreiber versehen.

8) Die Verwaltung zu Radstadt, ein anwaldschaftliches und oblayisches, auch Thöringisches Amt, mit
einem Beamten und Schreiber.

Das

Das anwaldſchaftliche und oblayiſche Amt im Pfleggerichte Reichenhall verwaltet der Hofrichter zu St. Zeno, das oblayiſche Amt in der Windiſchmaterey der dortige Gerichtsſchreiber, und einige wenige Unterthanen im Innviertel der Hofrichter zu Michaelbeuern. Die Ennsthaliſchen Unterthanen, welche einſt unter der Verwaltung zu Rabſtadt ſtanden, ſind in der Hälfte dieſes Jahrhunderts erkaufet worden. Alle Schreiber auf dem Lande, außer denen zu Mauterndorf, ſind unbefretirt.

Die Stifte zu ſt. Peter, auf dem Nonnberge, zu Michaelbeuern und Högelwerth haben ebenfalls ihre eigenen Hofrichter, und mehrere Unterbeamte. (Die ſehr beträchtlichen Beſitzungen des Stiftes zu ſt. Peter ſind im II. B. der Beſchreibung der Hauptſtadt S. 325 genau angegeben). Die ſämmtlichen Beſitzungen der Hofmarkherren im Lande ſind auf einen Steuerfuß von 154065 Fl. angeſetzt.

Der ſämmtliche Vermögensſtand aller im Erzſtifte befindlichen milden Orte wird auf 5,486,600 Fl. geſchätzet, worüber eine eigene Buchhalterey aufgeſtellt iſt, deren Adminiſtrationsbezirke die Orte Altenmarkt, Tamsweg, Gmünd, Hallein, Röſtendorf, Laufen, Pieſendorf, Saalfelden, die Hauptſtadt Salzburg (deren mildortliches Vermögen, die dazu gehörigen Ortſchaften mit eingeſchloſſen, allein die Summe von 2,687,129 Fl. beträgt), Seekirchen, Teiſendorf, Mühldorf, Tittmoning und Zillerthal ausmachen, und wozu auch die Dekanalkaſſen mit ungefähr 11000 Fl. Vermögen gezogen werden. Die Summe aller milden Orte, über deren Vermögen beſondere Rechnungen jährlich geführet, und von der Buchhalterey geprüfet werden, beläuft ſich auf 607. Lungau, oder der Adminiſtrations-Bezirk Tamsweg zählt allein 33 derſelben.

In

In allen Zweigen der landesfürstlichen Finanzen sowohl, als der landschaftlichen, kirchlichen und mild: örtlichen Einkünfte herrscht gegenwärtig ein so genauer, und nur auf das Nothdürftige beschränkter Haushaltungsgeist, daß die Summe aller Art Vermögens überall in der fruchtbarsten Aufnahme sich befindet.

Die Gerechtigkeitspflege ist allenthalben sehr pünctlich, und der vor Zeiten zu willkührlich um sich greifenden Sportel: und Tarirsucht ist im J. 1786 durch eine festgesetzte Taxordnung für die hochfürst: lichen Pfleg: Stadt: Land: und Berggerichte ab: geholfen worden *), so wie auch die Geistlichkeit im J. 1784 eine eigene Stolordnung erhalten hat **).

Landwirthschaft.

Die Forstwirthschaft wird unter der gegenwär: tigen Regierung immer mit wachsender Sorgfalt be: trieben. Der hier und da bemerkte oder besorgte Man: gel des Brennholzes hat eine genaue Aufmerksamkeit rege, und den Landesfürsten auf den Besitz seiner höchsten oberförstlichen Gewalt eifersüchtig gemacht. Man sieht an vielen Orten beträchtliche junge An: flüge (Maise in der Landessprache), und für die Zukunft berechnete schöne Pflanzungen. Allenthal: ben sind Waldmeister, die unter der Direction der Hofkammer und eines Oberstwaldkommissärs stehen, auf genaue Vermessung der Reviere und wirthschaftli: che Anweisung der haubaren Stämme, ohne welche gar keine Fällung des Holzes erlaubt ist, streng ange: wiesen. Auf die Schonung des Nachwuchses wird überall scharfe Obsicht getragen.

Man

*) Sie ist in Zauners Sammlung II. B. S. 177 u. ff. voll: ständig abgedruckt zu finden.

**) Sieh ebendas. I. B. S. 206. u. ff.

Man hat hier folgende Abtheilungen der verschiedenen Waldungen: 1) Hoch- und Schwarzwälder, welche aus Tannen, Fichten, Föhren und Lerchen mit Ausschluße alles Laubholzes bestehen, und an Bayern zum Reichenhallischen Salzsudwesen laut Verträgen überlassen sind. 2) Halleinische Hölzer, welche in verschiedenen Pfleggerichten bloß zum Halleinischen Salzsude bestimmt sind. 3) Handelwälder, zum Gebrauche der inländischen Bergwerke. 4) Bannwälder, unmittelbare landesfürstliche Wälder an den äußersten Gränzen, welche zur Landessicherheit verschont werden müssen. 4) Freywälder, welche Eigenthum der Hofkammer, und deren freyer Bestimmung überlassen; also weder zu den Bergwerken gehören, noch fremdes Eigenthum sind; hiermit gegen jährliche Abgabe zur Benützung überlassen werden. 5) Eigen- oder Urbarswaldungen, welche inner Band und Stecken sich befinden, und also fremdes grundherrschaftliches Eigenthum sind. 6) Freygeldäcke und Hofsachen, oder solche Waldungen, welche den Gütern oder Gemeinden durch die Hofkammer zu ihrer Nothdurft, gegen Abgabe des Stockrechtes, zugetheilt sind. Hofsachen nennt man eigentlich jene Holztheile in den Hoch- und Schwarzwäldern, welche durch einen Vertrag von den an Bayern überlassenen Waldungen den anliegenden Inländern zu ihrer Nothdurft zugetheilt sind. 7) Heimwälder, alle Waldungen inner Band und Stecken, oder wovon der Unterthan beweisen kann, daß sie anleitbar, also Guts-Eigenthum sind. 8) Fürstl. Berchtesgadensche Amtswaldungen, oder solche Hoch- und Schwarzwälder, welche an Bayern überlassen, dem Stifte Berchtesgaden eigenthümlich, in der forstwirthschaftlichen Pflege aber dem Erzstifte unterworfen sind.

Das

Das Holztriften ist im Erzstifte eben so gewöhnlich als nothwendig. Es geschieht überall in den größeren Bächen, welche nahe an waldichten Gebirgen
vorbeyströhmen. Wie mit den sogenannten Riesen
und Klausen verfahren werde, um das Holz von den
hohen Gebirgen herabzuschaffen, ist im II. Bande dieser Beschreibung S. 664 zu lesen. Kohlenbrenne-
reyen trifft man in allen Gegenden des Erzstiftes an;
doch sind die stehenden Meiler die gewöhnlichsten.

Die Viehzucht, besonders die Rindviehzucht
macht den beträchtlichsten, in einigen Gegenden sogar
den einzigen Nahrungszweig des Salzburgischen Gebirglandes aus. Im Pinzgau werden starke und große Pferde gezogen, welche für den Dienst der Cavalerie sowohl als zum Schiffziehen sehr gesuchet werden.
Das Rindvieh im Lungau kommt dem Steyermärkischen sehr nahe, und der Lungauische Ochs wird wegen
seiner außerordentlichen Stärke und Schwere häufig ge-
kauft. Das Lungau zählt jährlich mehr als 6000
Ochsen, über 600 Stiere, gegen 9000 Kühe, über
6500 Kälber; dagegen nur ungefähr 800 Pferde.
Im Pinzgau werden die Pferde zahlreicher gezogen,
wozu die vielen grasreichen Niederungen an den Berg-
achen sehr gute Dienste leisten; dagegen wird auch mehr
auf die Menge und Güte der Kühe als der Ochsen gesehen,
weil hier auf den sehr zahlreichen Alpen die Käserey
stärker als irgendswo betrieben wird. Im Zillerthale ist ebenfalls die Pferdezucht ansehnlich: aber die
Rindzucht weniger beträchtlich als im Pinzgau, ob sie
gleich daselbst in sehr gutem Stande sich befindet, wie
man aus den bereits mitgetheilten Beschreibungen erse-
hen kann. Schweine werden überall sehr viele gezogen, obgleich die Eichelmast von gar keiner Beträcht-
lichkeit ist. Im Lungau sind sehr viele Bauern,
welche sich auf das Castriren der Schweine (Schwein-
schneiden) verlegen, jährlich in fremde Gaue auswandern,

bern, und ſich mit dieſer Kunſt, die ſie mit dem Ka-
ſtriren der Pferde, Stiere, Böcke ꝛc. verbinden,
ein ſchönes Stück Geld erwerben. (Sieh Beſchreib.
des Pfleg- und Landger. St. Michael S. 491
II. B. der Beſchreib. des Erzſtiftes.) Man trifft
von dieſen Leuten ſehr viele auch in den übrigen Gegenden des Salzb. Gebirglandes an. Die Schafzucht
iſt überall in genauem Verhältniß mit dem häuslichen
Bedürfniß. Der Bauer kleidet ſich in den meiſten
Gegenden, wohin noch kein ſtädtiſcher Luxus Eingang
gefunden hat, beſonders in den Seitenthälern aus der
Wolle ſeiner Schafe, die ihm Röcke von Loden,
Strümpfe, Beinkleider und dergleichen liefern müſſen.
Der Verkauf der Wolle in das Ausland iſt daher nirgends beträchtlich. So werden auch Ziegen nirgends
in zu großer Menge gezogen; doch immer die meiſten
im Pinzgau, wo man die Ziegenmilch zu den Käſe-
reyen gebraucht. (S. Charakteriſtik von Pinzgau
II. B. Beſchreib. des Erzſtiftes. S. 668.)

Die Zucht des heimiſchen Federviehes, und der
Bienen iſt weder im flachen, noch im Gebirglande des
Erzſtiftes ſehr beträchtlich; doch im erſteren beliebter
als im letzteren. Man ſieht zwar überall Enten, Gänſe, Hühner und Tauben; auch ſtehende und liegende
Bienenkörbe: aber überall iſt mehr nicht als Hausnothdurft: nur um die Hauptſtadt und einige Landſtädte
des Erzſtiftes wird derſelben eine größere Anzahl gezogen, weil man ſie für eine größere Zehrung berechnet.
Truthähne und ausländiſche Gänſe und Enten ſieht
man ſehr ſelten.

Den Seidenbau kennt man nur ſeit ungefähr
20 Jahren in der Hauptſtadt, wo er einige Familien
mehr zum Vergnügen, als in anderer ins Große ge-
henden Abſicht beſchäfftiget.

Der

Der Ackerbau ist dem flachen Lande das, was dem Gebirglande seine Viehzucht ist: doch dürfte der Gewinn des letzteren im Ganzen um sehr vieles beträchtlicher ausfallen. Im Lungau steht der Ackerbau der Viehzucht weit nach; und im Pinzgau ist er sehr kümmerlich; dagegen im Zillerthale sehr gesegnet und ergiebig; aber nicht hinlänglich, um die Einfuhr des fremden Getreides unnöthig zu machen; so auch im Brixenthale. Die Weise des Anbaues in den verschiedenen Gegenden, den Gebrauch der Ehgärten und Tratten findet man bereits in den verschiedenen Abtheilungen dieser Beschreibung der Länge nach angeführt.

Die köstlichen Gräsereyen der Alpen zum Behufe der Viehzucht im Lungau, Pinzgau und in den übrigen Gebirggegenden, und die zahlreichen Viehweiden z. B. die Pinzgauerischen Niederungen sind aus dem Angeführten schon hinlänglich bekannt.

Der Garten= Obst= und Kohlbau wird zwar überall (die ersteren zwey im Lungau ausgenommen) betrieben: allein nirgends im Ueberfluße. Hanf und Flachs werden am häufigsten im flachen Lande gezogen.

Die Jagden sind nirgends rauschend und lärmend: Parforcejagden sind Theils nicht üblich, Theils an den wenigsten Orten anwendbar. Man hat Hirsche, Rehe, Füchse, Dachse und Hasen in Menge; doch wird ihrer jährlich eine beträchtliche Anzahl erleget. Gemsen halten sich nur auf den höchsten Gebirgen, vorzüglich des Pinzgaues, z. B. um Saalfelden, auf, und ihre Jagd ist sehr gefährlich.

Unter den Fischen sind die Salmlinge und Forellen in den Bergseen und in einigen der größeren Landseen die vorzüglichsten und schmackhaftesten.

Hand=

Handlung, Gewerbe, Manufakturen, Fabriken.

Die Handlung dieſes Landes war einſt ungemein blühend; es führte zwiſchen Italien und Deutſchland bis in die Niederlande einen überaus gewinnreichen Zwiſchenhandel. Daher kam es, daß von Zeit zu Zeit die reichſten und angeſehenſten Italiániſchen Kaufleute ſich hier niederließen, und überall Wohlhabenheit um ſich her verbreiteten. Seit dem aber die benachbarten öſterreichiſchen und anderen Lande mit Manufacturen und Fabriken aller Arten ſich ſelbſt zu verſehen und die Einfuhr der ausländiſchen Waaren wo nicht zu verbiethen, doch wenigſtens zu erſchweren angefangen haben, iſt die Handlung im allgemeinen von ihrer Höhe herabgeſunken, und der Familien‑Reichthum, der einſt die Geſchlechter der hieſigen Handelsleute überall mit Anſehen und Credit verherrlichte, iſt um ein Merkliches beſchränkter geworden. Der ergiebigſte Zwiſchenhandel iſt hier noch mit Eiſen und Stahl. Der größte Theil des Stahls und Stangeneiſens (aus Steyermark) wird nämlich an die hieſigen Eiſenhändler verkauft, und von dieſen nach Bayern, Tyrol, in das Reich ꝛc. weiter verſandt.

Der Speditionshandel iſt, beſonders in den gegenwärtigen Kriegszeiten ſehr lebhaft und anſehnlich. Der Tranſito‑Handel zu Lande wird durch die Unſicherheit zu Waſſer und die Sperrung vieler im Kriege befangener Länder ſehr begünſtiget, wie nicht minder durch die überaus häufigen Lieferungen von Kupfer, Eiſen und allerley Proviſionen an die Armeen.

Der übrige Zwiſchenhandel von Seidenwaaren, Tüchern, Kaffee, Weinen, Tabak, Leinwand, Berchtesgadner Holzwaaren, Nürnberger Waaren, Büchern ꝛc. iſt weniger beträchtlich. Der größte Theil iſt auf

auf das inländische Consumo, oder die Abnahme der benachbarten Krämmer berechnet.

Von eigenen Erzeugnissen werden ausgeführt — Salz (von Hallein, der beträchtlichste Nationalreich: thum, indem jährlich über 300000 Centner Salz (das Pfund auf 240 Stöcke, und den Stock auf 120 — 136 Pfund gemeinen Gewichts gerechnet) gesotten werden), Kupfer, Messing und messingene Waaren, Stangen: und Gußeisen, Kobalt, Vitriol, Schwefel, Arsenicum, Pferde, Rindvieh, Schmalz, Leder, verschiedene Thierhäute, baum: wollene Waaren (von Hallein) Dräthe 2c und ver: schiedene minder beträchtliche Dinge, z. B. Schus: ser, Speick, Theriack, Käse, Oehle, Brannt: weine 2c.

Eingeführt werden Getreide von allen Gat: tungen, Hopfen, Weine, Seide und seidene Zeu: ge, Tücher, feine Leinwand, Galanteriewaa: ren, Spezereyen und mehrere andere Dinge.

Die inländischen Gold: und Silberbergwerke ver: sehen das Land mit eigener Münze, wovon jährlich ge: gen 300000 Fl. am Werthe im 24ger Fuße geprägt werden.

In der Hauptstadt befindet sich eine hochf. Haupt: handlung, welche aus einem Verordneten und Kas: sirer, der zugleich wirklicher Hofkammerrath und Rath im Bergwesen ist, 2 Buchhaltern und 2 Schreibern besteht, und die hochfürstl. Bergproducte in Verschleiß bringt. Mit ihr ist eine Hauptbuchhalterey im Berg: und Münzwesen, und das mit dem Münzwesen verbun: dere Einlösungsamt verbunden, welche einen Oberwar: dein, der zugleich Bergrath ist, und 5 Buchhalter über die a) Messing:, b) Gold: und Silber:, c) Eisen:, d) Schwefel:Vitriol:und Kupferwerke und
e)

e) über die Haupthandlung und das Münzweſen hat. Die Haupthandlung löſet von allen hochfürſtl. Berg= werken und Fabriken Gold, Silber, Kupfer, Eiſen, Meſſing, Kobalt, Schwefel und Vitriol um die ge= naueſten Preiſe ein, verſorget die nämlichen Aemter und Werke mit dem benöthigten Verlagsgelde, und erlegt nach einer hinreichenden Selbſtbedeckung mit dem Schlu= ße eines jeden Jahres den reinen Geldüberſchuß als ein Bergwerksregale zur landesfürſtlichen Kammer. Man ſagt, daß alle hochfürſtliche Berg= und Hüttenwerke jährlich über 77000 Fl. reinen Gewinn geben. (S. Beſchreib. der Hauptſtadt Salzburg II B. S. 247, wo alle hochfürſtl. Bergwerke genannt und gewürdi= get ſind.)

Von Fabriken und Manufakturen zählt das Erzſtift nur folgende: 1) die Salzſiederey zu Hallein, 2) eine Baumwollen=Manufaktur zu Hallein, 3) eine Klufenfabrik zu Hallein, 4) 3 Drahziehereyen bey Salz= burg, die Sinnhuberiſche in der Riethenburg, eine, die ein Bauer betreibt zu Käferham, und eine zu Thalgau. 5) die Lederfabrik der HH. Chriſtian Zezi und Vital Gſchwendtner zu Salzburg, 6) die Senſenfabrik des Hn. von Robinig zu Thalgau, 7) Mehrere Privat= und hochfürſtl. Eiſenhammerwerke, 8) zwey Feilenhaue= reyen, eine zu Stein in Salzburg, und die zweyte in der Gnigl, 9) eine Kartenmanufactur zu Salzburg, 10) eine Majolika= oder Weißgeſchirrfabrik in der Riethen= burg bey Salzburg, 11) 2 hochfürſtl. Meſſingfabri= ken zu Ebenau und Oberalm, 12) zwey Papiermüh= len zu Salzburg und Werfen, 13) 4 Pulvermühlen, 3 bey Salzburg, und 1 zu Werfen, 14) eine Socken= manufaktur im Zuchthauſe zu Salzburg, 15) zwey kleine Tabaksfabriken bey Salzburg, 16) eine kleine Fabrik von irdenen und glaſirten Bauern=Tabakspfei= ten unweit Wals, 17) ein Par Torfſtechereyen bey Salzburg, 19) mehrere Ziegel=Kalk und Gypsbren=
nereyen

nereyen an der Hauptstadt und im übrigen Erzstifte, 19) zwey Glashütten unweit St. Gilgen, 20)
mehrere Schussermühlen, 21) Marmorbrüche am Untersberge, und zu Abneth, 22). Mehrere Sandstein-
brüche.

Von Künstlern und Gewerbsleuten trifft man
beynahe alle Arten im Erzstifte überall in Menge an.
So haben wir nur allein im flachen Lande gezählt 366
Schuhmacher, 404 Schneidermeister, 669 Webermeister,
93 Wagnermeister, 49 Tischlermeister, 37 Spänglermei-
ster oder Klampferer, 22 Sattlermeister, 22 Schlosser-
meister, 51 Zimmermeister, 29 Maurermeister, 118 Metzger, 342 Mühler, 109 Krämmer, 23 Lederer, 14 Lebzel-
terer, 20 Mahler, 9 Messerschmiede, 15 Hutmacher,
15 Kirschner, 14 Bordenmacher, 3 Apotheker, 44
Wundärzte, 7 Bildhauer, 7 Buchbinder, 1 Betten-
oder Rosenkränzmacher, 1 Bilderdrucker, 3 Bürsten-
binder, 78 Bierbrauer, 202 Bierwirthe, 5 Büch-
senmacher, 1 Büchsenschäfter, 144 Bäckermeister, 2
Buchhandlungen, 2 Buchdruckereyen, 12 Drechsler,
3 Brunnenmeister, 18 Färbermeister, 75 Faßbinder,
27 Fragner, 9 Gahrköche, 1 Geigenmacher, 8 Gold-
und Silberarbeiter, 1 Goldschläger, 21 Gerber, 3
Glockengießer, 8 Gürtler, 18 Glaserer, 223 Huf-
schmiede, 7 Hackenschmiede, 12 Hafner, 4 Handschuh-
macher, 1 Krystallschneider, 2 Kartätschenmacher, 1
Korbmacher, 5 Kammmacher, 8 Kupferschmiede, 4
Kaminkehrer, 2 Knopfmacher, 1 Leinwandbrucker,
4 Nadlermeister, 13 Nagelschmiede, 1 Nestler, 2
Orgelmacher, 5 Perückenmacher, 1 Pflasterermeister,
1 Pergamenterer, 1 Ringelschmied, 10 Riemerer, 4
Säckler, 2 Sporer, 7 Seifensieder, 17 Seilerer, 6
Steinmetzen, 5 Strumpfwirker, 1 Seidenfärber, 2
Siebmacher, 3 Schleiferer, 1 Stukaborer, 5 Kaffee-
schenken und Schokolademacher, 6 Tuchmacher, 1
Taschner, 21 Tuchscherer und Walker, 2 Thürmer-
meister,

meister, 9 Groß- und Klein-Uhrmacher, 30 Weinwirthe, 1 Windenmacher, 6 Waffenschmiede, 5
Zinngießer, 3 Zirkelschmiede, 3 Zuckerbäcker ꝛc. In
diesem Bezirke befinden sich auch 8 Wasenmeister.

Große oder beträchtliche Tuch-, Schnitt-Spe-
zerey- und Materialien-Handlungen und dergleichen befinden sich nur in den Städten und Märkten des Erzstiftes, wo sie überall, so wie alle kleinere hier nicht
angezeigte Gewerbe, bey jedem Orte genau in dieser Beschreibung angeführt sind. Zählt man hierzu die Summe aller Gewerbsleute des Gebirglandes, so kommt
eine gewiß nicht unansehnliche Anzahl derselben heraus.

Uebrigens dürfte die Bilanz zwischen dem Activ-
und Passivhandel des Erzstiftes keine gar zu großen
Differenzen geben, ob man gleich mit einiger Zuver-
läßigkeit annehmen kann, daß letzterer vor dem ersteren
den Vorzug gewinne.

Die Salzb. Gewichte und Mäßereyen sind im
II. Bande der Beschreib. der Hauptst. S. 421 u. ff.
angezeigt.

Münzlauf.

Im ganzen Erzstifte ist der 24ger oder Reichs-
Conventionsfuß angenommen: nach diesem werden
alle gangbare ausländische Münzen berechnet, und in
Handel und Wandel angenommen.

Das Erzstift pflegt gegenwärtig nach dem Con-
ventions-Normale nur einfache Dukaten zu 5 Fl. 24
Kr. nebst einer geringen Menge halber und Viertels-
dukaten, ganze und halbe Conventionsthaler, Vier
und Zwanziger, Zwölfer und Sechser, und als Schei-
demünze nur eine höchst geringe Münze ganze,

Ooo

halbe

halbe und Viertelkreuzer in Kupfer auszuprägen. Von den vorigen Regierungen und Zeiten cursiren noch im Lande erzstiftische mehrfache Dukaten und Thaler, Silberbatzen und solche halbe Batzen, auch Kreutzer. Die zahlreichsten sind im inländischen Handel die Salzburgischen ganzen und halben Batzen, welche außer Landes nicht angenommen werden; sich also stäts auf ihr Vaterland einzuschränken gezwungen sind.

Der gegenwärtige Münzkurs ist im Erzstifte nach der neuesten Verordnung folgender:

Der Ducat. wiegt 60 Gran.		Goldmünzen.	Wiener Währ.		Salzb. Währ.	
Duc.	Gran		fl.	kr.	fl.	kr.
	60	Kais. Königl. und Kremnitzer Dukaten	4	30	5	20
	30	— — halbe	2	15	2	40
	15	— — Viertel	1	7½	1	20
	60	Salzburger Ducaten . .	4	20	5	24
	60	Bayerische und alle auf den Reichsconstitutionsfuß geprägte Ducaten . . .	4	18	5	12
1	53¼	Bayrische Maxdor . . .	5	54	7	20
	56½	— — halbe . . .	2	57	3	40
2	48	Bayrische, kurpfälzische und Wirtembergische Caroline .	8	52	11	—
1	24	— — halbe	4	26	5	30
2	53	Französische doppelte Louis .	14	36	17	31
1	55	— — einfache . . .	7	2	8	45½
	57¼	— — halbe	3	31	4	22¾
2	20	— — alte Schild-Louis .	9	12	11	—
7	44	Spanische vierfache Doppien .	28	25	35	—
3	52	— — doppelte . . .	14	12½	17	30
1	56	— — einfache	7	6¼	8	45
	58	— — halbe	3	33	4	22½

Oester-

Der Dukat. wiegt 60 Gran.		Goldmünzen.	Wien. Währ.		Salzb. Währ.	
Duc.	Gran		fl.	kr.	fl.	kr.
3	11	Oesterr. Niederländ. Souveräne	13	20	15	25
1	35½	— — halbe	6	40	7	42½
	60	Neugeprägte Zecchini von Mailand und Mantua .	4	22	5	9
	60	Holländische Dukaten . .	4	28	5	9

Silbermünzen.	Wien. Währ.		Salzb. Währ.	
	fl.	kr.	fl.	kr.
Alte Conventionsthaler, die inländischen sowohl als die ausländischen	2	—	2	24
— — halbe	1	—	1	12
— — Viertel	—	30	—	36
Oesterr. Zwey-Guldenstücke . . .	2	—	2	24
Französ. alte Thaler oder Louis blancs	2	—	2	16
— — halbe	1	—	1	8
— — Feder- oder Laubthaler . .	2	16	2	42
— — halbe	1	8	1	21
Alte Kais. Thaler	2	5	2	30
Oesterr. Guldenstücke	1	—	2	12

Strassen, Fuhrwesen.

Die Strassen des ganzen Erzstiftes sind zwar nirgends in der Gestalt der Bayerischen und Oesterreichischen Chausseen angelegt; allein dennoch größten Theils in so gutem Zustande, als es Grund und Verhältnisse möglich machen. Die Wegzölle sind aber auch so gering, daß man den Unterschied auf jeder ausländischen Gränze sogleich bemerket.

Ooo 2

Nach

Nach Wien und Innsbruck kann man abwechſelnd alle 8 Tage, einmahl nach der erſteren, und einmahl nach der zweyten Stadt mittelſt des Poſtwagens reiſen; ſo auch wöchentlich an den Sonntagen nach München und ins Reich. Freytags Nachmittags geht ein Poſtwagen durch das Salzburgiſche Lungau nach Kärnthen u. ſ. w. Nach Steyermark fährt wöchentlich an Sonnabenden ein Bothe, an Freytagen einer nach München, ein anderer nach Burghauſen, ein dritter nach Paſſau; und in beynahe alle Ortſchaften des Erzſtiftes ſowohl als der benachbarten Städte und Märkte ein fahrender oder gehender Bothe. Die Tage ihrer Ankunft und Abreiſe ſind in den inländiſchen Kalendern verzeichnet.

Lohnkutſcher ſind in der Hauptſtadt, ſo wie in einigen der vorzüglicheren Städte des Erzſtiftes zu haben, welchen man ohne Zehrung des Tages einen Gulden zu bezahlen hat. Die Poſten werden durch das Gebirge zu 3 Stunden, durch das flache Land aber zu 4 Stunden oder 2 Meilen gerechnet. Dort zahlt man für das Pferd 45 Kr., hier einen Gulden.

Mo=

Moralischer Zustand des Erzstiftes.

Erziehung.

Die Erziehung der bürgerlichen und Landjugend wird unter der gegenwärtigen Regierung mit einem täglich wachsenden Eifer betrieben. Se. hochfürstl. Gnaden haben die Lehranstalt der deutschen Schulen einer eigenen aus 2 Räthen des Consistoriums und eben so vielen des Hofraths zusammengesetzten Commission übergeben, welche dieselbe mit Rath und Ansehen unterstützen sollen. Die unmittelbare Aufsicht über die Stadt-sowohl als sämmtliche Landesschulen ist einem Director, der zugleich Referent in Schulsachen ist, anvertraut: und diesem zugleich ein sogenanntes Präparanden-Seminarium von 4 Schullehrer-Candidaten zum Unterrichte übergeben.

In der Hauptstadt sind 2 Hauptschulen, deren jede in 3 Classen getheilt ist, eine für Knaben, die zweyte für Mädchen. Mit der Knabenschule ist eine Zeichnungs-und mit jener der Mädchen eine Arbeitsschule für weibliche Arbeiten verbunden. Ein eigener Geistlicher besorgt hier, so wie in den übrigen Schulen jenseits der Brücke und in den Vorstädten, die Katechetik. Diese deutschen Schulen haben ihren eigenen Fond. (S. Beschreib. der Hauptst. II. B. S. 457). Zu Salzburg sind überhaupt nebst einer guten Mädchenschule bey den Frauen Ursulinerinnen die Hauptschule, 3 Schulen in den Vorstädten, und eine in der Leopoldskrone; in allen 6 deutsche Schulen. Im übrigen Erzstifte befinden sich 140 Schullehrer, wovon das flache Land allein

allein nebst den städtischen gegen 80 zählet. Ueberall sind die Coadjutoren zugleich Katecheten in den deutschen Schulen. Die neue Lehrmethode, so wie öffentliche Prüfungen sind beynahe überall eingeführt. Für zweckmäßige Erziehungsschriften ist reichlich gesorget; und der rastlose Eifer des Directors der deutschen Schulen, Hn. M. Vierthaler, wird gewiß nicht ermüden, jede noch hier und da sich äußernde Lücke auszufüllen.

Die Hauptstadt besitzt eine im J. 1621 errichtete Universität, welche unter der Oberaufsicht des Landesfürsten, und der unmittelbaren Leitung der Benedictiner Mönche aus einer hierzu verbündeten Conföderation mehrerer Klöster dieses Ordens steht (S. Beschr. der Hauptst. I. B. S. 80 und II. B. S. 501.) Sie hat einen Rector, Vicerector und Prokanzler, Sekretär, Bibliothekar, 4 Lehrer der Theologie, 5 Lehrer der Rechte, 5 Lehrer der Philosophie, einen Notar; Pedell und Pulsator. Die medizinische Facultät fehlt ganz. Mit der Universität ist ein Gymnasium mit 6 Lehrern für die unteren Schulen verbunden. Die Anfangsgründe der Vorbereitungsklasse, oder die sogenannten Principien werden sowohl an der Universität als in einer eigenen Schule im Stiftsbezirke von st. Peter mitgetheilt.

Von eigenen mit der Universität in keiner genaueren Verbindung stehenden Lehrern wird auf Begehren in der Civil- und Militär-Baukunst, in der metallurgischen praktischen Chemie, und in der Docimazie, in der Wundarzneykunst und Entbindungslehre, in der französ. und italiänischen Sprache, in der praktischen Meßkunst und Forstwissenschaft, in der Mineralogie und Bergkunde, in der Klinik, und über Pädagogik und Methodik Unterricht ertheilet.

Zum

Zum Gebrauche der Studierenden ist die Univer=
sitäts = sowohl als Hofbibliothek gewidmet. Bereiter,
Tanz = und Fechtmeister sind ebenfalls hier, um in ih=
ren Künsten Unterricht zu ertheilen.

Im Hübnerischen Staatszeitungs = Comtoir
wird seit 1788 eine allgemeine Litteratur = Zeitung wö=
chentlich in Größe von 3 Bogen, und in Quartformat
ausgegeben, welche von einer Gesellschaft mehrerer durch
Deutschland zerstreuter Gelehrten, ohne die geringste
Verbindung mit der Universität, unter Direction des
Herausgebers, Mitarbeiters und Redacteurs L. Hübner
verfaßt wird. Zur Verbreitung politischer sowohl als
moralischer neuer Anstalten, zur Beförderung besserer
Gesinnungen, und zum Behufe öffentlicher Anzeigen
und Bekanntmachungen ist seit 1785 ein Intelligenz=
blatt errichtet, und mit der seit 1784 bestehenden
Staatszeitung verbunden worden.

D. Hartenkeil, hochfürstl. Leibwundarzt gibt
seit 5 Jahren eine medicinisch = chirurgische Zei=
tung in Verbindung mit mehreren Aerzten heraus.

Religion.

Im ganzen Erzstifte herrscht die katholische Re=
ligion. Fremde Religionsparteyen können sich nir=
gends auf Grund und Boden ansiedeln, obgleich bey
Professionen, Handwerken rc. mehrere derselben als
Gesellen geduldet werden. Seit der im J. 1732 ge=
schehenen Emigration wird über ersterem Puncte stren=
ge gehalten.

Der Judenzoll ist im J. 1791 aufgehoben wor=
den. Nur behauptet noch die Hauptstadt das Recht,
daß die Juden in den Vorstädten absteigen und woh=
nen müssen.

Kirch=

Kirchliche Ordnung.

Von der kirchlichen Verfassung des Erzstiftes ist bereits im 11. B. der Beschreib. der Hauptst. S. 372 alles Wesentliche angeführt worden, wohin wir unsere Leser verweisen müssen, um uns nicht selbst abzuschreiben.

Die Hauptquelle aller Verordnungen im Kirchenwesen ist jederzeit der Erzbischof des Landes selbst: von ihm gehen alle Verfügungen und Anstalten aus, welche die religiösen Gebräuche sowohl, als die sämmtliche Kirchenzucht in Hinsicht auf Personen sowohl als geheiligte Sachen und Oerter betreffen. Zur Ausführung seiner kirchlichen Plane bedient er sich des Consistoriums, dem alle Vorträge und Untersuchungen dieser Art übertragen sind. Dieses ist das eigentliche Generalvikariat und Officialat des Erzstiftes, dem alle die Geistlichkeit, die kirchlichen Personen und Gebäude, die kirchliche Sittenzucht, die Ehescheidungsprozesse, und die Oberverwaltung aller milden Orte betreffenden Geschäffte anvertraut sind. Alle Besetzungen der geistlichen Aemter und Stellen im Erzstifte hängen unmittelbar von dem Erzbischofe selbst ab, welcher auch von fremden Präsentirten in seinem Kirchsprengel die Bestätigung sich vorbehalten hat.

Im Erzstifte selbst befinden sich ein Archidiaconal-Commissariat im Lungau, das mit dem Dekanate zu Tamsweg vereiniget ist, und noch 12 Land- oder Rural-Dekanate, denen die Pfarrer, Vikarien und Benefiziaten der ihnen zugetheilten Gegenden untergeordnet sind. In allen zählt das Erzstift, das Tamsweger dazu gerechnet, 13 solcher Dekanate, nämlich im flachen Lande — zu Mülldorf, Teisendorf, Laufen, Tittmoning, Kessendorf, Seekirchen und Hallein; im Gebirglande Saalfelden, Piesendorf, serdorf, Taxenbach, Tamsweg, Altenmarkt und Zell im Zillerthale.

Die Dekane haben überall die Oberaufsicht über ihren eigenen pfarrlichen sowohl als den ganzen dekanatlichen Bezirk; alle Befehle gehen von dem Consistorium unmittelbar an sie ab, und von ihnen dann in ihre zugetheilten Bezirke umher. Selbst die von der höchsten Stelle anbefohlenen Quartallisten, welche in Hinsicht der inländischen Bevölkerung dem Salzb. Zeitungscomtoir zur Berechnung mitgetheilet werden, müssen von ihnen aus jeder Pfarre, und jedem Vikariate eingesammelt, und dann in einem Packe zugleich eingesandt werden. Jedes Dekanat besitzt eine eigene Dekanalkasse, in welche gewisse Opfer, milde Beyträge, und andere dergleichen Zuflüsse gesammelt werden, und deren Summe an die Buchhalterey der milden Orte verrechnet werden muß.

Die gewöhnlichen Strafen der Kleriker bestehen Theils in Absetzungen und Verwechselungen, Theils darin, daß man sie auf einige Zeit zur Buße nach Kirchenthal, in das Salzb. Priesterhaus, oder in ein Kloster, z. B. zu Salzburg der PP. Franciscaner schickt, um daselbst die geistlichen Uebungen zu machen, und sich an eine strengere Lebensordnung zu gewöhnen.

Die im J. 1784 vorgeschriebene Stolordnung wird überall genau beobachtet.

Einen kurzen Auszug der in kirchlichen Dingen erlassenen Verordnungen von 1772 bis 1778 findet man in der Beschreib. der Hauptstadt II. B. S. 381 u. ff.

Um aber den Geist prüfen zu können, der in der inneren geistlichen Manns= und Kirchenzucht noch heutiges Tages herrscht, theilen wir den Lesern jene Fragen in der lateinischen Sprache, in der sie nur erst vor

einem

einem Jahre an die sämmtliche Landesgeistlichkeit ergangen sind, mit, welche alle Quatember des Jahres, und dann diejenigen, welche am Ende des Jahres an das Consistorium beantwortet, und von den Decanaten eingesandt werden müssen.

Quaestiones
pro Relationibus angarialibus.

I. An singulis diebus dominicis et festivis de praecepto tam sub Missâ aurorali (in locis videlicet, ubi duo saltem adsunt Sacerdotes) praescripti Sermones, quam sub Officio solemni praecepti alternis vicibus Conciones morales et catechetici habeantur, et an populus Officio solemni numerose ac devote interfit?

NB. Indicetur in charta separata breviter, quaenam materia a Curato loci et ejusdem Confacerdotibus in habitis per Angariam Sermonibus et Concionibus proposita et pertractata fuerit?

II. An iisdem diebus dominicis et festivis de praecepto etiam post prandium, et quidem in locis, in quibus plures Sacerdotes numerantur, tam in Ecclesia, quam in domibus ab ea longius dissitis; in iis locis vero, ubi unicus tantum Sacerdos adest, in Ecclesia vel domibus non longe ab ea remotis Catecheses pro parvulis habeantur?

NB. Indicetur breviter in charta separata, quibus diebus, a quo, de qua materia, et quali cum fructu praedictae Catecheses habitae, vel quibus ex causis omissae fuerint?

III. An per decursum anni etiam pro Adultis Catecheses domesticae (vulgo Haußlehren) et quidem quo tempore; quomodo et quo fructu habeantur?

IV.

IV. An Aegrotis, quamprimum Sacerdos vocatur, prompte, bona cum voluntate, ac etiam gratis Sacramenta adminiſtrentur, ſimulque non tantum Aegroti, ſed etiam apud curiam ſaecularem Incarcerati ſaepius viſitentur?

V. An conſtet de indiciis haereſcos, de legentibus libros ſuperſtitioſos, ſeditioſos, fidem aut bonos mores !pervertentes, vel veram devotionem non foventes, vel de tales libros praelegentibus?

VI. An ibidem Conjuges abs licentia diſcohabitantes, et quales dentur? Item an, et quaenam praecipue vitia, ſuperſtitiones, nocivae conſuetudines, et publica ſcandala in Communitate vigeant?

VII. An tam archiepiſcopalia, circa religionem et diſciplinam eccleſiae, quam territorialia circa mores (vulgo Sittenordnung) emanata Generalia, Conſtitutiones, ac Decreta debite obſerventur, eorumque obſervatio etiam a Poteſtate laica urgeatur, ac Curato forſan deſuper imploranti ab eodem aſſiſtatur?

VIII. An ſchola, et quamdiu kabeatur? quot parvuli inſtructionis capaces in Communitate numerentur, et quot ex illis ſcholam frequentent? quaenam forſan, quod tantum a paucis ſchola frequentetur, impedimenta obſtent, et quomodo haec tolli poſſint? denique an et quoties in qualibet ſeptimana, et a quo ex Sacerdotibus ſchola viſitetur, et an tunc parvuli praeſentes non tantum circa Religionem et regulas morum catechizentur et examinentur, ſed etiam circa reliqua objecta inſtructionis ſcholaris tententur?

IX. An parvuli in ſchola a Ludimagiſtro ſecundum novam methodum inſtruantur, et an iisdem, ſaltem pau-

peribus,

peribus, libri praefcripti, mediante pecunia ad munufcula catechetica deftinata gratis diftribuantur?

X. Quot adfint Sacerdotes, et quomodo vocentur? an cum tonfura et clericaliter veftiti incedant? an Breviarium recitent, et libris neceffariis faltem, praecipue S. Scriptura, et Interprete ejusdem provifi fint? an obligationes ftatus ac minifterii fui exacte adimpleant, et, ut Sacerdotes decet, pie ac exemplariter vivant, vel forfan debita contrahant, hofpitia frequentent, otio indulgeant, vel luxui, aut aliis vitiis dediti fint?

XI. An Aedituus, reliquique famuli Ecclefiae officia ac minifteria fua fideliter et diligenter obeant, ac etiam erga Sacerdotes fe reverentiales exhibeant?

XII. In matrimonium contrahere volentes ante actualem copulationem in fide, doctrina morum, et praecipue circa obligationes futuri ftatus fufficienter inftructi fint, ac examinentur, nec non an quoque praevie profeffionem fidei catholicae emittant?

XIII. An obftetrices circa adminiftrationem Baptifmi in neceffitate debite inftructae fint?

XIV. An fundationibus omnibus tam novis, quam antiquis quoad Sacra, preces, tempus, et eleemofynas fatisfiat?

XV. An confeffiones poenitentium, etiam tempore hyemis in Ecclefia excipiantur?

XVI. An populus in diebus feftivis difpenfatis laboret, ac eidem tam Curatus. quam faecularis Superior loci debito exemplo praeeat?

XVII. An, et in quantum praescriptus Cantus germanicus in Ecclesia observetur, et praecipue parvuli in schola desuper instruantur?

XVIII. An superfluus Ecclesiarum ornatus omittatur, et praescriptus cereorum numerus juxta emanata Generalia observetur?

XIX. An non aliqui ex Communitate se per tam singulares ac praecipuos virtutum actus ita distinxerint, ut a Superioribus suis laudari, ac etiam publice manifestari mereantur?

XX. An, et quaenam forsan intuitu concreditae curae animarum tam ad veram fidem conservandam, quam ad rationabilem et purum Dei cultum confirmandum, et ad reformationem morum stabiliendam, vel abolenda et immutanda, vel de novo inducenda et statuenda sint?

Quaeſtiones
pro Relatione annuali.

I. Quot per annum praeteritum Infantes legitime nati, et solemniter baptizati sint?

II. Quot illegitimi?

NB. Si numerus talium Infantum Curato loci excessivus videatur, adnotentur ab ipso causae hujus morum licentiae, et media, quibus tolli possit.

III. Quot Baptismo necessitatis?

IV. Quot Adulti omnibus Sacramentis rite provisi mortui sint?

V. Quot abs Sacramentis?

NB.

NB. Hic addatur, quinam illi fuerint, et an ex vel abs culpa aliorum non provifi obierint?

VI. Quot Infantes cum Baptifmo mortui fint?

VII. Quot abs Baptifmo?

NB. Addatur an hoc cum culpa parentum, vel ex quali forfan alia caufa contigerit?

VIII. Quot matrimonia contracta fint?

IX. Quot adfint confirmati?

X. Quot non confirmati?

XI. Quot Communicantes?

XII. Quot non Communicantes?

XIII. Quot animae univerfim?

Praedictae Relationi annuali addatur quoque in charta feparata a quolibet Curato defcriptio tam Confacerdotum, quam Aedituorum, Ludimagiftrorum, et Cantorum in loco curae concreditae exiftentium, et quidem

in defcriptione Confacerdotum

a. *Nomen et cognomen,*

b. *Patria,*

c. *Aetas,*

d. *Studia,*

e. *Titulus menfae,*

f) *Annus Sacerdotii,*

g. *Annus expofitionis in cura,*

h. *Gradus aeftimationis apud plebem etc.,*

i. *Gradus habilitatis et capacitatis*

1. *ad catechizandum,*

2. *ad concionandum,*

3. *ad reliquas curae functiones,*

k. *Vita et mores,*

l. *Caracter animi defignentur.* In

In deſcriptione Aedituorum, Ludimagiſtrorum et Cantorum vero exponatur eorum

   a. *Nomen et cognomen,*

   b. *Patria,*

   c. *Aetas,*

   d. *Gradus diligentiae,*

   e. *Annus ſervitii vel officii,*

   f. *Summa redituum;*

   g. *Gradus habilitatis et capacitatis,*

   h. *Gradus aeſtimationis apud plebem etc.*

   i. *Vita et mores.*

Da der Salzb. Kirchſprengel ſich auch in die benachbarten Länder außer dem Erzſtifte erſtrecket; ſo werden zwar daſelbſt die herkömmlichen Ordinariats - Ge-
rechtſamen ausgeübet; allein die Diſciplinar - Verordnungen haben keine weitere Kraft, als in ſo ferne ſie von den
Landesherren jener Kirchſprengel angenommen und beſtäti-
get werden. (S. II. B. der Beſchr. d. Hauptſt. S. 373.)

Sittenordnung.

Unter dieſer verſtehen wir alle Anſtalten, welche
die Wohlfahrt der bürgerlichen Geſellſchaft von morali-
ſcher Seite zunächſt betreffen. Das Erzſtift beſitzt in jedem Fache, das auf Volksglückſeligkeit einigen Bezug
hat, beſondere zweckmäßige Verordnungen und Anſtalten.
Es hat eine Sittenordunng für öffentliche Zucht und
Ehrbarkeit, eine **Tanzordnung**, Verordnungen wider
Hazardſpiele, Lotterien, Wucher und fleiſchliche
Verbrechen; hat vortreffliche Einrichtungen wider und
bey Feuersgefahren, wider Diebereyen und nächtliche Gefahren (mittelſt nächtlicher Beleuchtung der
Straſſen), gute Geſundheitsanſtalten, mehrere
Bequemlichkeits - und wohlgeordnete Beſſerungsan-
ſtalten,

ſtalten, welche alle in der Beſchreibung der Hauptſt. II. B. ausführlich angeführt ſind.

Nur für **Armenverſorgung** iſt bis zur Stunde wenig geſchehen. Vielleicht ſind es örtliche Umſtände, welche die Nachahmung anderer Staaten hierin widerrathen; vielleicht will man nur noch günſtigere Zeiten erwarten, um dasjenige, was man ſchon einmahl großen Theils beſchloſſen hat, mit mehrerem Nachdrucke und mit der geſicherten Hoffnung eines glücklichen Erfolges zu Stande zu bringen. Im J. 1785 zählte eine eigene von dem Landesfürſten zuſammengeſetzte Armen-Commiſſion alle Armen der Stadt, und ihres Burg-friedens, und fand eine Summe von 1304 Armen, worunter 174 ganz, und 460 zum Theile Arbeits-fähige; die übrigen 670 im eigentlichen Verſtande Krüppel, oder dem allgemeinen Mitleiden anheimgefallene Arme waren. Man kann, wenn man hiermit die reichlichen Almoſen des Fürſten und der Stadt, nebſt den Capitalien der milden Orte berechnet, ungefähr ermeſſen, was für eine Hülfe dieſem Theile der leidenden Menſchheit auch im Bezirke des Erzſtiftes einſt geleiſtet werden könnte. Auf dem Lande iſt die Einrichtung mit dem Umlegen der Armen eingeführt, und hat ihren guten Gang; allein für fremde Bettler iſt nicht überall hinlänglich geſorgt. Doch was können wir nicht alles von einem Landesherrn, wie **Hieronymus**, erwarten, wenn Ihm nur der Himmel glückliche Zeiten, und hohes, geſundes Alter ſchenkt!

Cha=

Charakter der Einwohner.

Es würde sehr gewagt seyn, hierüber sich in ein absprechendes Urtheil heraus zu lassen. Deßhalb soll auch dieser Abschnitt der kürzeste des ganzen Buches seyn. Hr. von Kleinmayrn soll dessen kurzen Inhalt als einheimischer Zeuge mit der Charakteristik ausfüllen, welche er von dem Salzb. Landmanne und Einwohner in seinen Nachrichten von Juvavia S. 454 entworfen hat.

„Der Charakter des Landvolkes und Einwohners hat mehr gute als schlechte Seiten. Der Körper ist gesund, stark, gut gebildet: der Geist so gesund als der Körper, munter und zur Arbeitsamkeit aufgelegt. In der Landescultur und Urbarmachung des Landes mag Salzburg mehr Muster geben, als nehmen. In allen diesen Eigenschaften thut es aber dermahl noch der Bauersmann im Gebirge jenem im flachen Lande bevor. Dagegen gibt die Geschichte den Flachländern dieses im Voraus, daß sie, außer was die Bürgerschaft der Stadt Salzburg in und vor dem J. 1525 unternommen, sich nie mit Empörungen und Aufruhr gegen ihren Landesfürsten beflecket haben, obgleich es die Bewohner des Gebirges in verschiedenen Gegenden und zu verschiedenen Zeiten gewagt haben, sich ad Normam Helvetiorum — so träumten sie jedesmahl — in die Freyheit zu schwingen. Aber die unseligen heillosen Folgen, welche der Untreue und dem Ungehorsame auf den Fuß folgten, heilten auch die Nachkömmlinge von der Erbsünde ihrer Voraltern — der Reitzbarkeit zur Aufruhr und gefährlichem Widerstande. Die Gebirgleute sind derley Versuchun-

gen

gen und Verführungen nicht mehr, wie vorhin, offen. Sogar der dort und da noch übrige Sauerteig von sogenannten Bauernkönigen, oder jenen Afterwitzlingen, welche Stolz und Reichthum aufblaset, oft auch die Armuth selbst, nachdem sie vergandet sind, sohin von dem Eignen nichts zu verlieren haben, so dreist machet, daß sie sich klüger als andere dünken, und als Sprecher der Gemeinden, und ungebethene Censoren der landesfürstlichen und obrigkeitlichen Verfügungen aufwerfen — auch dieser verschwindet, nachdem die Erfahrung vor Augen liegt, daß dergleichen von unächter Begeisterung taumelnde Schwärmer nur sich und andere in fruchtloser Irre herumführen, und am Ende nichts als Verlust an Zeit, Kosten, Ehre und der Sache selbst zum Lohn und Gewinn bringen.‟

Salz-

Salzburgisches Idiotikon.

Wir haben hier die üblichsten Redensarten und eigenen Wörter gesammelt, die man sowohl in der Hauptstadt und
im flachen Lande (welche beyde die größte Aehnlichkeit
unter sich haben) als im Gebirglande des Erzstiftes zu
hören gewohnt ist. Unrichtige, bloß verderbte Sprech-
arten gehören nicht hierher, weil keine neuen, eigenen
Wörter darunter versteckt liegen. Uebrigens dürfte es
bey unserm großen Fleiße, diese Sammlung vollständig
zu machen, uns dennoch nicht gelungen seyn, alles zu
erschöpfen. — Immerhin! wenn nur das Meiste und
Vorzüglichste gesammelt ist, um die Nachlese einst minder schwer zu machen!

A.

Aastall, Schafstall. (Pinzg.)

Aber, aufgethaut, z. B. es wird aber; es wird offen,
schneelos; ist aufgethaut auf den Feldern; es wird
grün. In einigen Gegenden spricht man aper, gleichsam von apertus.

Ablch, verkehrt, (auch in Bayern).

Achen, ein Bach, Fluß.

Adach, Attich (sambucus ebulus L.). Die Beeren dieser
Hollunder-Art werden zu einer Lattwerge eingesotten,
und von den Theriakkrämmern als harn- und wind-
treibend verkauft.

Aechen, der dritte Theil eines Tagbaues (Sieh oberd.
Beyträge von C. F. v. Moll. Vorber. S. 12.)

Aegarn, Nebenstube, (Lungau).

Aeggell, Hebamme (Lungau).

Aenl, Großvater, Anl, Großmutter.

Aenstag, vor Kurzem (im Thalgau.) z. B. Am Aenstag.

Aesten, Voralpen.

Aeze, Weide. Abäzen lassen — ein Feld, d. i. abweiden lassen.

Afalln, vergessen (Gebirg).

Affarizen, oder Dabernatschen, der Straußbeerenstrauch (Gebirg).

Aftn, hernach.

Aga, ungeschickt (Gebirg).

Ageßla, vergessen (Gebirg).

Ahen, eine Egge (Pinzgau).

Akram, Buchecker, Buchmast (Gebirg).

Alaitn, Abhang des Hügels oder Berges.

Allwengst, allerdings (Gebirg).

Alm, eine Alpe.

Almenpros, die gemeine Pappel.

Alsma, anderswo (Gebirg).

Alsgfahr, zufällig.

Alspa, z. B. er ist von Alspa her; er ist von einem anderen Orte her (in Großarl).

Alt, Altel, der Dickkopf (*Cyprin. Cephal.*)

Amerig, lästern (Gebirg).

Andl, Anna.

Andrahn, einen andrehen, mit einem Händel anfangen.

Anfenstern, bey dem Fenster seiner Geliebten Nachts anklopfen (Gebirg).

Anfrimen, bestellen, z. B. ein Kleid anfrimen, einem Schläg' anfrimen.

Anglay, sanft aufwärts (Gebirg).

An-

Anhabig, anhaltend.

Anlaſſen einen, oder anreden; auch darüber ſpötteln.

Anpouſſen, anklopfen, anſtoſſen.

Anſchmeiſſen, anreden. (Gebirg.)

Antappig, gerne zugreifend, antaſtend.

Antauchen, anſtämmen, mit Gewalt nachdrucken.

Antnklee, Schilf. (Gebirg.)

Antreſln, großſprechen. (Gebirg.)

Anweichen, gelüſten, z. B. das weicht mich an, darnach gelüſtet mich.

Anzeck, verliebt. (Pinzg.)

Arſchküßler, Hötſchepötſchen.

Arſchlings, rückwärts, verkehrt, z. B. ein Kleid arſchlings d. i. verkehrt anziehen.

Aſchtla, ſonderbar (artlich anſtatt artig, wunderlich auf dem flachen Lande). Pinzg.

Aubey, Eule. (Pinzg.)

Aufglein oder aufentlein, aufthauen, auch figürlich anſtatt Muth bekommen.

Aufhängen, aufhören (in einigen Gegenden des flachen Landes, z. B. im Thalgauiſchen).

Aufſatz, Haarbund. (Lungau.)

Augaſſeln, ſich Nachts bey ſeiner Schönen melden, vom Gaſſelgehen, das in den benachbarten Ländern ebenfalls üblich iſt.

Augenſtanl, Augenwimper.

Ausachten, tadeln.

Ausflaan, auswaſchen. (Lungau.)

Ausſpann, der dritte Theil eines Tagbaues. (Sieh oberd. Beytr. von C. E. von Moll, Vorber. S. 12.)

B.

B.

Bachamſel, der Waſſerſtaar.

Bachltag, der heilige oder Chriſtabend.

Baiten, warten, z. B. Bait a bois, wart ein wenig.

Barkirch, Emporkirche.

Barm, die Flußbarbe.

Baſcht, Bartholomä, Baſcht (mit einem tiefen a)
Bart. (Pinzg.) So auch Baſchtnuß anſtatt Bart-
nuß.

Baſchtnaggn, barbieren. Gebirg.

Batzig, großthueriſch, verliebt. Pinzg.)

Beinhoſen (Boanhoſen), Strümpfe. (Pinzg.)

Beitn, borgen.

Bekema, begegnen, z. B. er iſt mir bekema, oder begegnet.

Beuteln, einen beym Schopfe nehmen, d. i. einen bey
den Haaren ſchütteln (auch in Bayern und Oeſterr.)

Beylich, beyläufig.

Bies, die Milch, welche die Kuh nach dem Kälbern zu
erſt gibt. (Pinzg. Daher Biesſuppe.

Bieſſen, der Mangold (Beta cicla L.)

Birgſtutzen, eine größere Art Eidechſen. Zillerth.

Bitter, viel, z. B. es regnet gar ſo bitter, es regnet
gar ſo viel.

Blendte, Buchweitzen.

Bletzen, breite Blätter, z. B. Krautbletzen, auch Blet-
ſchen.

Boantſcherggen, der Eichelheher. (Lung.)

Boanweich, der Hartriegelſtrauch. (Gebirg)

Boatz (Beitz) auf jemanden haben; Groll auf jemanden
haben.

Bösdirn, ein Mädchen (auch in Oberöſterr.).

Bös-

Bösla, Uebel, arg (gleichsam böslich).

Bogratn, eine leere Bettstätte, (Pinzg.)

Boia, beia, auch bella, garstig. (Pinzg.)

Bois, wenig, a bois, ein wenig, boisingweis, bisweilen (Gebirg).

Blumbesuch, Viehweide.

Brachten, sprechen, plaudern, z. B. wos is dos für a brachtn? was ist das für ein Geschwätze? Anbrachten, ansprechen.

Brandreiterl, der Rothschwanz, auch Rothbrantel.

Branteln, Goldmachen.

Bratteng, der hundertjährige Kalender. (Pinzg.)

Brodalpen, Alpen, die auf Bergabhängen liegen.

Bsechnerinn, ein Weib, das die Wöchnerinn bedient.

Bseichen, wird im Gebirge von einer Kuh gesagt, welche aufhört, Milch zu geben.

Bseichkraut, (Zillerthal) die Mondsraute (Sieh naturhistor. Briefe. II. B. S. 339.)

Bue, jeder unverheurathete Bursche.

Bürschen, arbeiten. (Pinzg.) z. B. das Holz bürschen, vom Berge herabschaffen.

Büßer, ein Züchtling.

Bunzat, klein und dick.

D.

Dab, entkräftet, matt. (Gebirg.)

Dachl, die Dohle.

Dachtel, eine Ohrfeige, z. B. gib ihm eine Dachtel, d. i. eine Ohrfeige (auch in Oesterr. und Bayern). Der gemeine Mann braucht hin und wieder noch niedrigere Ausdrücke, z. B. Flaschen, Fotzen 2c.; beyde letztere auch als Rede- oder Zeitwort.

Da

Dadanten, dort dabey, z. B. Dadanten auf dem Felde (vielfältig im flachen Lande).

Daded, zuvor. (Pinzg.) So auch Dadöst, kurz zuvor.

Dakema, erschrecken.

Dam, Anton. (Pinzg.)

Damisch, zornig (auch in Bayern, anstatt wild, feindselig, zänkisch).

Dappet, ungeschickt (auch in Oesterr. und Bayern) depat. (Gebirg.)

Daxen, Fichten. (Pinus abies L.)

Debet, anstatt darum (in der Gegend von Waging).

Dengeln, die Sense oder Sichel ausklopfen.

Denk, link.

Dill, (Zillerth.) Feldkohl (Brassica campestris L.)

Dödig, (gleichsam todtähnlich), schwächlicht, kränklicht.

Doggen, Hifeln, Haufen Getreid. (Lungau.)

Dörnkuchl, Hagebutte. (Pinzg.)

Döstig, vor Kurzem. (Pinzg.)

Dorren, anstatt donnern, es dorrt, es donnert.

Dorn, dumm, eigensinnig. (Pinzg.)

Dräschtig, voll (im flachen Lande) z. B. heut is dräschtig im Wirthshaus.

Drahling, (Drehling) ein runder Holzblock, dergleichen z. B. nach Hallein getriftet werden.

Dreindl, Katharina. (Pinzg.)

Duck, eine Neckerey.

Ducken, neigen, bücken (auch in Bayern und Oesterr.)

Duech, der Schenkel, Düech, die Schenkel.

Dümpl, dunkel (um Werfen).

Dusel, Krankheit. (Gebirg).

Duseln, prügeln. (Pinzg.)

Dusen, dämmernd. (Pinzg.)

E.

E.

Eben, die Mutterschafe (Zillerth.)

Ehblöß, eine Weide in einem Walde. (Pinzg.)

Ehgarten, ein Acker, worauf man in einem Jahre Getreid, und im folgenden Gras wachsen läßt.

Ehgartholz, Traubenkirschenbaum.

Eigelbeere, um Salzburg, d. i. Heidelbeere (Vaccin. Myrtill. L.), Mostbeere im Zillerthale, Schwarzbeere im Pinzgau und Lungau.

Einbüssen, geschwängert werden, z. B. das Mädchen hat eingebüßt.

Eitel anstatt leer. Der Magen ist mir ganz eitel.

Elbe, Schafe, elbe Wolle, eine Abart der gemeinen Schafe oder Wolle von lohbrauner Farbe.

Eller, die gemeine, die Schwarzerle.

Enten, jenseits, entüberi, hinüber.

Eßbrettail, (Eßbrettel) ein hölzerner Teller. (Gebirg.)

Eßta, die Eßglocke auf dem Hause des Bauers, womit zum Essen geläutet wird. (Pangau.)

Ergo, anstatt also (ist sehr häufig im Thalgauischen).

F.

Fack, ein gemeines Schwein; daher Facklar, ein Milchferkel.

Fäustling, ein Handschuh, ohne abgesonderte Finger, (auch in Oesterr. und Bayern).

Fahren auf die Alm, das Vieh auf die Alpe treiben. (Gebirg).

Fanelle, der Hänfling.

Fantihab, Hausgeräthe (im flachen Lande, z. B. im Thalgauischen).

Farch, Föhre, Kiefer.

Fart,

Fart, das Rinnsal eines größeren Baches.

Fedatag, vorgestern (der Vordertag).

Fegginn, eine Blödsinnige.

Feichte, eine Fichte.

Feindsig, feindselig.

Feindla, oder feinla, nit gar feinla, nicht gar sehr.

Feldschachen, Gehölze inner Band und Stecken, umringt
　　von den Feldern des Besitzers.

Fallwild, Steinböcke.

Fempitzen, flimmern.

Ferchen, die gemeine Forelle.

Fert, Ferten, im vorigen Jahre.

Fex, ein Narr von friedlicher Art, dergleichen man in der
　　Hauptstadt und auf dem Lande viele umher gehen
　　sieht, und die gerne lustiger Dinge sind.

Flecken, spotten, Fleck, Spottrede. (Pinzg.)

Flötz, Stubenboden, (Lungau) sonst das Vorhaus.

Flötzbirnen, Erdäpfel. (Zillerth.)

Floß, flot, auch ledig, nicht sehr fest, im flachen Lande, z.
　　B. floß stricken.

Frischling, Schaf (Lungau).

Fruetig, gesund, kräftig, wohlauf.

Fruetla, geschwind, thus fruetla, thu's freudig.

Futchen, eine Stute von 1, 2 und 3 Jahren.

Füchsling, ein Fäustling aus Fuchspelz. Pinzg.

G.

Gach (jähe), steil, auch zuweilen geschwind, z. B. gach-
　　zornig anstatt jähzornig.

Galtvieh, unfruchtbares Vieh, z. B. Galtgoaß, eine
　　unfruchtbare Geiße, Geitvieh (Pinzg.)

Gamen, das Haus hüten.

Gamitzen, gähnen.
　　　　　　　　　　　　　　　　　Gams-

Gamsbart (Gemsbart), eine Art Strauß aus den Haaren der Gemse in Gestalt eines Halbzirkels.

Gamset (gemsicht), hurtig, schnell, munter. (Pinzg.)

Gankel, der Teufel.

Gankl, gut zu Fuß (um Werfen.)

Ganzer, ein Hengst.

Garig, gelegen, bequem. (Gebirg.)

Garizen, knarren, auch figürlich für wimmern, auch

Garizer, einer, der immer klagt.

Gartiren, herumstreifen.

Gassel, ein nächtlicher Besuch bey Mädchen, (auch in Bayern und Oesterr.) Gasselbue, aufs Gassel gehen, Gasselreim.

Gaufen, ein Handvoll, Aufgaufen, aufhäufen.

Gauschat, fett, aufgedunsen. (Pinzg.)

Gax, plötzlich (Lungau).

Gehwegtag, der Dienstentlassungstag (in der Gegend um Waging).

Geische, die Hütte eines Leerhäuslers.

Geläck, eine landesfürstliche Waldung, worin die Unterthanen ihre angewiesenen Holzbezirke zur Hausnothdurft haben; daher einen Wald verläcken, ausläcken.

Gelder, ein Gläubiger, Gerichtswort.

Gellnkraut, Schafgarbe. (Gebirg.)

Gemachtn, Magendampf. (Pinzg.)

Giescht, ein Zaunpfahl. (Pinzg.)

Gigal, Gigelar, (Zillethal) ein Schaf.

Gigginn, Schimpfwort der Männer in Pinzgau.

Glag, sanft erhöht. (Pinzg.)

Glaskuh, eine Kuhe, welche dem Kälbern nahe ist. (Pinzg.)

Glenkapfoad (im Pinzg.), das Oberhemd der Weibsleute.

Gmähn,

Gmähn, Zugvieh (Lungau.)

Gnad, gänzlich. (Pinzg.)

Gnädig, eilfertig, geschäfftevoll, z. B. er hat's recht
  gnädig.

Gneissen, bemerken, gewahr werden (auch in Bayern).

Goasbart, Ziegenbart, oder Haberwurz (Trapopogon
  prat. L.).

Goaskrack, (Pinzg.) das Ziegenvieh.

Goaskuchl, Bergweidereich. (Zillerth.)

Godschenti, Pohtausend.

Göth, Pathe.

Gothn, Pathinn.

Gottsleichnamstag, der Fronleichnamstag.

Gottsprich, als wollte er sagen.

Graan, besorgt seyn, sich grämen.

Grantig, zornig, unwillig, oder auch übler Laune.

Granten, die Preuselbeere (Vacc. vit. Idaea. L.) Gran-
  gen. (Pinzg.)

Gras, Gräser, so viel von einer Alpe, als ein Pferd
  oder ein Rind den Sommer hindurch für sich nöthig
  hat.   Pferdegräser sind größer und theurer, als
  Kühgräser.   Eine Alpe hat also so viele Gräser
  nöthig, als sie Stücke Vieh zu füttern hat, doch nach
  Verschiedenheit ihres Frasses.

Grassen, schneiteln. (Pinzg.)

Greatn, Bank vor dem Hause. (Lungau).

Greisl, ein wenig. (Gebirg).

Greinen, zanken.

Grassach, die zur Streue abgehauenen Fichten - oder
  Tannenzweige.

Groan, (gerathen) gedeihen.

Gröhans, diesen Augenblick (in der Gegend um Titt-
  mosing.)
                                               Grop-

Gropper, derjenige, welcher die Aufsicht über die Packer
 der Fuhrwägen hat.

Gruebig, frisch, kräftig.

Grundalpen, Alpen, die in einem Thale liegen.

Gschändtig, unverschämt im Fordern.

Gschnappig, schnippisch (auch in Bayern und Oesterr.).

Gscheiblich, rund, kugelformig.

Gschmoassen, schlank. (Gebirg).

Gschrams (schrems) über die Querre.

Gschwerr, die Maulwurfsgrille.

Gspadl, Schachtel (Gebirg).

Gstehn, kosten, z. B. was gstehts? was kostet es?
 (Gebirg.)

Gsteift, brauchbar.

Gstobn, außer sich, wahnsinnig. (Pinzg.)

Gstraun, Hammel.

Gutla, (gütlich) sachte; so auch sich gütlich thun, wohl-
 seyn lassen.

Guggizer, der Gukguk.

Gugukas, Sauerklee. (Gebirg.)

Gutding, ziemlich.

Guwanit, nicht doch, (Gebirg.)

Gwalter, Kammer. (Gebirg.)

Gwalt Gottes, jedes großes Unglück, jede schwere
 Krankheit.

<h2 style="text-align:center">H.</h2>

Ha (das), das Heu. (Gebirg.)

Haar, Flachs, Aferhaar, der Spätflachs.

Haar, Verding-oder insgemein Darangeld bey Verdin-
 gung der Dienstothen.

Haarröllerl, Bachstelze.

Habagoaß, eine Art Uhu.

Hádachsel, Eidechse. (Gebirg).

Hápp, ein Stück Vieh (Lungau).

Halay, ein Blödsinniger, (wird im Pinzgau beynahe allein, und als Schimpfwort gehört.)

Hail, glatt, schlüpferig (auch in Bayern).

Hailskelpern, Halsbinde. (Lungau.)

Haimgarten, Hausbesuch; haigarschten (Lungau).

Hainzl, die schlechteste Biergattung.

Hain- oder Weißbuche, der Ahornbaum.

Handling, eine Gattung Handschuhe. (Gebirg.)

Hansöl, ein kurzes weibliches Oberhemd ohne Aermel, (Gebirg).

Hantig, bitter.

Hapedisch, fröhlich (um Werfen).

Hapl, ein armer, gebrechlicher Mensch, auch ein solches Thier, z. B. ein Goasvieh-Hapl. (Pinzg.)

Harb, (herb) gut, nit harb, nicht gut. (Gebirg.)

Harberne Leinwand, eine Leinwand aus gehecheltem Flachse.

Harml, das gemeine Wiesel.

Hareil, die Waldrebe.

Hart, die Cruste des Schnees, z. B. übern Hart gehen. (Gebirg.)

Haren, niedrig, Füsse (auch in Bayern u. Oesterr.)

Hauchet, eingebogen, gekrümmt, z. B. dieser Mensch geht hauchet einher, d. i. eingebogen (auch in Oesterr. u. Bayern).

Hedail (Heday), eine junge Ziege. (Gebirg).

Heilignstuck, ein Gebäcke oder Brod von besonderer Gestalt, das am Allerheiligen-Feste gewöhnlich ist.

Hemmern, die weiße Nießwurze.

Hengst,

Hengst, Wallach, ein geschnittenes Pferd.

Herenter, dießseits.

Heß, oder Eichelheher. (Corv. glandar. L.) (Zillerth.)

Heppinn (eine), eine Unke, (Proß. Bayer.)

Heustehn, aufrecht stehen: wird vorzüglich von Kindern gesagt, wenn sie lernen, ohne Hülfe aufrecht zu stehen.

Hiebl, ein Mund- oder Löffelvoll Speise. (Pinzg.)

Hies, Matthias.

Himmelbrand, oder Pinzg. Himmelköschzn (Himmel- kerze) das Wollkraut.

Himmelkubel, die Sammetmilbe.

Himmellachen, wetterleuchten. (Pinzg.)

Himmlitzen, blitzen, wetterleuchten.

Hinschlingerinn, ein Weibsbild, das sein Kind abtreibt (Pang. Schimpfwort.)

Hinst, bis.

Hinterkommen, in die Wochen kommen (gemeine Volkssprache, hintriköma.)

Hisch, wunderlich im Abbtenauischen (fast in Werfenschen.)

Hoadach, Heidekraut. (Erica vulg. L.)

Hoadn, Halde oder Blendte.

Hochgsehn, stolz, (Gebirg.)

Hockwurm, so wird jeder große Wurm genannt, z. B. die Natter, die Blindschleiche, vorzüglich die Ringel- natter.

Hödig, männlich, so auch ein hödiges Roß, d. i. ein Hengst.

Hörndl, Bergspitze. (Gebirg).

Höswuchz Hosenwurzel, (Orchis L.) Zillerth. (S. Na- turh. Briefe II. B. S. 350.)

Hötschepötschen, Hagebütten.

Hosenkracks, Hosenträger. (Gebirg.)

Hoß,

Hoß, der Platz unter dem Dache der Alphütte. (Pinzg.)

Hulldern, der Boden unterm Dache. (Lungau.)

Humlete Goaß, eine Geiße ohne Hörner. (Zillerth.)

Hußig, hurtig, geschwind.

Hus, Haar (in der Gegend von Teisendorf).

Hutn, ein schlechter Abwischlappen von Leinwand.

J.

Jährling, ein einjähriges Pferd.

Jätgoas, der Block, worauf man das Jätkraut im Korbe stellt. (Pinzg.)

Janka, ein Kinderröckchen.

Igawitz, der Bergfink.

Ilme, die, der Ulmbaum.

Imp, eine Biene, auch ein Bienenstock (der Imp.)

Jodl, der Stier, (Gebirg.)

Joppen, der Rock.

Item, ein Theil des liegenden Besitzstandes.

Juten, die Molke.

K.

Kaaren, necken (Pinzg.)

Kas, Gletscher in den hohen Gebirgen.

Kaelberl, ein Schaf. (Pinzg.)

Kätschgd, Käsekübel. (Lungau.)

Kaig, mit Dünsten überzogen, z. B. ein kaiger Tag.

Kalm, oder Kalwelle, eine 1 oder 1 1/2jährige Kuh, auch ein Rindl.

Kamlete Goas (Pinzg.) eine Geiße ohne Hörner.

Kaser (die Kase) die Alpenhütte.

Kasig (Pinzg.) angenehm; käsig im übrigen Lande so viel als blaß, abfärbig, z. B. der Mensch sieht ganz käsig aus.

Kas

Kaskruck, ein Geräthe, dessen man sich bey Verferti-
gung des Käses bedient.

Kehl, der gemeine Wersich oder Herzkohl.

Kehlrabi, Kohlrübe.

Kemmathn, Speisegewölbe (Pangauisch).

Renbl oder **Röhnl,** ein Graben in einem Bergwälde,
in welchen das Holz herabgeworfen, oder geschoben
wird.

Kenten, zünden, ankenten, anzünden, einheitzen.

Keyen, werfen, umkeyen, umwerfen 2c.

Kilperlar (Zillerth.), die weibl. Schafe.

Klafen, unzüchtig reden. (Gebirg.)

Klampferer, Spängler.

Klapf, Felsen. (um Werfen.)

Kleber, schwächlich (auch in Bayern).

Kleim auch **Dleim** (klein) nahe, dicht daran.

Klöcken, knallen mit der Peitsche. (Pinzg.)

Klozen, anstatt Kletzey, gedörrte Birnen.

Klug, sparsam, karg.

Klumse (eine), eine Ritze.

Kneisl, eine Alpenspeise von einem aus Mehl und Eyern
würfelförmig zubereiteten Teige, der in Butter oder
Schmalz gebacken wird. (Pinzg.) Diese Speise nennen die Pangauer den Schnuraus.

Koch, Mus, Brey.

Kogel, eine kegelförmige Bergspitze. (Gebirg.)

Kränbach, Wachholder.

Kratzbeere, der hohe Brombeerstrauch. (Pinzg.)

Kraut, der weiße Kopfkohl.

Krautsolln, das Behältniß des Sauerkrautes.

Krautstocker, (Pinzg.) die Krautstengel, Krautstiegn.
(Pang.)

Kreinzenmacher, Korbflechter.

Krewand, Bank vor der Hausthüre (in Rauris).

Kröchn, gerade. (Pinzg.)

Kron, Krähe.

Kruecken (Krücken) Füsse, (Gebirg.)

Kucheln, die Mädchen in der Küche besuchen. (Pinzg.)

Kudern, schäckern, **Kuderwoche**, die erste Woche nach
    der Trauung, soviel als Schäckerwoche.

Kühbue, der Stier. (Gebirg.)

Kuibig, wolkicht, trübe. (Gebirg.)

Kuchelmärgen, Speisebehältniß (in Rauris).

Kühhüten, Spaß verstehen (Pangau.)

Küesse, ein weibl. Kalb (Zillerth.) **Kusel** im übrigen Ge-
    birge.

Küttel, weiblicher Rock, **Unterküttel**, Unterrock.

Kund, Liebhaber.

L.

Lab, in der verstümmelten Aussprache, ein Laub, lau;
    auch abgeschmackt, z. B. ein laber Mensch.

Labn, Vorhaus (Lungau).

Lähne, Lauine, abgerollte große Schnee = Sand = oder
    Steinklumpen.

Lämpern, plaipern, plaudern (Lungau).

Lämpitzen, Mutterschaf.

Lagel, Viertel, Rotte. (im Zillerth.)

Lanta, ein Thor in einem Feldzaune. (Gebirg.)

Lanz, Lenz, **Lanzkorn**, Frühkorn.

Lanzing, Lenz.

Lasiter, Salpeter (Zillerth.) daher **Lasiterer.**

Lassig (lässig) ohne Gedränge. Z. B. in der Kirche war
    es ganz lassig. Man gebraucht es auch anstatt un=
    geschäfftig.
                                   Latsch=

Latschbock, Gemsbock. (Gebirg.)

Latsche, der kleine Alpenkiefer. (Pinast. Pumilio L. Zillerth.) Latschach. (Pinzg.)

Laube (die), ein Fisch, der Weißfloffer (Cyprin. Gris-
lag.)

Launen, launen mit jemanden, (auf jemanden Verdruß
haben.

Laut, gut, schön, herrlich z. B. hier ist's laut; das ist
ein lauter Mensch; ein Mensch von lauter Raren.

Leba, viel. (Pinzg.)

Lecker, die Zunge (niedrig).

Leger (eigentl. Lager) die höhere, oder niedrigere Abtheilung einer Alpe, um das Vieh stufenweise hinanzu-
treiben.

Leggn, Lögn, Legföhre. (Pinus sylvestris.)

Leichen, loachen, betrügen, hintergehen, bevortheilen,
z. B. Ich will dich loachn (auch in Bayern).

Leicht, nämlich; z. B. woaßt leicht.

Leimahorn, der Spitzahorn.

Leinernes Holz, weiches Holz (im Thalgauischen).

Leitakoch, die Hefen, welche bey der Zubereitung des
Schmalzes übrig bleiben. (Pinzg.)

Leiten, ein Feld oder Acker auf dem Abhange eines Hügels.

Lembig anstatt Lebendig.

Leser, der Magen des Rindviehes.

Letz, schlimm, z. B. das ist letz, das ist schlimm, ein
letzer Mensch, ein schlimmer Mensch.

Liederla, sogleich (im Thalgauischen).

Loden, ein aus Schafswolle verfertigtes Tuch.

Loder, loda anstatt locker.

Lodern (dahin lodaan) nachläßig daher gehen. (Gebirg).

Loder (Pinzg.), der Stier.

Loderinn, ein Weibsbild. (Pinzg.)

Lön, so viel als das Bayerische lind, weich.

Lötschenmeister, Niederleger.

Losen, horchen, zulosen, zuhören.

Lüftig, geschwind.

Lus, ein Wiesengrund. (Gebirg.)

M.

Ma, Mähre, Geschichte. (Gebirg.) z. B. a noi Ma, eine Neuigkeit.

Mada, Marder.

Magißn? Kann ich davor? (Pangauisch.)

Magn, der Mohn. (Papav. somnifer. L.)

Mahd, Wiese, Bergmahd, Bergwiese.

Mahrinn, ein Schimpfwort, welches Verliebten gege= ben wird, die ihre Liebe nicht zu verbergen wissen. (Pinzg.)

Mais, (Moas) ein Verhau, oder eine Stätte, wo ein Wald abgetrieben worden ist.

Mangl, Manglkaß, Murmelthier. (Gebirg).

Masinn, eine alte Stutte. (Pinzg.)

Mau, mürbe. (Pinzg.)

Maulißn, zanken. (Pinzg.)

Maurachen, Morcheln (Phall. escul. L.)

Maymilli (Maymilch) der Schaum bey der Bereitung der Butter. (Pinzg.) Tunk. (Zillerth.)

Medall, (Maday. Pinzg.) Maria.

Meiß, Mädchen. (Pinzg.)

Menze, (Zillerth.) eine Kuh, die man länger als ge= wöhnlich nicht zum Stiere läßt, oder menzt.

Milch=

Milchdoip, gemeiner Augentrost. (Euphrasia officin.)

Miema, (Mirmen) zueignen.

Mißlsüchtig, kränklicht, verdrossen.

Mittler, mittelmäßig, z. B. ein mittler Haar, ein mittelmäßiger Flachs.

Möscht, Martin. (Pinzg.)

Molthund, der Sumpfsalamander. (Lacerta palust.)

Monathblümchen, die gemeine Maßliebe.

Moosbeere, die Heidelbeere; hiervon Moosbösleck, ein flaches Stück, das aus diesen zu Brey gesottenen und mit Mehl vermengten Beeren als Arzeneymittel verfertiget wird.

Mooskuh, die Rohrdrommel.

Muessa, das Vorhaus. (Pinzg.)

Mücken, Bohnensäulen (Lungau).

Münach oder Münch, ein verschnittener Ziegenbock.

Mürchn, Mittwoch. (Pinzg.)

Murgeln, fallen. (Pinzg.)

Murmamentl, Murmelthier, auch Manglkatz im Pinzg.

N.

Nacht, gestern Abends. (Gebirg.) auch Znachtn und nachtn im flachen Lande.

Nachthoal, Abendessen (Pinzg.)

Nachtroas, Nachtbesuch (im Thalgau und in der Gegend).

Nackeln, etwas locker machen, z. B. an etwas nackeln.

Namla, nämlich, z. B. es ist namla wahr.

Napsitzen, schlummern.

Napn, Athem. (Pinzg.)

Narritzn, foppen. (Gebirg.)

Nase (die), ein Fisch, der Nasenfisch (Cyprin. Nasus).

Net-

Netter, netta, genau, netter so viel, genau so viel,
    netter daher wirft er, gerade, oder genau ꝛc.

Neuling, ebenerst (im Thalgauischen).

Nocken, ein Hügelchen in einer Pfütze. (Pinzg.) Sonst
    eine Art Mehlspeise, z. B. Butternocken (auch in
    Bayern).

Nohaintling, noch. (Gebirg.)

Noharist, nunmehr. (Gebirg.)

Nuesch, Dachrinne. (Pangauisch.)

O.

Oaterbatzen, (Eiterbatzen) Stachelbeere.

Oberes, der Rahm (bayerisch) oder die Sahne.

Obstn, die Vorhalle der Kirche. (Gebirg.)

Oed, traurig, ein öder Mensch, ein trauriger Mensch,
    auch, mir ist öd im Magen, anstatt übel.

Omahl, unter dem Abendessen.   (Pinzg.)

P.

Pabl, Schlingenbaum (Viburn. Lont.) (Pinzg.)

Palfen, eine Felsenwand. (Gebirg.)

Pantschen, gelind peitschen; ein Kind pantschen; figür-
    lich, das Bier pantschen, durch Zuguß schlechter
    machen.

Parkeln, hin und her schwanken.

Pastöck, die Männchen des Hanfs (Cannab. sativa L.
    mas.) (Pinzg.)

Patz, das Aeußerste, z. B. auf die Patz kōma, auf
    das Aeußerste kommen. (Pangau.)

Peterbart, die Waldrebe (auch Rateinl, und Wald-
    strick. Pinzg.)

Peterschlüssel, Mondsraute.

Peun-

Peunten, eine eingezäunte Wiese; auch Point.

Pfaid, Hemd.

Pfanne, eine, Holz, oder 60 Klafter Drahlinge (runde Holzblöcke).

Pfeifmutter, die, der Schmetterling oder Weinfalter. (Pinzg.)

Pfennwerth, Feilschaften, allerley Pfennwerth, allerley Feilschaften von Lebensbedürfnissen, z. B. Butter, Schmalz.

Piron, die Gabel. (Gebirg.) Pira um Teisendorf.

Poasselbeeren, die Früchte der Berberisstaude.

Platcke, Erdfall, eine Abplaickung, eine abgefallene Wiese, eine Grundlähne. Ploack. (Pinzg.)

Plattat, unklug.

Plodern, von Kleidern, welche zu weit sind (auch in Tyrol, Bayern und Oesterreich.)

Plöderig, (gleichsam plauderig) plauderhaft, beredt. (Pinzg.)

Podach, der Hintere. (Gebirg.)

Podig, der Rumpf, oder der Leib ohne Kopf. (Pinzg.)

Poschandla, angesehen. (Pinzg.)

Prachten, sprechen.

Progeln, prahlen.

Prowenken, wenden, auch bewegen, z. B. Er prowenkt sich nicht; er bewegt sich nicht. Das Kleid prowenken, das Kleid wenden.

Pußschar, Naderinn, weibl. Schimpfwörter im Pongau.

R.

Raiten, rechnen, Rait, Rechnung, abraiten, abrechnen, Abrait, Abrechnung, Raitmeister, Raitmeisterey, Rechnungsmeister, Rechnungsmeisterey.

Ran=

Ranten, Possen.

Rantig, prächtig.

Ranzen, sich strecken.

Rapsig, holpericht.

Rappig, aussätzig. (Gebirg.)

Raß, herb. (auch in Bayern und Oesterr.)

Raß, eine Gattung Zeug aus Wolle und Flachs.

Raukitzen, kläglich thun oder reden.

Resirig, vernünftig oder geschickt, z. B. ein resiriger
     Mensch.

Regeln, großsprechen. (Gebirg.)

Reitbrennen, das Verbrennen des ausgereuteten Un-
     krauts, oder der jungen Ellern, um den Boden zum
     Graswuchse zu bereiten.

Rem, Brücke. (Pinzg.)

Remp, Hirschkuh.

Renner, Rechnungs-Auszug, auch wohl Register.

Resch (von rasch), z. B. das Brod ist resch (neugebacken),
     dieser Mensch ist resch; er hat mich resch angeredet.

Reteln, Hausbesuch in der Küche.

Ribisel, Johannisbeere.

Ridel, ein Hügel. (Pinzg.)

Riderisch, zäh, z. B. ein riderisches Fleisch (auch in
     Bayern).

Rieseln, Schloßen.

Riesen, eine Art Graben zwischen langen Bäumen, zur
     Abrollung des Bergholzes.

Riggroamat (Riggrumet), das Gras, welches nach der
     Getreidärnte wächst; so auch Rigrüben, Rüben,
     welche auf den Ort gesäet werden, wo ehevor Getreid
     stand.

Rige

Ritze (Zill.) eine Kuh von dunkelrother Farbe, mit einer
    weißen Binde über den Rückgrat gezeichnet.

Röckel, weibl. Leibchen, oder Korset.

Röhrn, weinen.

Rogl, locker.

Rosen, das Getreid reinigen; auch figürlich, im Spiele
    verlieren. (Pinzg.)

Roßbäuche, eine Pflaumenart. (Zillerth.)

Rothbrantel, das Rothschwänzchen, Brandreiterl.
    (Pinzg.)

Rüepl, Rupert (auch in Bayern und Oesterr.)

Rüheln, wiehern.

Rügat, eine Gerichtsabtheilung.

Rund, lustig, angenehm, z. B. ein runder Mensch.

Rupfen, eine aus Werg bereitete Leinwand.

Rüstgeld, eine jährliche Abgabe zur Landschaft, 5 Kr. 2
    Pf. von 100 Fl. Steuerkapital, wovon die sogenann-
    ten geschriebenen Feuerschützen frey sind.

S.

Sagmehl, Sägemehl) Sägespähne.

Sagra oder Sagara, die Sakristey.

Salde, eine Kuh mit wagerechten Hörnern. (Zillerth.)

Sampinn, eine garstige, unfläthige Person weiblichen
    Geschlechtes.

Sapin, eine krumme, spitzige Haue. (Gebirg.)

Sattel, der Rücken eines Berges. (Gebirg.)

Sauer, feucht. (Pinzg.) z. B. ein saures Holz.

Säuer, der Sauerschotten.

Schalbossen, oder schalhausen, kalmäusen. (Pinzg.)

Schargn, den Dünger zusammenhäufen. (Gebirg).

Scharling, Bärwurz (Herac. sphondyl. L.)

Schar-

Scharten, der Rücken eines Berges, welcher eine scharfe Vertiefung hat.

Schatzen, sprechen.

Schauben, Küttel (im Abbtenauischen) Schäubn, (Lungau.)

Schaufel, (Pinzg.) niedrig, anstatt Vorderfuß.

Scheindsgeld, Kleingeld (Lungau).

Scher, der Maulwurf.

Scherm, (Schirm) ein Stall oder Unterstand für das Vieh. (Gebirg.)

Scherz, ein Stück Brod. (Brodscherz) (auch in Bayern).

Schicht lassen, oder machen, die Arbeit beschließen. (Gebirg).

Schider, auch schitter, undicht.

Schiech, garstig.

Schlänkeln, aus dem Dienste treten, z. B. der Schlänkltag, der Tag, an dem man aus dem Dienste tritt.

Schlaun, geschwind vor sich gehen, z. B. es schlaunt ihm; es geht ihm schleunig von der Hand.

Schlecht, klein, z. B. ein schlechter Mensch, ein kleiner Mensch.

Schmeldmahd, eine Bergwiese, die nur saures, dürres Gras hat. (Gebirg.)

Schmidkäfer, Hirschschröter.

Schnackeln, mit der Zunge knallen.

Schnatzig, vorwitzig. (Gebirg.)

Schneid, Muth, z. B. der Mensch hat Schneid; auch der schmahle Rücken eines Berges.

Schneider, der langbeinige Spinner.

Schnoddahüpfl, kurze Reime aus dem Stegreife.

Schöber, übereinander aufgehäufte Garben.

Schöppern, klirren, klingeln (auch in Bayern).

Schopf-

Schopfmeise, die Haubenmeise.

Schottig, abgeschmackt. (Pinzg.)

Schräg, eine Art Befriedigung aus Stangen, welche nach
Belieben errichtet und wieder weggenommen wird.

Schratz, oder Sambeiß, der Flußbarsch.

Schusterveigeln, der Frühlingsenzian.

Schwarzelsenbaum, der Traubenkirschenbaum.

Schwärtling, hölzerne, auf einer Seite runde Läden,
von der Oberfläche des Baumes abgesägt.

Schwendten, die Samenloden des Nadelholzes an einem Orte abtreiben; auch soviel als abholzen.

Schwindholz, Jahrgetriebe der Eschen.

Senden, das Heidekraut, welches vielfältig große Strecken überzieht, und woraus Besen verfertiget werden.

Sendinn, eine Viehmagd auf den Alpen. Sender,
Viehhirt daselbst.

Sideln, Beichtstühle (im Thalgauischen).

Sinnlich, betrübt, z. B. er sieht ganz sinnli drein, so
viel als nachsinnend.

Sönnern, sonnen.

Solle, eine hölzerne Hütte der Köhler oder Holzhauer auf
Bergen. (Gebirg.)

Soller (Solla) der Gang über dem ersten Geschosse eines
Hauses von Außen. (Pinzg.) das Vorhaus (Pang.)

Spannbüchl (auch Büchl allein) eine Spahnfackel, d. i.
eine Fackel aus dünngespaltetem Holze. (Gebirg.)

Speik, eine Art Alpenpflanze. (Aretia alpina L.) Sieh
Naturh. Briefe II. B. S. 363.

Spielleute, anstatt Musikanten (auch in Österr. und
Bayern.)

Spinner, ein Ochs, der noch als Kalb verschnitten wird.

Spinnerinn, die Hausspinne.

Spön-

Spönling, Spilling. (Prunus domest. praecox.) (auch in Bayern.)

Spaiche, (Zill.) eine Ziege, die ein Jahr lang wider ihre Gewohnheit unfruchtbar blieb.

Stad, stille (auch in Bayern und Oesterr.)

Strah, Streu, Strahleiten, Unordnung. figürl.

Straucken, Schnuppen.

Steinhennel, (Stoanhändl) Berghuhn.

Steinrösel (Steinröschen) Rhodod. hirsut. L.)

Sterchen, ein männl. Schwein.

Sterr, Mietharbeit, in die Sterr gehen, auf die Arbeit zur Miethe gehen, insgemein von Schneidern, Schustern, Näherinnen gebräuchlich.

Stickl, steil. (Gebirg.)

Stieleiche (die), die Kohleiche.

Stifler, hölzerne Stangen mit 3 bis 4 Zoll langen Aesten, worauf die Garben gelegt werden, um daraus Schöber zu machen.

Stigl, (Steige) eine Art Stiege oder Leiter an einem Feldzaune.

Stihl, Christian. (Pinzg.)

Stoangadn, das Speisegewölb. (Pinzg.) Remmetn, (Pang.)

Stockante, die gemeine Wildente.

Stridori, Schreibzimmer (Gebirg) auch Verschlag. (Lungau.)

Striem, Strieminn, ein Mensch beyderley Geschlechts, welcher taub und stumm zugleich ist.

Summeraun, das im Frühling gefällte Holz zum Austrocknen liegen lassen. (Gebirg.)

Surmer, (Zill.) eine Mauerschwalbe.

T.

T.

Tagbau, ein Morgen Acker, ungefähr so viel, als man in einem Tage mit 4 Pferden umackern, eggen, und besäen kann: eigentlich von 6 — 700000 ☐ Fuß im Gebirge.

Tagweide, ein Stück Wiese, das eine Kuh an einem Tage abweidet.

Tamalischken, der deutsche Tamariskenstrauch (Tamarix germ. *L.*), woraus ein Oehl bereitet wird, das man sehr hoch schätzt. Die Stäbe werden ausgehohlt, und als Röhre zum Trinken gebraucht, damit kein Gift schaden könne.

Tangeln, soviel als Nadeln, **Tangelholz**, Nadelholz.

Tapfer, kräftig, z. B. tapfer darauf arbeiten.

Terzen, ein Ochs, der als dreyjährig verschnitten worden ist.

Tränzen, weinen.

Thörisch, taub. **Großghörig**. (Pinzg.)

Tratten, Gemeinweide, auch als Redewort, tratten, sein Feld zur Weide brach liegen lassen.

Traubeneiche, die Haseleiche.

Trenkfack, ein Bube (niedrig) Pinzg.

Tretten, Viehställe auf den Alpen. (Gebirg.)

Tuch, Leinwand, z. B. ein härbenes **Tuch**, eine feinere Art Leinwand.

Türken, Mays (Zea Mays *L.*)

U.

Valtl, Valentin. (Gebirg.)

Vandôtn, darum.

Uebasted, genug. (Pinzg.)

Vergeben, vergiften.

Uebarechtinn, eine unfruchtbare Kuh. (Pinzg.)

Uebergst,

Ueberigst, unvermuthet (im Thalgauischen) z. B. Ueberigst bin i da.

Uerisen, verschwenden. (Pinzg.

Verleutgeben, feilhaben.

Verschändeln, verunstalten.

Viel, so, anstatt sehr, so viel schön, so viel kalt.
(von dem Ital. tanto bello, tanto freddo.

Undanks, unversehen. (Pinzg.)

Undera, unbaß (im Thalgauischen).

Unend, Possen, z. B. Der Mensch ist voll Unend.

Ungleichs, unerlaubt, ungesittet.

Ungut, übel.

Ungwerben, ungelegen. (Pinzg.)

Unheimlich (unhoamla Pinzg.) spuckend, z. B. hier
ists unheimlich, hier spuckts.

Unöd, lustig. (Gebirg).

Unsattig, sehr. (Pinzg.)

U. l. Frauen Vogel, die Schwalbe.

Untern, der, das Abendbrod.

Unghero, ein altes Kanzleywort für bisher.

Voneh, vorher.

Voz, der Mund.

Urbacha, herüber. (Pinzg.)

Urkauf, Geld zum Ankaufe.

W.

Wällitzen, flattern, in die Luft wehen. (Gebirg.)

Wandel, gerichtl., so viel als Geldstrafe, daher Ge-
richtswandel, jemanden abwandeln.

Wandschopper, der Mauerspecht. (Gebirg.)

Waulen, jammern. (Pinzg.)

Wax, sehr gut, z. B. ein waxer Wein, waxer Mensch.

Wegß

Wegst, beynahe. (Pinzg.)

Wegnarr, der Molch. (Lacerta Salam. L.)

Weinbeere, die Früchte der Johannisbeerstaude. (Ribes
    rubrum L.)

Weisen, ins Weisat gehn, der Wöchnerinn ein Geschenk
    bringen.

Weißfuß, ein alberner Mensch, weißfußet, angschrie-
    ben, abführig, schottig. (Gebirg).

Well, (Pinzg.) der Stier.

Wexeln, (Zill.) Wespen.

Wienerruben, Kartoffeln. (Pinz.)

Wildkerschen, (Zillerth.) die Früchte der Johannisbeer-
    staude.

Wildniß, eine Krankheit. (Gebirg.)

Wörgl, (Zill.) der Grünfink.

Woita, ziemlich, z. B. woita viel.

Z.

Zäubern (S. oben Roßbäuche.) Zill.

Zag, ein Zugochs (Pinzg.), auch Zugvieh überhaupt.

Zageln, Würmer auf dem Sauerkraute. (Zill.)

Zain, Haufe, aufzainen, aufhäufen.

Zam mi, es deucht mich (in Rauris).

Zargn, der Rand. (Pinzg.)

Zasan, ein Lappen. (Pinzg.)

Zascht, Ziererey (Pinzg.), daher zaschtig, ein Mensch,
    der Umstände macht. Zaschtekäfernsadla, ein
    Pinzg. Schimpfwort.

Zaunschlüpferl, der Zaunkönig.

Zeck, eine Art Milbe, z. B. der Hundszeck, die Hunds-
    milbe. Zeck wird überhaupt die Kuhmilbe genannt.

Zeitn, früher. (Pinzg.)

Zens, Vincenz. (Gebirg.)

Zestag, ein ungewisser Tag; (In der Gegend um Oettel-
    dorf.)

Zettach, die kleineren Sträuche mit Beeren.

Zetten, die kleine Alpenkiefer (Pinast. Pumilio L.)

Zirschen, Zirbelbaum. (Zill.)

Zistl, ein Handkörbchen.

Zitterbirke, die Zitterpappel.

Zkeit (zerkeyt), außer Fassung, z. B. er ist ganz zkeit.

Zmorgen, am Morgen.

Znachts, am Abend.

Zoamas, Käse und Schotten. (Gebirg).

Zugeln, gehen. (Pinzg.)

Zum Hörikait, soviel, „als wollte er sagen. (Im Thal-
    gauischen.)

Zuren, (Zill.) die Schnarre (tardus viscivorus L.)

Zurr, die Misteldrossel.

Zuserisch, sehr sparsam.

Zwagen, waschen (auch in Bayern und Oesterr.)

Zwegen kommen, zum Vorscheine kommen.

Zwö oder zwe, warum? Zwö denn? Warum denn?

Salzburgische Bibliothek
in Bezug
auf allerley Beschreibungen des Erzstiftes.

Wir machen hiermit eben nicht Anspruch auf Vollständigkeit: Wie könnten wir das, da nirgends eine inländische Bibliothek mit einer auch nur mittelmäßigen Sammlung von das Erzstift Salzburg betreffenden Schriften vorhanden ist? Von einzelnen hier und da in ganzen Werken, oder Journalen zerstreuten Aufsätzen kann ohnehin die Rede nicht seyn; indem hierzu mehr als eines Mannes Alter, und mehr als eines Privatmannes Vermögen erforderlich wäre. Doch glauben wir, das Vorzüglichste und Merkwürdigste gesammelt zu haben, und in dieser Rücksicht den Dank unserer Leser zu verdienen. Das Fehlende wird Hr. J. Th. Zauner ersetzen, welcher eine solche Bibliothek in der Vorrede zu seinem Corpus juris publici Salisb. versprochen hat. Er hat vermuthlich eine lange Zeit gesammelt, und wird also seinen Landesleuten etwas Vollständigeres liefern können.

I. Geschichte.

Notitia imperii occidentalis vltra Arcadii, Honoriique tempora (in Graevii Thes. Antiquit. T. VII.).

Eginhardus. Vita et Annales Caroli magni.

B. Fl. Alcuinus, Car. M. Magister (Edit. Frobenii).

Godefridi Viterb. Pantheon.

Aventini Annales Bavariae.

Rrr

Mar-

Marci Velseri Annales Boiorum.

C. Baronii Annales Eccles.

Hieronym. Megisers Kärntnerische Chronik.

P. Raderi S. J. Bavaria sancta.

P. Brunneri S. J. Annales Boici.

Adelzreiter von Tettenweiß Annales Boic. Gentis.

Mabillonii Acta Sanctorum Ord. S. Benedicti.

Acta Sanctorum Bollandi etc.

P. Hieron. Pezii Scriptores Rerum Auftriae (Tom. II.
    pag. 427. Chronic. Salisb. vsque 1495.)

P. Bernard. Pezii Thesaur. Anecd., nouissim.

P. Hansitzii S. J. Germania s. Tom. II. Archiep. Salisb.

Chronicon Gottwicense.

P. Meichelbeck Histor. Frisingensis.

Peters von Ludewig Reliqqiae Manuscriptorum.

Antiquitates Nordgavienses Falkensteinii.

P. Stadler S. J. Baierische Geschichte.

Oefele Scriptores rerum Boicarum.

Heumanni opuscula diplomatica.

Jos. Resch Annales Ecclesiae Sabionensis.

Jul. Caesaris Aquilini Annales Ducatus Styriae.

Monumenta Boica Monachii.

Gelehrte Abhandlungen der Baierischen Akademie der Wis-
    senschaften.

Geh. R. von Loy Bayer. Bergrecht.

— — Auszug der Geschichte Bayerns.

Von Osterwald &c. Bayrische Kirchengeschichte IV. B.

J. R. Mederer Beyträge zur Geschichte Bayerns.

Cathalogus Archiepiscoporum bis auf Erzbischof Leonard.
    Deutsch. 1519.

De

De Introitu B. Rudberti (Nachr. von Juvav. Anhang S. 7; auch in Canisii Antiqu. Lection. und eine ähnliche Lebensbeschreibung in Papebrochii Tom. III. p. 702).

P. Canisii S. J. Antiqu. Lection. (worin verschiedene Salzb. Chroniken nebst eben angeführter Lebensbeschreibung abgedruckt sind.)

Cathalogus Abbatum S. Petri Salisburgi. 1646. (von Abbé Albert.)

Historia S. Amandi Episc. Wormat. a S. Ruperto Salisb. transl. 1661.

Disquisitiones in vitam et miracula S. Vitalis etc. 1663.

Relatio historica de corpore S. Martini Episc. Turonenf. ex Gallia Salisb. delati. 1664.

Bellum Rusticum Salzburgense, per Egidium Rem a Conf. Arch. Matth. Lang. Salisb. 11. Nov. 1525.

Hundii Metropol. Salisburg. cum Annotat. Gewoldi. T. III. 1660. Fol.

Franz Dückers von Haslau und Winkel Salzburgische Chronika. 1666.

Brevis Historia de origine, Confecratione et reparatione fpeluncae ejusque capellae in monte prope Coemeterium S. Petri 1661.

P. P. Josephi, Francifci, et Pauli Metzger Historia Salisburg. 1692. Unter dem größeren Titel: Historia Salisburgenfis, hoc est, vitae Epifcoporum et Archiepifcoporum etc. in fol.

Historia almae et Archiepifcopalis Univerfitatis Salisburgenfis fub cura PP. Benedictinorum. Prodit nunc primum opera et ftudio R. P. ** Presbyteri et Monachi Benedictini e congregat. S. Blafii in filva nigra. Bonndorfii 1728 in 4. (Von P. Roman Sedelmayr

ver-

verfaßt, und nach dessen Tode von P. Jof. Porta in Druck gegeben.)

Der allerneueste Staat des Erzbißthums Salzburg und der darunter gehörigen vier Mediatstifter. Halle. (von J. J. Schmauß.)

Aktenmäßige Geschichte der berühmten Salzb. Emigration von J. B. Casparis, übersetzt von F. X. Huber. 1790. Salzb. in der Mayr. Buchhandlung.

J. G. Schellhornii de Religionis evangelicae in Provincia Salisb. ortu, progreſſu et fatis Comment. Hiſtorico-Eccl. Lipſiae. 1732.

Der Salzbund Gottes mit der evangelisch = Salzb. Gemeinde von Conr. Rieger. 1732.

Beytrag zur Kirchenhistorie des Erzbißthums Salzburg, welcher nicht nur die großen Bewegungen anzeiget, so schon A. 1528 und 63 in demselben vorgegangen; sondern auch, was sich nur in vorigen Saeculo mit den Tefferecker Thalleuten begeben. Von J. B. Hillinger Superintendenten zu Salfeld. Jena. 1732.

Vollkommene Emigrationsgeschichte von den aus Salzburg vertriebenen Lutheranern von Gerh. Gottl. Günther Göcking. II. Th. Frankfurt und Leipz. 1737.

Aktenmäßiger Bericht von der schweren Verfolgung der Evangelischen in dem Erzbißthume Salzburg. Von Joh. Jak. Moser. Zwey Theile. 1732. in 8.

Salzburgische Emigrationsakta von Joh. Jak. Moser. 12 Stücke. Frankfurt und Leipzig 1732 und 1733. 8.

Unparteyische Abhandlung von dem Staate des hoh. Erzstifts Salzburg und dessen Grundverfaſſung zur rechtlich = und geschichtmäßigen Prüfung des sogenannten juris regii der Herzoge in Bayern. 1770.

P.

P. Gregor. Zallwein O. S. B. Principia Juris Ecclef. Aug. Vindel. 1763. (De praerogativis et juribus fpec. Ecclef. Metropol. Salisburg. T. IV.)

Noviffimum Chronicon antiqui Monafterii ad S. Petrum. Salisb. Auctore Rev. Abb. Beda. Aug. Vind. 1772.

Auszug der neuesten Chronik des alten Benediktiner Klo: sters zu st. Peter, verfaßt von P. Placidus Verhands: ki, Professen daselbst. Augsburg 1782.

Saecularis memoria defunctorum, five compendium vitae et mortis Religioforum, qui in Monafterio ad S. Petrum Salisburgi Ord. S. Benedicti ab anno 1682 usque ad an. 1782 obierunt. Salisburgi 1782. 8.

Alma mater, Salisburgenfis Metropolitana fedes in filias Seccovienfem et Lavantinam epifcopales Ecclefias datis novis digniffimis fponfis feliciter beneficia. 1703 et 1704. Salisburgi 1704. fol. (von Franz Ign. Woller, Lehrer des Codex ꝛc. an der Universi: tät. Von ihm ist eine ähnliche Rede auf die Confir: mation des Bischofs von Sekkau, Grafen Jof. von Lamberg. 1712. fol.)

Nachricht von der Salzburgischen Rechtslehrer Leben und Schriften, in Daniel Nettelbladts Hallischen Beyträ: gen zur jurist. Gelehrten:Historie III. B. S. 65 — 100.

Nekrolog einiger in diesem Jahrhunderte verstorbenen Salzburg. Rechtslehrer. in des Hn. Prof. Siebenkees jurist. Magazin I. B. S. 514 — 527 (von Licent. J. Th. Zauner).

Applaufus comicus S. Ruperto Wormatia per injuriam depulfo Juvavii excepto primo Epifcopo ad Trophaeum de mundo reportatum editus *Paridi* illuftrifsimo Principi et Reverendiff. Archiepifcopo folem-

ni

ni ritu suam metropolim ingresso. Salisburgi 1621 (von P. Andreas Vogt).

Nachrichten vom Zustande der Gegenden und Stadt Ju= vavia von und nach Beherrschung der Römer bis zur Ankunft des h. Ruperts, und von dessen Verwand= lung in das heutige Salzburg. Salzburg in der Wai= senhausbuchhandlung. 1784. fol.

Basnage Chronic. Salisb. II. B. S. 97. Topograph.

Chronicon Reichersbergense.

Chronicon Lunaelacense.

P. Floriani Dalham Concilia Salisburgensia.

Vindiciae adversus Sycophantas Juvavienses. Coloniae apud Pet. Marteau. 1741. in 4. (von Joh. B. von Casparis.)

Memorabilia Eberhardi II. Juvav. quondam Archiepisco= pi &c. 1780 in fol. (Eine Confirmationsrede von Hn. Prof. Johann Karl von Kostern).

Chronik von Salzburg, von Jud. Th. Zauner. I Th. Salzburg 1796. bey F. X. Duyle in 8.

Die in den Archiven des Hofes, des Domcapitels, des Klosters zu st. Peter u. a. m. befindlichen codices ma= nuscripti sind in den Nachrichten von Juvavia (am Ein= gange dieser Schrift) genau angezeigt.

II. Statistik.

L. Hübners Beschreibung der Haupt= und Residenzstadt Salzburg. Zweyter Band. 1794. 8.

— — Beschreibung des Erzstifts Salzburg. 3 Bände 1795 und 1796. 8.

J. Th. Zauners Auszug der wichtigsten hochf. Salzburg. Landesgesetze. III. Bände. Salzburg in der Mayr. Buchhandlung. 8. 1785. 1787 und 1790.

J.

J. Th. Zauner Corpus Juris publici Salisburgensis, oder Sammlung der wichtigsten, die Staatsverfassung des Erzstifts Salzburg betreffenden Urkunden. Salzburg in der Mayr. Buchh. 1792. 8.

— — biographische Nachrichten von den Salzburg. Rechtslehrern, von der Stiftung der Universität an bis auf gegenwärtige Zeiten. Salzburg in der Waisenhausbuchh. 1789. 8.

— — Syllabus Rectorum. Salisb. 1792. 8.

Conspectus et status totius Archidioecesis Salisburgensis. MDCCLXXII. Salisburgi.

Die jährlich herauskommenden Hoffalender oder Schematismi des Salzb. Hofstaats rc.

Unpartheyische Abhandlung, ob den Herzogen in Bayern das von so vielen hochgepriesene Jus regium in Ecclesiasticis zustehe rc. Frankfurt und Leipzig 1762. in 4. (von I. C. Rathe, eigentlich von Hn. Prof. J. Phil. Stainhauser von Treuberg.)

Vertheidigte unpartheyische Abhandlung, ob den Herzogen in Bayern das von so vielen hochgepriesene Jus regium in Ecclesiasticis zustehe rc. Frankfurt und Leipzig 1763. in 4. (von dem nämlichen).

Lanndtäding des hochfürstl Salzburg. Landgerichts Werfen vom J. 1534 (von Prof. Joh. Ant. von Schallhammer in Walchs vermischten Beyträgen zum deutschen Recht. II. Theil. S. 143 — 182.

Salzburgische Einstandsordnung vom 15. Nov. 1679 (von ebendemselben in Walchs Näherrecht 1775). Ferner von dem näml., Verordnung, den Einstand in den Städten betreffend, vom 22. Aug. 1695 (eingedrückt ebendaselbst S. 71.)

Die

Die bey dem R. Hofrath ventilirte Prozeß = Schriften in causa Berchtesgaden gegen Salzburg S. C. Sechs Punkten, als die Incorporation des Stifts Berchtes= gaden, dessen dem Erzstifte zu leisten schuldiges Jura= ment ꝛc. betreffend. 1626.

In causa Archiepisc. Salisburg. et Episcopi Passav. super jure Metropolitieo Eccles. Salzb in eccles. Passav. &c. Romae 1691 — 93.

Die zwischen Salzburg und Churbayern gewechselte Salz= comprommiß = Schriften. Salzburg 1761.

Kurze Geschichte und actenmäßige Anzeige, was dem ho= hen Erzstifte Salzburg auf erfolgten Todbfall Kurfür= stens Maximilian des III. in Bayern bey dessen Ver= lassenschaft für Ansprüche und Forderungen ausstehen. Salzburg 1779.

Der gegen das in der bekannten Graf = Spauerischen Ehe= und Präbendalsache sub Rubro in Sachen des kaiserl. wirkl. geheimen Raths, auch kaiserl. geh. Kammer= gerichts Kammerrichters Grafen von Spauer, Nah= mens Dero Sohns Grafen Johann von Spauer con= tra den Erzbischofen und Fürsten zu Salzburg von dem k. k. Kammergericht am 23. Jäner 1782 erkann= te Mandat. exhibitor. S. C. ergriffene Recurs an Kai= ser und Reich. 1782.

Aktenmäßige Darstellung des sowohl außer = als ingericht= lichen Verlaufs bey Verleihung der Erzstift = Salzbur= gischen Dompräbende an Herrn Joseph Grafen von Daun, und den dawider von Seite des Domkapitels wegen mangelhaftem Nebenstammbaume statutenmä= ßig erregten Anständen, nebst Bemerkungen über die hierüber von dem kaiserlichen Reichshofrathe auf die Klage des Herrn Grafen von Daun gegen Seine hoch= fürst=

fürstlichen Gnaden Hr. Erzbischof zu Salzburg, und
deſſen Domkapitel erkannte zwey höchſtbeschwerliche Re-
ſcripte S. C. 1791. Fol.

Wahre Beschaffenheit des bey höchſtpreiſlichem kaiſerl.
Reichshofrath obschwebenden Rechtsſtreites in Sachen
von Traun Graf als Vormund des minderjährigen
Herrn Grafen Joseph von Daun wider das Domkapitel, und den Herrn Erzbischof und Fürſten zu Salzburg die Erschwerung der Adelsprobe und anderweiti-
ge Verleihung der Präbende betreffend. Im Jahre
1791. gr. Fol. 35 S.

Sammlung der Salzburgischen Waldordnungen. 1796. in
4. in der Mayrischen Buchhandlung.

III. Erdbeschreibung.

Itinerarium Antonini. ⎫ Genau nach dem Original abge-
⎬ druckt in den Nachr. von Juvavia.
Tabulae Peutingerianae. ⎭ Letztere auch auf einer Mappe in
den Concil. Salisb. P. Dalham.

Topographia Bavariae, das iſt, Beschreib. und aigentliche
Abbildung der vornembſten Stätt und Orth in Ober-
und Niederbeyern, der obern Pfalz, und andern zum
hochlöbl. Bayrischen Craiße gehörigen Landschafften in
Truck gegeben und verlegt durch Matthäum Merian.
1644. Fol.

Joh. Georg Keyßlers neueſte Reisen durch Deutschland,
Böhmen ꝛc. Hannover 1751. (S. 41 u. folg. nebſt
Abbildung des Paſſes Lueg.)

Bernoulli Sammlung kurzer Reisebeschreibungen (XII. u.
XIII. B. nebſt einer Abbildung des neuen Thores).

Physik. Arbeiten der einträchtigen Freunde in Wien. Von
J. E. v. Born. II. Jahrg. III. Quart. Wien 1788.

Plä-

Plümike Litterarische Reise durch Deutschland.

L. Hübners Beschreibung der Haupt = und Residenzstadt
     Salzburg. II. Bände. 1793 und 1794. 8. (Auszug
     davon 1794. im Verlage der Mayr. Buchh. 8.)

— — Beschreibung des Erzstifts Salzburg. III. Bände.
     1795 und 1796. 8.

— — Reise durch das Erzstift Salzburg zum Unterricht
     und Vergnügen. 1795. 8.

— — physikalisches Tagbuch. IV. Bände, 8. (Be=
     schreibungen des Salzb. Lungau von B. Huber, des
     Pinzgau von A. Reisigl, des Wildbades Gastein von
     J. Barisani, und der Fossilien, von E. Schroll. Alle
     4 Beschreibungen sind auch einzeln gedruckt worden).
     Darin befindet sich auch ein naturhistorischer Kalender
     von D. E. von Helmreich.

R. Kleinsorgs Geographie für Schulen. Anhang. Geo=
     graphie des Erzstiftes.

Geographie von Salzburg für die deutschen Schulen.
     Von M. Vierthaler. 1796. in der Mayrischen Buch=
     handlung iu 8.

IV. Naturbeschreibung.

Naturhistorische Briefe über Oesterreich, Salzburg, Passau
     und Berchtesgaden von Fr. v. P. Schrank und K. E.
     R. von Moll. II. Bände. Salzburg in der Mayr.
     Buchhandl. 1785. 8.

Reise durch die norischen Alpen physikalischen und anderen
     Inhalts, unternommen in den Jahren 1784 bis 1786
     von Hacquet. I. Th. Nürnberg in der Raspischen
     Handlung. 1791.

Fr.

Fr. de P. Schrank Primitiae Florae Salisburgensis. Francofurti ad Moen. apud Varrentrapp et Wenner. 1792. 8.

Oberdeutsche Beyträge zur Naturlehre und Oekonomie für das Jahr 1787. Gesammelt und herausgegeben von K. E. von Moll. Salzburg in der Mayr. Buchhandl. 1787. 8.

Abhandlungen einer Privatgesellschaft von Naturforschern und Oekonomen in Oberdeutschland. Herausgegeben von Fr. v. P. Schrank. I. B. München bey Jos. Lindauer. 1792. 8.

Hacquets physikal. politische Reise. II. B. (Lungau betreffend.)

Jars metallurgische Reisen III. B. (Zillerthal betreffend.)

Le Noble in den Böhmischen Abhandlungen (vom Salzwerke in Hallein).

Adam Lebwald Damographia, oder Gemsenbeschreibung. Salzburg 1693. 4. (Liber rarissimus.)

In Fueßlys Magazin (K. E. von Moll. Salzb. Entomologie.)

Lithophylacium Mitisianum.

Borns Index Fossilium.

Hofmann Abhandl. von Eisenhütten. II. Th. S. 91.

Von der Reise durch das Erzstift zum Unterricht und Vergnügen ist seit der Zeit der Inhaltsanzeige ein eigenes kleines Bändchen im Verlage dieser Beschreibung erschienen, worauf wir unsre Leser hiermit verweisen.

Be=

Berichtigungen und Zusätze.

I. Band.

S. 52. Anm. Die Verbindlichkeit der Rindzungen-Lieferung ist nicht nur zu Waging; sondern auch zu Werfen und in mehreren Orten eingeführt.

Im Pfleggerichte Waging ist kein Forstpersonal angegeben, obgleich im Markte ein eigenes hochfürstliches Jägerhaus sich befindet, das von einem Meister Jäger und dessen Knechten bewohnet wird. Eben so verhält es sich in dem Pfleger. Tittmoning, wo ebenfalls das Jäger-personale anzugeben vergessen worden ist.

S. 119 ist die Hofmark Triebenbach betreffend folgende nähere Bestimmung beyzusetzen:

„Die geschlossene Hofmark Triebenbach, die sich zum Theil durch die Landstrasse und durch die Naufahrt von dem Pfleggerichte Laufen scheidet, besteht eigentlich in den 3 Dörfern Triebenbach, Mairhofen und einem Theile von Fillern sammt übrigen Zugehörden. Der Großvater des dermaligen Besitzers hat dieselbe nach den Herren Grafen von Lamberg laut hochfürstl. hofräthlicher Urkunde im J. 1707 käuflich erhalten. Die Hofmarks-Gemeinde, welche in weltlichen Angelegenheiten ihrem Hofmarksrichter untergeben ist, der deßhalb von den hochfürstlichen Hofstellen seine Weisungen erhält, ist in geistlichen Angelegenheiten der Pfarre Laufen unterworfen, nicht aber die in dem Schlosse zu Triebenbach gelegene Herrschafts-Kapelle, in der nur von der Pfarre Laufen die gestifteten Gottesdienste versehen werden. Diese Kapelle besitzt auch in der Stadt Laufen das vorhin sogenannte Lieperrische Haus.‘‘

S.

S. 129. Der Pfarrvikar zu Siezenheim hat immer zwey Helfpriester. Ferner befindet sich auch ein Schullehrer zu Viehhausen; also sind 11 im ganzen Pfleggerichte.

S. 137. im Pflegger. Staufeneck ist die einem Bauer zugehörige Drathzieherey unweit Wals nicht angegeben.

Zu S. 147. u. ff. unter Teisendorf sind folgende Bemerkungen beyzusetzen: Zu den 502 Vierteläckern gehören die seit dem J. 1788 bis Ende 1795 verliehenen 245 Tagbaue, oder 9,800,000 Quadratfuß oder Moorplätze nicht, welche innerhalb dieser 8 Jahre urbar gemacht worden sind, und durch deren Anbau das Gericht in den Stand gesetzt ist, nicht nur, wie ehmahls das Gegentheil war, keines fremden Getreides zu bedürfen, sondern sogar auch einiges verkaufen, und zugleich mehr Vieh halten zu können. Bey der 1789 geschehenen Gränzberichtigung zwischen Waging und Teisendorf hat letzteres Gericht 5 hofurbarische Bauerngüter, und 55 neue Holztheile oder einzelne anleitbare Iteme zugetheilt erhalten. Der Magistrat im Markte besteht nebst seinen Führern oder Bürgermeistern nur aus 12 Mitgliedern oder Ausschüssen. Das Haus des Pflegers ist mit Einschluße der Erd- und Dachgeschosse 4 Geschosse von vorne hoch, und 3 auf den Seiten. Die nöthigen Gebäude zu einem kleinen hierzu gehörigen Lehen, welches der Pfleger gegen jährliches Bestandgeld zu genießen hat, stehen seitwärts in einiger Entfernung. Das hochfürstl. Bräuhaus im Markte hat die Wirthe von den 5 Gerichten Teisendorf, Staufeneck, Waging, Laufen und Tittmoning, auch einige vom Stadtgerichte Salzburg zu versehen, so daß jährlich 24—25000 Eimer Bier gebrauet werden müssen. Das alte Schloß Raschenberg ist vor einigen Jahren an die adeliche Eigengewerkschaft im Achthale verkaufet worden, die noch immer mit Abbrechen fortfahren, und die Steine mit großem Gewinn verkaufen läßt, so daß nur noch ein Theil des Thurmes, und die äußeren Mauern stehen. Zu den Gewerben außer dem Markte S. 157 gehört auch eine Nagelschmiede, die sich bey dem Eisenhammer hinter dem Schloße Rascheuberg befindet, und sehr stark betrieben wird. Unter die Erzeugnisse des Ackerbaues S. 157 gehört auch der Flachs.

Flachs. Die Teferecker allein führen jährlich von den gröberen Leinwanden über 60 Stücke gegen Pässe aus: die feinere (härbene) wird im Gerichte verbraucht, oder den Landeskrämmern überlassen. Obst wächst hier ebenfalls sehr vieles und schönes. Mancher Bauer löset daraus in guten Jahren über 100 Fl. durch Verkaufen an Fragner, oder Lieferung in die Hauptstadt.

Zu Seite 164 sind folgende Berichtigungen und Zusätze einzuschalten: Das Gericht Koppel, oder wie es in den vorfindlichen alten Landrechten genannt wird (Frey-gericht Koppel), gehört dem Bißthum Chiemsee; ist aber unter den Original-Stiftungs- oder Dotationsgütern desselben nicht begriffen; sondern erst in spätern Zeiten, und, den in dasiger Registratur aufbewahrten Schriften nach zu schließen, zu Anfange des XVten Jahrhunderts hinzugekommen. Es ist bis auf eine kleine Strecke gegen Westnorden, wo es an die hochfürstl. Pfleggerichte Glaneck und Thalgau gränzet, ringsum von dem hochfürstl. Pfleg-gerichte Neuhaus umgeben, hat gegen 6 Stunden im Um-kreise, und enthält ungefähr 1/4 Quadratmeile am Flächen-inhalt. Ueber die Eigenschaft dieses Gerichts-Bezirkes, und einige andere Jurisdictionsstreitigkeiten mit dem Pfleg-gerichte Neuhaus ist bereits seit geraumer Zeit der Prozeß bey dem hochlöbl. Hofrathe anhängig, welcher einem hohen Befehl vom 2ten Sept. 1794 zu Folge vermuthlich durch gütliche Ue-bereinkunft wird beygeleget werden. Dieses Gericht wurde indeß zu voreilig eine Hofmark genannt, da es sogar in den hofräthl. Befehlen und Entschließungen mit dieser Benen-nung verschonet wird, und mit dem Pfleggerichte Neuhaus in keiner andern Verbindung steht, als daß die daselbst eingekommenen Malefizverbrecher nach dem ersten Consti-tut (doch nicht gerade nach 3 Tagen, wie bey anderen Hofmarken), sondern nach einer unbestimmten Zeit zur Vollführung der Inquisition ausgeliefert werden müssen. Da man vor Alters dergleichen Verbrecher nach Beschaf-fenheit der Umstände daselbst öft 2 bis 3 Mahle constituirt, und erst dann der Stadthauptmannschaft ausgeliefert hat-te. Gewiß ist es, und Urkunden beweisen es, daß das Gericht Koppel in den ältesten Zeiten die höhere Gerichts-

barkeit

barkeit besessen haben müsse *).   Dieses Gericht wird überhaupt in 4 Rügate, sonst Obmannschaften eingetheilt, näm-

*) In einem auf Pergament geschriebenen Landrechtsbuche vom Jahre 1405 heißt es in einer Anmerkung: „Nota; aber hinter dem Nochstain (wo nämlich das Koppler-Gericht seinen Anfang nimmt) hat der Richter ganze volle Gewalt zerichten tief morde, und das plut, und um all sach, und wenn man einen schedlichen man in der Chopel überwindet, den antwurt man auf das mos gen Salzburg dem Züchtiger, als er mit Gürtel umbsvangen ist." Oder wie sich darüber ein jüngeres Landrechtsbüchl ausdrückt: „Hinter dem Nockstein hat der Richter ganzen und völligen Gewalt zu richten über Todschläge und blutige Schlägereyen, dann die übrigen Rauf und Rumorhändl; wenn aber eine schädliche Malefizperson in der Koppl eingebracht wird, so soll dieselbe mit Vorwissen der Landeshauptmannschaft auf einem bestimmten Tag, wovon dem Landgerichte Neuhaus Wissenschaft zu ertheilen ist, über das Neuhauser Feld durch das enge Gäßl zu der Linde, darbey man zu der Straße kommt, zu der Marter-Säule daselbst, an einen Spidea-Faden, den kein Bub abreissen mag, gebunden werden, und soll der Chiemseeische Richter dem Neuhauser Gericht dreymahl laut rufen, die schädliche Person, wie sie mit Gürtl umfangen ist, zu übernehmen. Wenn nun hierin das Landgericht sich saumig zeigen sollte, ist solches dem Koppler Gericht ohne Schaden, oder (solches ist hierüber außer aller Schuld gesetzt), so aber das Malefizverbrechen dermassen greulich und offenbar wäre, so wird die That unverzüglich an die Landeshauptmannschaft berichtet, und die Person zugleich dahin mit ausgeliefert." Heut zu Tage geschieht die Auslieferung der Kriminal-Verbrecher an das Pfleggericht Neuhaus bey der sogenannten kalten Zendl, als der Gränzscheidung

des

lich 1stens in das Koppler, 2tens Hayacher, 3tens Winkler, und 4tens Ebenauer Rügat, wovon jedes seinen Rügmann hat, mit welchen bey Abhaltung des Landrechts alle 2 Jahre gewechselt wird, und deren Geschäfft ist, die Kammerpartitionsgelder von den übrigen zu sammeln, und zu Kaabthen anzusagen. Die Rügate theilen sich wieder in ganze und halbe Anschläge, dann Kleinhäuschen. Von den ersteren zählt dieses Gericht 50, von den zweyten 13, und von der dritten Gattung 23. Alle diese Güter zusammen enthalten nach der in der Koppel vorgenommen Katastral-Beschreibung 225 Gebäude und 343 Feuerstätten. Dieses Gericht, welches dem Fürstl. Chiemseeischen Hofrichteramte einverleibt ist, steht unter dem dasigen Hofrichter, dem ein Amtsschreiber, Accessist und Amtmann untergeordnet sind. Geistliche daselbst sind der Vikar und itzt ein Coadjutor. Das Vikariat

des Koppler und Neuhauser Gerichtes. Eben so ist auch in dem zwischen Erzbischof Marx Sittich, und Bischof Ernfried zu Chiemsee am 23ten Juny 1613 über verschiedene Spiritualia errichteten Recesse unter andern eingeflossen: „was aber in temporalibus im Landgericht Koppel, Hofmark Fischorn und Bischofshofen ein Bischof zu Chiemsee von Alters her berechtiget, und befugt gewesen, wird er bey voriger Gerechtigkeit und wohlhergebrachten Inhaben belassen, doch auf den einschichtigen Gütern mehr Freyheit und Gewalt, als ein hochwürdiges Domkapitel gehabt, nicht zugelassen“ wodurch dem Gerichte Koppel die Kriminaljurisdictionsbefugnisse, oder die Ausübung höherer Gerichtsbarkeit so zu sagen neuerdings bestätiget worden ist. Daß aber dem Gerichte Koppel auch in den neueren Zeiten ein höherer Grad der Gerichtsbarkeit, als andern Hofmarken, zugestanden wurde, erhellet selbst aus dem Capitular-Receß vom Jahre 1645, in welchem Koppel ein Gericht, und dessen Beamte, oder Verwalter daselbst, ein Richter genannt wird, woraus man auch heut zu Tage noch Anlaß nimmt, in den dießseitigen Amts-oder Missivschreiben Fürstl. Chiemseeisches Gericht Koppel zu setzen.

riat steht, wie schon in dem ersten Bande S. 163 ange-
merket worden, unter der Pfarr Seekirchen, und dem Dekanate Keſſendorf. Der Seelenſtand dieſes Bezirkes beläuft ſich mit Einſchluß von ungefähr 150 Köpfen, welche
vom Pfleggerichte Neuhaus dahin eingepfarret ſind, auf 581
Menſchen, worunter ſich von dem männlichen Geſchlechte 120
wehrhafte befinden. Real- und Perſonal-Gewerbe ſind hier
folgende, und zwar von erſterer Gattung 1 Wirthstafern,
3 Mühlen, 2 Schmieden, und 1 Krämmerey; von letzterer
aber 3 Schneider-, 1 Schuhmacher-, 1 Webers- und 1
Wagners-Gerechtigkeit. Grundherrſchaften zählt es 11,
worunter ſich 6 befreyte und 5 unbefreyte befinden. Außer
dieſen ſind in dieſem Gerichte auch 8 hofurbariſche Unterthanen. Merkwürdige Gebäude gibt es in der Koppel außer dem St. Jakobs Gotteshauſe, der Schnuren-Kapel-
le und der Vikariatswohnung keine.

Von dem im erſten Bande S. 169 beſchriebenen Geisberge liegt beynahe die ganze Rückſeite in dem Kopplerischen
Gerichtsbezirke, auf welcher ſich 3 Bißthum-Chiemſeeiſche
unmittelbare Holztheile, nämlich das Herren-Zehend- und
Wieland-Holz befinden, woraus jährlich zum Gebrauche des
Biſchöflichen Hofes 45 Klafter größten Theils Fichtenholz genommen werden. Außer dieſen liegen an demſelben auch noch
einige Chiemſeeiſche Unterthan-Hölzer.

S. 221 Z. 13. muß es heißen: die Gegend umher
wird von beyden Seiten mit klaren Wäſſern durchfloſſen,
anſtatt das Dorf ſelbſt 2c.

S. 223 am Ende ſind noch bey Hinterſee 11 männliche und 11 weibliche Austragleute beyzuſetzen, ohne welche ſich die Summen nicht herauswerfen.

S. 228 ſind unter den Gewerben 19 Schuhmacher
ausgelaſſen.

Zu S. 231 Z. 14 iſt beyzuſetzen: „In einer kleinen
Entfernung von dem Wohnhauſe der Hammerſchmiede, etwas näher am Dorfe hat der Vater des dermahligen Be-
ſitzers, March. Pöſchinger im J. 1783 ein ganz niedliches
vierecktes, 1 Geſchoß hohes, oberhalb mit einer Mezza-

nine

nine, und einem mansardischen Dachstuhle ·versehenes Stöckchen ganz von Mauer erbauet."

Die Angabe S. 247, daß im Thalgauer Gerichte niemand auswandere, ist zu allgemein: daß einige auswandern, bezeugen die bey dem hochfürstl. Hofrathe jährlich ertheilten Auswanderungs-Bewilligungen.

II. Band.

S. 329 ist zu bemerken, daß nur der Paß Strub allein an Tyrol gränzet; der Kniepaß, und Thurm oder Luftenstein hingegen nur inländische Zwischenpässe sind. Der Paß Steinbach aber befindet sich am Eingange des Gebirglandes an der bayrischen Gränze. Uebrigens sind auf dem Hirschbühel ein Blockhaus, und im Pfleggerichte Mittersill der Paß Thurm.

Seite 343 sind die drey Unterwaldmeister zu Werfen, in Blühnbach und im Mühlbache beyzusetzen.

Seit. 344 ist zu bemerken, daß der Burgfriede des Marktes Werfen nur ein Theil des Vikariats Werfen ist; letzteres schließt auch 1 bis 2 Stunden weit entlegene Bauernfamilien noch in sich, und die angeführte Summe von 1199 Seelen ist also von dem ganzen Vikariate zu verstehen.

S. 371 soll es Lonicera alpigena, und nigra L. anstatt Xylosteum alpinum und nigrum L. heißen.

Seit. 406 unter Goldeck ist bey den Geistlichen zu lesen 1 — 2 der Pfarrvikar nebst seinem Helfpriester.

S. 411 ist zu bemerken, daß das Gut Urfahr nur erst dann hofurbarisch werde, wenn es die Mission zu Schwarzach nicht mehr besitzt; itzt ist es freyeigen.

S. 429. Das Pfleggericht St. Johann gränzet gegen Süden auch an das Landgericht Großarl, und an der ganzen nördlichen Seite auch beträchtlich an Werfen.

S. 454 letzte Z. Die Coadjutorey im Wildbade wird seit dem J. 1623 von einem Ortsvikar versehen.

S. 456. "Die außerhalb des Marktes befindliche hofurbarische Wirtstafern und Kalkbrennerey liegen 3 ganze
Stunden unterhalb des Marktes an der sogenannten Brand-
stätte zunächst an der Klamm. - Der zweyte Freymarkt ist
nicht am Sonntage vor Allerheiligen; sondern am Sonntage nach Allerseelen.   S. 463 ist ein häßlicher, chro-
nologischer Fehler eingeschlichen.   Das Haus des Verwe-
sers in Böckstein ist 1782 unter dem iztregierenden Landesfürsten erbauet worden.   Aller übrige Zusatz ist falsch.
S. 468 in der letzten Zeile sind die Worte, worin nebst
den übrigen 20 bis 24 damit zu einer Jahrt ver-
bundenen Säcken oft rc. einzuschalten.   S. 459. Nicht
zu Dorf wohnt der Meßner im unteren Theile des Vika-
riathauses, sondern zu Böckstein.   Jm ersteren Orte
hat er ein abgesondertes erst unlängst aus dem Kirchen-
vermögen ganz neu aufgemauertes niedliches Häuschen
zwischen dem Vikariathause und der Kirche.   S. 471.
Z. 6. ist anzumerken, daß mit der Gasteiner Ache eine
sehr beträchtliche Ueberwerfung des Rinnsahles vorgenommen worden ist, deren Endzweck die Austrocknung des
Sumpfes in der Gegend von Dorf bis gegen Hof war.
Zu S. 473 Z. 29 ist zu wissen, daß jeder Branntweinbren-
ner ein ordentliches, gerichtlich bewilligtes Kesselrecht haben muß, und daß erst den 29. Dec. 1794 eine allgemeine
Kammeral-Verordnung die Branntweinbrennerey betreffend ergangen ist.

S. 582. Z. 22. Prielau liegt 1 Stunde von Fischorn
in einer Diagonallinie über den See.   S. 587 in der
Anmerkung ist zu berichtigen, daß der Schoßtennbach
sich in der Gegend der Bürgeräcker diesseits des Sees in
diesen ergießt; der Seegraben aber jenseits oder östlich
bey Fischorn sich befindet, und daß der See durch diesen
gegen Pruck zu in die Salzache ausfließt.   S. 588 Z. 2.
ist unrichtig angegeben, daß hier die Salza große Stein-
massen wälze: sie ist hier zu seicht dazu, und die hinein-
gerollten Steine müssen daselbst mit Zangen herausgeho-
ben werden.

S. 591. Auch in Mitterfill besteht die Freyheit, mit
allem zu handeln, was der klingende Pfenning vermag,
das Tuch zu verschneiden u. d. gl. — S. 603 Z. 3. Das hochfürstliche Urbar zählt 1304 1/4 Steme, und es gibt hier
nur 80 Grundherrschaften.

      Seit.

S. 606 in der Anmerkung ist folgendes zu berichtigen. Der hier genannte Berchtold war nicht Erzbischof, sondern Bischof in Chiemsee. Dieser, genannt Berchtold Pirstinger dankte, als er bey Erzbischofe Wolf Dietrich in Ungnade fiel, selbst von seiner Würde ab, begab sich nach Saalfelden, und bereitete da ein Haus —, jetzt das Spital genannt, — zum einstmahligen Ruheplatz für alte verdiente Pfarrer. Allein diese Stiftung kam nicht ganz zu Stande, und er starb nach Hinterlassung großer Stiftungen. In der Pfarr = und Dekanalkirche befindet sich ein Stein mit folgender Aufschrift:

Rdo. Præsuli
BERTHOLDO PIRSTINGER
juris pontificii Doctori, pauperum parenti, et salveldensis Xenodochii divo Joanni consecrati fundatori; qui cum Episcopatui Chiemensi XVII annos magna cum laude praefuisset, ut temporalium rerum curis se liberaret, liberę resignavit, ac tandem XLX Julii die, anno a Christo nato MDXLIII, aetatis vero suae LXXVIII pia ac sana mente ex hac vita migravit, Monumentum, quod aspicis, positum.

S. 611. Die Schlösser Jarmach und Gryb werden nur von Bauern besessen.

S. 614. Z. 19 soll es Wienerische Privat, oder Reichshofraths = Kanzley = Kobaltgewerkschaft zu Wien, anstatt kaiserliche heißen; und S. 618 Z. 22 Berchtesgaden anstatt Tyrol.

Zu S. 642 in der Anmerkung ist zu erinnern, daß auch in Hopfgarten die Leibeigenschaft nebst dem Jus bastarticum noch bestehe. Die sogenannte Todfallskuh ist auch in Mittersill üblich, wo doch niemahls die Leibeigenschaft war; ist also nicht immer ein Merkmahl derselben.

III. Band.

Hier sind zu den von Seite 834 bis 858 angeführten Alpenpflanzen beyzusetzen: Hypnum Halleri Hedw. bey Böckstein, Frölich; und Hypnum molluscum Hedw. Ebend. Frölich. Ferner Gentiana glacialis (auf der Höhe des Gebirges, wo man von den Naßenfelder Alpen auf die Höhe des Rauriser Tauerns kommt) und Gent. nana (neben dem ewigen Schnee an der Gränze des Rauriser Tauerns mit Gent. glac.); beyde von Frölich.

Druckfehler.

Seite	Zeile	I. Band.

Seite Zeile I. Band.
48 10 von unten lies Osten anstatt Westen.
65 10 Nunreit anstatt Neunreit.
67 3 Dorf Pietling anstatt Dorf und ꝛc.
69 19 eine Schule. Zu Loigendorf an der Grän-
    ze ꝛc. anstatt eine Schule zu Loigendorf.
    An ꝛc.
130 14 Gols anstatt Gold.
237 5 5 anstatt 3 Kühe.
248 8 u. 9 in kein Bette; anstatt in keine Hütte.
279 11 Schmauß anstatt Schmaiß.
306 11 20 — 24 anstatt 20 — 25,
225 — unter den Gewerben bleibt einnfahl Wagner
    aus.

NB. Der S. 63 in der vorletzten Zeile stehende, aus den
Nachrichten von Juvavia S. 351 genommene Zusatz, Tittmoningen, oder „Deutingen an der Alz" wird
von einem unserer Leser als unrichtig widersprochen, und
ein Dorf Teunting im Bayr. Pfleger. Trostberg (S.
S. 80. 6. u. 7. Z.) dafür angenommen. Die später
eingelaufenen Zahlen der Dörfer, Einöden (oder der iso-
lirten Orte von weniger als 3 Häusern) und aller Häuser
überhaupt im Pfleger. Tittmoning sind von den S.
93 gedruckten verschieden. Der spätere Einsender zählet
ohne die 4 Hofmarken dieses Gerichts 173 Dörfer,
206 Einöden und 1483 Häuser.

Seite Zeile II. Band.
346 27 Hier befindet sich auch kein Marktschreiber.
    anstatt ein ꝛc.
358 17 1647 anstatt 1674.
368 5 von unten. Bevölkerungsstand des Vikariats
    Werfen, anstatt des Marktes Werfen.
390 14 Schnuraus anstatt Schnur.
463 4 von unten. 1762 anstatt 1782.
532 21 in Muhrau, anstatt wegen ꝛc.
532 31 großen anstatt geringeren.
562 11 1567 anstatt 1767.
573 23 Mautschreibers anstatt Marktschreibers.
587 21 Schoßtennbache anstatt Schloßtennbache.
607 letzte. 1300 anstatt 1500.
613 8 Rettenwerth anstatt Rattenwerth.
686 Strophe 4. V. 7. Schlimm anstatt Schun. Stro-
    phe 5. V. 4. Dui anstatt Vei.
691 28 Frösche anstatt Fische.

Büheln I. 130. 132. II. 504. 518. 594.
Bruch I. 130.
Brodhausen I. 130.
Badachern I. 152.
Bruckmos I. 205.
Berndorf I. 261. 262.
Babenham I. 262.
Buchheim I. 293.
Buchstein I. 297.
Bischofshofen II. 344.
Böckstein II. 458.
Breitenberg II. 458.
Büchlen } II. 458.
Badbrück }
Bischelsdorf II. 504.
Boidesdorf II. 518.
Bruggdorf II. 518.
Bruck II. 553.
Bergern II. 579.
Bramberg } II. 594.
Burg }
Britzen III. 741.
Bayrdorf III. 759.
Bergl III. 699. 700.
Brucken, Feld und Raut III.
Brandberg III. 712.
Christani-Schloß I. 297.
Diepolting I. 55.
Dankerting I. 55.
Doppel-Ober-Mitter- und und Unter- I. 56.
Dippolting I. 65.
Dorf I. 67. II. 458. 594. 608.
Dorfbeuern I. 102. 113. 115. 116.
Dürrenberg I. 303.
Dienten II. 408. 608.
Dietersdorf II. 458.
Dobersbach II. 595.
Dorfheim II. 611.
Döllach III. 699.
Distelberg III. 712.

Eintheilung des Erzstiftes. I. 32.
Erharting I. 36. 37.
Eggerbacher-Viertel I. 50.
Eggerbach I. 56.
Eging I. 55.
Eich I. 55. 56.
Einöd I. 55.
Enzersdorf }
Egelsee } I. 56.
Eck }
Enichham I. 64.
Eberting I. 66.
Ellham I. 66.
Engelschalling I. 67.
Ehing I. 101.
Eisping I. 102.
Enteroichten I. 102.
Erlach I. 115.
Eisbing I. 115
Eichet I. 130.
Eheheim I. 130
Eigendorf I. 164.
Elsawang I. 222.
Ebenau I. 222.
Elsbethen I. 293.
Emslieb I. 297.
Ermannsdorf II. 518.
Embach } II. 553.
Eschenau }
Eysdorf II. 595.
Eyring } II. 608.
Ecking }
Fisching I. 55.
Füging I. 55.
Fritzenweng }
Forst } I. 56.
Fürst }
Feuchten I. 57.
Freytsmoos I. 65.
Fridorfing }
Falting } I. 66.
Fröschham }
Feldkirchen I. 129. 130. 132.
Freylassing I. 130.

Feld-

Ger-

Igels-

Nie-

Nachtrag.

Von dem Pfleggerichte Tittmoning sind folgende Ortschaften von 7 und mehreren Häusern nachzutragen (die arabische Zahl bedeutet die Zahl der Häuser). Abtenham 10, Kirchham 13, Holzhausen 10, Törring ohne die in der Hofmark gelegenen Häuser 12, Mühlham 17, Kay 10, Pietling 35, Schrotantschering 15, Kirchantschering 17, Tettenhausen 31, Bergham 13, Tirlaching 35, Graffach 13, Palling 10, Polsing 14, Prining 28, Gengham 10, Tirlbrunn 10, Freytsmos 24, Niedernbuch 12, Obernbuch 11, Fridorfing 116, Untergeisenfelden 11; Haiden 32, Wiesmühl, Leutgering, Oberroidham, Mitterroidham, Dieding, Haag, Froschham, Kulbing, Muttering (alle von 9), Hausmoning, Saling, Hohenbergham, Härpfetsham, Lambertsham, Engertsham, Niederau, Straß, Eschelbach (alle von 8), Aspetsham, Geiselfring, Fromholzen, Eberting, Aeßen, Zaißlham, Katzwalchen, Heilham, Geissenhausen (ohne die Hofmarkhäuser), Kelcham, Berg, Eich (alle von 7). Uebrigens zählt dieses Pflegger. 176 Ortschaften von 6 bis 2 Häusern, und 144 Einöden.